내한 미국감리교회 선교사들의

사회복지사업

(1885~1960년)

내한 미국감리교회 선교사들의 사회복지사업
(1885~1960년)

2020년 3월 10일 초판 1쇄 인쇄
2020년 3월 17일 초판 1쇄 발행

지은이 | 황미숙
펴낸이 | 김영호
펴낸곳 | 도서출판 동연
등 록 | 제1-1383호(1992년 6월 12일)
주 소 | 서울시 마포구 월드컵로 163-3
전 화 | (02) 335-2630
팩 스 | (02) 335-2640
이메일 | h-4321@daum.net /yh4321@gmail.com
블로그 | https://blog.naver.com/dong-yeon-press

ISBN 978-89-6447-559-1 93230

이 도서의 국립중앙도서관 출판예정도서목록(CIP)은 서지정보유통지원시스템 홈페이지
(http:// seoji.nl.go.kr)와 국가자료종합목록 구축시스템(http://kolis-net.nl.go.kr)에서 이
용하실 수 있습니다. (CIP제어번호: CIP2020010158)

한국기독교학회 제14회 소망학술상 수상 저서

내한 미국감리교회 선교사들의
사회복지사업

1885~1960년

황미숙 지음

동연

머 리 말

　이 책의 발간은 한국기독교학회에서 주최하고 소망교회에서 지원하는 '소망학술상' 수상으로부터 비롯되었습니다. 20대에 학부와 대학원에서 한국사를 공부했는데 결혼, 육아로 중단해야만 했습니다. 공부에 대한 미련을 버리지 못하고 40대에 다시 한국교회사를 시작했고, 한국교회사로 박사학위를 받았습니다. 응모를 위해 그동안 썼던 글을 정리하여 제출하였는데, 과분한 '소망학술상'의 영예를 받게 되었습니다.

　이 책은 1885년부터 한국전쟁 발발 10년 후인 1960년까지 이 땅에서 전개되었던 미국 감리교회 선교사들의 이야기입니다. 그들은 국가차원의 사회복지가 부재한 시대에 교육과 의료사업을 펼쳐나갔습니다. 이 책에는 선교 초기 보구여관, 동대문부인병원, 평양 광혜여원을 설립하여 여성과 어린이 진료를 하는 동시에 사회적으로 소외된 맹농아 교육사업을 펼쳐나간 생생한 기록들이 담겨 있습니다. 이러한 사회복지 활동을 조직화하여 공중보건위생사업과 의사, 간호사를 양성하는 역동적인 선교 활동으로 발전한 내용도 당시 자료와 함께 기술되어 있습니다.
　고난당하는 민중들을 위한 선교사들의 사회복지 선교활동은 아기진료소, 산전 사역, 학교 건강검진, 위생강연, 무료 목욕소, 우유급식소, 건강학원, 예방접종, 베이비 주일 등으로 확산되었는데, 당시 신문, 선교보고서 등의 자료에 그 상황이 잘 기록되어 있습니다. 1940년 일제말기에 불가피하게 선교사들이 이 땅을 떠나게 되는 과정과 그들이 없는 상황에서 사회복지사업이 어떻게 유지되었는지에 대한 내용도 이 책에 담았습니다.

해방 공간에서 다시 선교사들이 내한하여 사회복지사업을 재건하는 과정과 곧이어 1950년 발발한 한국전쟁과 그 참혹한 사회상도 선교사업의 관점에서 기록하였습니다. 한국전쟁과 그 이후에 선교단체를 중심으로 치열하게 전개된 구호사업은 고아원, 부랑아시설, 모자원, 결핵요양원 등 전쟁의 상흔을 극복하기 위한 절박한 선교사업이었습니다.

이 책에는 고난의 시대를 견뎌냈던 여성과 어린이들의 생활상과 그들에게 헌신했던 여성 선교사들, 그들로 인해 복음이 전파되는 과정이 나타나 있습니다. 우리가 직접 겪지 않은 질곡의 시대에 '파란 눈을 가진 선교사'들은 왜 미혼의 몸으로, 과부의 몸으로 이 땅의 소외된 이들을 돌보았을까? 이 책은 그것은 '사랑'이었고 "고아와 과부를 돌보라"는 성경 말씀의 실천이었음을 규명합니다. 책을 쓰기 위해 그 시대의 자료를 찾아 무심코 읽는 중 눈시울이 뜨거워진 것은 그 감동의 기록 때문이었습니다.

책을 내면서 고난의 역사 속에서 희생과 헌신을 다한 선교사들의 이름을 다시 떠올립니다. 그들의 삶을 정리하는 것은 교회사학자로서 자기성취가 아니라 한없는 은혜의 시간이었음을 깨달았습니다. 늦게 다시 시작한 학문의 길에서 이 책은 더 많은 역사적 사실과 사람들을 만나기 위한 디딤돌입니다. 더 정진하겠습니다.

책을 쓰는 동안, 많은 조언과 지도를 통해 학자로서 저를 성장시켜 주신 목원대학교 김흥수 명예교수님께 존경과 감사의 말씀을 드립니다. 감리교신학대학교 이덕주 명예교수님께도 감사드립니다. 글의 소재와 주제를 정하는데 교수님의 선구 업적의 덕을 많이 입었습니다. 박사과정에서 동문수학한 최태육 한반도통일역사문화연구소 소장님께도 감사드립니다. 부족한 글을 읽고 꼼꼼한 논평을 해 주셨습니다. 공부하는 나를 따뜻한 마음으로 성원해준 남편 신숙진과 딸 민제, 아들 동혁이는 이 책을 함께 쓴 또 다른 저자입니다. 이 지면에 담지 못하지만 살아가는 동안 부족한 저에게 사랑을 베풀어주신 많은 분께 감사의 마음을 전합니다. 이 책이 저의 힘으로 된 것이 아님을 고백합니다. 오직 하나님의 온전한 사랑을 깨닫는 일일 뿐입니다.

부족한 글을 뽑아주신 한국기독교학회 관계자분들과 소망학술상을 후원해 주신 소망교회 김경진 목사님과 교인분들께 깊은 감사를 드립니다. 도서출판 동연 담당자 분들은 책을 꼼꼼하게 편집하고 예쁘게 만들어 주었습니다. 고맙습니다.

2020년 3월
봄이 오는 장군면 풍경길 서재에서
황미숙

차 례

서론
선교, 그 실천적 삶

19세기 말 선교사들이 입국할 무렵, 조선은 외세의 압박으로 인해 정치, 경제, 사회적으로 암울한 상황에 처해 있었다. 이러한 상황은 민중들에게 고통만을 안겨주었다. 화폐 정리, 토지조사사업, 식량·원료 공급지로의 재편 등 무력을 앞세운 일제의 수탈은 한국인의 총체적인 몰락을 가져왔다. 농민들은 글을 모른다는 약점 때문에 일제의 수탈을 가만히 앉아서 당할 수밖에 없었고, 결국 날품팔이 노동자로 전락하거나 고향을 등지고 해외로 살길을 찾아 떠나기도 했다. 여자와 어린이는 더욱 방치된 상태였다. 한국 여성들은 '귀머거리 삼년, 장님 삼년, 벙어리 삼년'이라는 전통적 불평등의 억압 구조 속에서, 사내아이를 낳기까지 지속되는 출산으로 인해 생긴 병으로 건강하지 못한 육신을 가지고 무거운 가사와 육아 노동 속에서 살아야 했다. 제대로 먹지 못한 어린이들의 영양 상태는 1920년대의 경우 사망률이 최고 60%에 이를 정도로 최악이었으며, 부족한 영양상태 때문에 해마다 여름이면 닥치는 전염병에 노출되어 수많은 아이가 죽어 나갔다.

일제가 한국인의 이러한 삶을 돌아볼 리 없었다. 일제 시대의 사회복지사업이란 한일합방 후 1919년 일제 총독부 사회사업기관인 제생원사업을 언급할 수 있는데, 이는 한국인을 통제하기 위한 수단에 불과한 것으로 한국인의 삶을 돌보는 사회복지사업이 아니었다. 결국, 한말 일제 강점기 전무했던 사회복지사업은 수단과 재정을 가지고 있던 민간인과 종교인들의 몫이었다. 당시 민간 사회복지사업은 고종 25년(1888) 3월에 개설된 명동 성당의 고아원과 1895년에 설립된 인천 천주교당 부속 고아원, 1906년 이필화(李苾和)가 설립한 경성고아원이 있었는데, 민족적으로 동병상련의 마음을 가진 독지가들이 이에 적극적으로 나서서 사회문제를 해결하고자 하는 순수한 의미의 목적이 있었다.

비참하게 살아가는 한국 민중들의 삶을 외면하지 않고 가장 적극적으로 나선 이들이 바로 개신교 선교사들이었다. 한국 사회는 이러한 '소외된 자'를 돌볼 수 있는 여력이 없었다. 전통적으로 인(仁)과 효(孝)의 덕목을 중시하던 유교는 가부장적인 테두리에서 배타적인 가족주의를 낳아, 자기 집단 안에서만 통용되는 덕목이었을 뿐이다. 유교의 이러한 성향 때문에 한국 사회에서는 소외되고 눌린 약자에 대한 적절한 배려가 없었으며, 전통적인 한국 사회에서는 고아나 거리로 내몰린 부랑자, 집안에서 박해를 받다 뛰쳐나온 부인, 미혼모가 낳은 아이, 장애인, 나병처럼 불치병에 걸린 사람 등 소외되고 불우한 이웃에 대한 배려가 거의 없었다. 이런 계층의 사람들을 위한 사회복지시설이 최초로 마련된 것은 개신교 선교사들에 의해서였다.

변태섭의 한국사 개설서인 『한국사통론』에서도 기독교의 사회복지사업이 한국 사회에 미친 영향을 강조하고 있다. 그는 개신교 선교사들이 선교사업의 일환으로 학교와 의료기관을 설립하여 교육사업과 사회봉사활동을 벌였으며, 특히 언더우드(H. G. Unerwood)와 아펜젤러(Henry G. Appenzeller)의 활동은 매우 주목할 만한 것이어서 이들에 의한 사립학교의 건립은 한국 근대 교육의 발전에 획기적인 공헌을 하였다고 하였다. 이 밖에도 기독교는 선교 과정에서 한글의 보급, 미신의 타파, 근대 문명의 소개 등 문화적인 업적과 함께 서구의 민주주의를 가르쳐 애국심과 민족의식을 고취시킨 점을 높이 평가하고 있다.[1] 선교사업의 일환으로 벌인 것이라고 하나, '선교'의 의미는 인간의 육신적·정신적 혹은 영적 삶 전부를 포괄하는 것으로 국가적인 암울함 속에서 누구도 돌보지 못했던 한국 민중의 삶을 선교사들이 주도하여 삶의 질의 향상과 복지에 힘을 기울였다.

선교사 중에서도 특히 사회복지사업에 힘을 기울인 이들이 미감리교회 여선교사들이었다. 1885년 고종의 교육과 의료사업 허가로 시작된 한국 선교에서 북장로회의 경우, 자전, 자립, 자치를 핵심으로 하는 네비우스 선교 방법을 채택하여 교회 확장에 집중한 반면, 미국감리교회는 직접적인 복음 전파보다는 병원과 학교사업을 통하여 복음을 전하는 선교 방식에 비중을 두고 선교 활동을 벌였다. 장로교의 경우는 1886년 중반 이전에는 공식적으로 여성사역을 위해 파송 받은 선교사가 없었다.[2] 민경배도 감리교가 장로교에 비해 비율적으로 훨씬 많은 수의 여선교사를 가지고 있었고, 부녀사업에 남다른 공헌을 남겼다고 서술한 바 있다.[3] 이처럼 감리교회는 여성 선교사를 통하여 교육, 의료,

---

1 변태섭, 『한국사통론』 (서울: 삼영사, 2004), 431.
2 찰스 스톡스/장지철·김홍수 역, 『미국감리교회의 한국선교 역사, 1885~1930』 (서울: 한국기독교역사연구소, 2010), 84.
3 민경배, 『한국기독교회사』 (서울: 연세대학교출판부, 2000), 202-203. 203쪽의 표.

사업별\\교파별	복음전도	교육	의료	출판	부녀	합계
감리교 남자	1.5	2	3.5	1	8	16
감리교 여자	3		2			5
장로교 남자	8	1	2		9	20
장로교 남자	3					3
합계	15.5	3	7.5	1	17	44

맹아교육, 결핵요양원, 공중보건위생사업, 유아복지사업 등을 펼쳐나
갔다. 특히 '여성이 여성에게 복음을 전하자'(Extend Gospel to Women by
Women)는 취지로 설립된 감리회 해외여성선교부는 '여성과 어린이'를
대상으로 선교 활동을 전개하여 두드러진 성과를 거두었다. 당시 한국
사회의 소외계층인 여성과 어린이, 맹아, 농아를 위한 사회복지사업은
여선교사들의 헌신으로 이루어진 것이었다.

이 책은 구한말에서 일제강점기를 거쳐 한국전쟁에 이르는 시기까
지 한국인의 안위와 복지를 고려한 국가적 차원의 사회복지사업이 부
재한 가운데 선교사들이 벌인 사업이 한국 민중을 위한 육적, 정신적,
영적으로 진정한 의미의 사회복지사업이었다는 인식을 토대로, 그것을
밝히고자 하는 동기에서 시작되었다.[4]

사회복지는 사회(social)와 복지(welfare)의 합성어이다. 사회복지는
사회현상을 연구하는 순수과학이 아닌 사회문제를 해결하는 응용과학
이므로 일반적으로 획일적인 개념 정립이 어렵다. 또한 연구 대상인 사
회가 사회복지 개념에 관해 보충적 관점을 취하느냐, 제도적 관점을 취
하느냐에 따라 내용이 달라진다. 사회복지에 대한 가장 포괄적인 개념
은 '개인적으로 대처하기 어려운 욕구나 문제를 해결하기 위한 협동적
인 노력 또는 제3자에 의한 원조체계'[5]라고 할 수 있다. 이러한 사회복
지의 모습은 가변성과 역사성을 지닌다. 로마니신(J. M. Romanyshyn)은
사회복지 개념이 갖는 가변성과 역사성을 개념의 진화 과정으로 표현
한다. 즉 사회복지가 자선의 성격으로부터 보다 넓고 적극적인 의미로

---

4 Webster 영한사전에서는 'welfare'를 만족하고 안락한 생활상태, 인간의 건강과 번영
의 상태라고 정의하고 있다. 따라서 복지란 '안락하고 만족한 상태', '건강하고 번영이
있는 상태'를 말한다. 또 좋은 것(well)을 평등(fare)하게 나누는 것을 의미한다. 이러
한 의미에 더하여 기독교적인 가치관을 가지고 출발하는 사회복지사업은 육적, 정신
적, 영적인 만족의 상태를 추구한다고 볼 수 있다.
5 하상락, 『한국사회복지사론』 (서울: 박영사, 1997), 12.

변천한다는 것이다.[6]

더 나아가 또 다른 학자군은 기독교 사회복지사업의 개념은 기독교의 근본정신인 생명 존중, 이웃 사랑과 봉사와 헌신을 통해서 세상 가운데 열악한 처지에서 살아가는 사람들의 물질적, 신체적, 정신적 고통을 양적, 질적으로 완화시키고, 생활상의 어려움을 개선시켜줌으로 그들의 삶의 질을 향상시키고, 성서적 정의를 실천하며, 상실된 하나님의 형상을 회복시키려는 기독교인들의 제도적이고 체계적인 노력이자 가치체계라고 말한다. 즉 사랑으로 소외된 이웃의 삶에 개입함으로 삶의 질을 개선시키고 하나님의 형상을 회복하려는 기독교인들의 노력이라는 것이다.[7]

이 책에서는 사회복지의 개념이 자선의 성격으로부터 보다 넓고 적극적인 의미로 변천, 진화한다는 관점과 기독교 사회복지라는 개념을 염두에 두고 서술하고자 한다. 사회복지의 개념이 변천, 진화한다는 주장은 육적인 측면에서 보면 당연하다 하겠다. 그러나 기독교의 근본정신인 생명 존중과 이웃 사랑은 불변하는 영적인 의미를 지니고 있다.

---

6 J. M. Romanyshyn, *Social Welfare; Charity to Justice* (New York: Random House, 1971); 하상락, 『한국사회복지사론』(서울: 박영사, 1997), 11.

7 김기원, "기독교 사회복지의 학문적 정체성," 한국교회사회봉사연구소 워크샵자료집 (2000), 28. 김장대는 기독교 사회복지는 "하나님의 복음을 수반하여 하나님의 영광을 위해 희생과 봉사로 이루어지는 일련의 활동이며, 국민의 복리를 위해 개인이나 집단들이 사회적 혹은 인간적인 만족과 성취를 위해 도와주는 전문적인 활동"이라고 정의하고 있다. 김장대, 『기독교사회복지학』(서울: 도서출판 진흥, 1998), 58. 최무열은 기독교 사회복지는 "한 영혼과 생명을 구하려는 선교적 사명과 열정 그리고 그리스도의 사랑과 봉사정신을 가지고, 다양한 사회문제로 인하여 스스로 능력으로 해결하지 못하고 고통당하는 클라이언트에게 사회복지의 전문적 지식과 정책적인 개입을 통하여 그들로 하여금 사회에 적응케 할 뿐만 아니라, 영적 개입을 통한 전인적, 통전적 회복을 이룩함으로써 궁극적으로는 하나님의 나라를 경험하게 하고, 또 이 땅에 하나님의 나라를 이룩하려는 그리스도인들의 구원과 회복 노력의 과정"이라고 말한다. 최무열, 『한국교회와 사회복지』(서울: 나눔의 집 출판사, 1999), 39.

이러한 의미를 담지하고 실천하는 기독교 사회복지사업은 육적인 측면 뿐 아니라 영적인 측면까지도 아우르는 개념이라 할 수 있을 것이다. 따라서 이 모든 사업을 '사회복지 선교사업', 혹은 '기독교 사회복지사업'이라고 표현하고자 한다. 즉, 선교(복음)+사회(민중)+복지(사업)의 복합어다. 이 책에서 다루는 주제와 내용이 포괄적으로 이 범위에 해당된다고 볼 수 있을 것이다.

글의 전개에서 구체적인 사업의 내용이 어떠한 것이 있었는지, 그 성과가 어느 정도였는지, 시기마다 사업은 어떻게 변화 발전해 나갔는지 그리고 사업을 진행하는 데 있어서 가장 중요했던 재정의 문제는 어떻게 해결해 나갔는지에 대해서도 고찰하게 될 것이다. 또 1930년대까지 이어진 선교사들 중심의 사업이 한국인으로 이관되는 모습을 살펴볼 것인데, 이것을 고찰해 가는 과정에서 한국인 전문인력이 어떻게 형성되었는지, 사업이 이관되어 한국인 중심으로 사업을 진행해 나가는 모습에 대해서도 살펴볼 수 있을 것이다. 아울러 해방 후 선교사 부재 상황 속에서 이들이 사업을 이어가는 모습과 한국 전쟁기에 중요한 인력군이 되었다는 사실도 밝혀질 것이다. 한국인 전문인력이 해방 이후 외원단체와 결합하면서 벌인 사회복지사업이 어떠한 것이 있었는지도 살펴볼 수 있을 것이다.

글의 끝 시기를 1960년으로 한정한 것은 선교사들의 사회복지사업이 1960년대 이후에는 한국교회 중심 사업으로 전환될 수 있는 여건이 마련되는 시기라고 생각해서이다. 무엇보다도 재정의 자립 노력은 한국전쟁 후 1950년대 중반 이후에 더욱 활발했으며, 여러 대학에 사회복지와 관련된 학과가 설치되어 사회복지 전문가가 양성되기 시작한 시기이기도 하다. 이러한 성과의 연원을 기독교 사회복지사업에서 찾고자 하였다.

이 책에서 부각하고자 하는 필자의 관점은 크게 네 가지이다. 첫째,

복음 전파 과정에서 채택된 사업이 사회복지선교사업 내지는 기독교 사회복지사업이라는 개념을 가지고 출발하고자 한다. 둘째, 시대마다 민중의 필요에 따른 새로운 사업이 전개되는 가운데, 그동안 다루어지지 않았던 공중보건위생사업과 유아복지사업을 새로운 연구 분야로 다루기로 한다. 셋째, 사회복지사업을 진행하는 가운데 선교사들과 함께 동역하는 한국인의 역할을 살펴보고자 한다. 이것이 한국 사회의 사회복지사업을 이끄는 동력이 되었다는 생각에서이다. 넷째, 기독교 사회복지사업이 한국 역사 속에서 어떻게 발전되어 왔는지를 살펴보고자 하는데, 시기를 1885년에서 1960년까지로 정한 것도 한국 땅에서 전개된 기독교 사회복지사업의 발전과 역사적 맥락을 함께 살펴보기 위한 것이다. 교파를 감리교회로 한정한 것은 연구의 한계일 수 있으나, 감리교회가 사회복지사업을 진행하는 선교 초기부터 한국 사회의 변화와 맞물려 체계적으로 사업을 진행했다는 점을 감안한다면, 감리교회를 한정하여 연구를 진행한다 하더라도 한국 사회복지사업의 역사적 맥락을 추론하는 데 별다른 문제가 없을 것이다.

이 책을 쓰기 위해서 주로 사료를 수집, 분석, 해석하는 문헌연구 방법을 사용하였다. 이용된 자료는 국내외 관련 연구 저서와 논문을 비롯하여 선교사들의 편지, 일기, 보고서, 저서 그리고 감리교회 해외여선교부의 공식자료 등이다. 특히, 감리교회 해외여선교부의 공식자료인 연례회 보고서는 선교사들의 관점에서 사업을 어떻게 진행했는지에 대하여 심층적으로 알 수 있는 정보를 제공한다. 「기독신보」와 「감리회보」 또한 필수적인 자료이다. 「기독신보」는 일제강점기 국내에서 벌어지는 기독교계의 소식을 꼼꼼하게 보도했던 기독교 전문 신문이었으므로 사실 기술에 도움이 되며, 「감리회보」는 한국감리교회의 사정과 각종 사업 등을 다루던 감리교의 기관지였다. 즉 사업 내용에 광범위한 사실을 제공한다. 국내의 근·현대 신문과 잡지 또한 중요한 사료이다.

신문과 잡지를 보면서 선교사들이 벌이고 있던 사업에 대한 한국 사회의 당시 인식도 살펴볼 수 있을 것이다. 조선 정부의 기록은 고종실록, 일제의 기록은 총독부 자료, 미군정 시기에는 미군정 문서를 참고할 것이다. 이들 자료를 통하여 정부가 벌인 사회복지사업의 실정을 파악할 수 있을 것이다.

이러한 문헌연구를 바탕으로 주로 감리교회 여선교사들이 벌인 사업을 주제로 설정하였다. 당시 국내에서는 감리교회 여선교사들의 사회복지사업 활동 이외에는 별다른 민간사업이 없을 정도로 상당한 비중을 차지하였기 때문이다. 물론 뒤의 시기로 갈수록 한국인의 사업 참여의 비중이 커가는 모습도 살펴볼 수 있을 것이다. 시기는 선교 초기인 1885년부터 한국전쟁이 끝난 후인 1960년까지 다루고자 한다. 이 시기에 기독교 사회복지사업이 활발하게 전개되었는데, 각 시기마다 기독교 사회복지사업의 내용이 달라지면서 보다 다양하고 심층적으로 발전해가는 모습을 살펴볼 수 있게 될 것이다. 1960년까지만 연구한 것은 내한 감리교 선교사들의 사회복지사업이 1950년대까지 절정에 달했다가 1960년대에 이후로는 한국교회가 그 사업을 담당하기 때문이다.

이 책은 총 9개의 장으로 구성되어 있다. 서론을 거쳐, 1장은 북감리회 해외여성선교회의 목적과 방향을 알아보고, 한국 선교의 시점을 보여주고자 하는데, 제1절은 감리회 해외여성선교회의 설립 목적을, 제2절은 '여성과 어린이'가 이 선교회의 주된 대상이었음을 기술할 것이다. 2장에서는 초기 여성 선교 활동의 전개 과정을 보여주는데, 제1절은 의료기관 설립과 여성 진료를, 제2절은 맹아, 농아교육사업을 기술할 것이다.

3장에서는 1920년대 새로운 선교사업이 모색되고 사회복지사업 관련 조직이 연합되는 과정을 보여주고자 한다. 제1절은 의료선교사업의 위축과 사회복지사업에 대한 선교사들의 인식 변화를, 제2절에서는 새로운 사업을 감당할 연합선교회의 사회복지위원회가 조직화되는 내용이 다뤄질 것이다. 4장에서는 새로운 사회복지사업으로서 공중보건 위생사업과 유아복지사업을 살펴보기로 한다. 1절은 당시 한국의 질병 실태와 구체적인 위생계몽 활동과 공중보건위생사업을, 2절은 유아사 망률 등 유아들이 처한 상황을 개관하고 이를 개선하기 위한 유아복지 사업의 구체적인 내용을 다루기로 한다. 3절에서는 공중보건위생사업 과 유아복지사업이 지역 스테이션을 중심으로 전국적으로 확대되는 과 정을 기술하고자 한다. 5장에서는 이러한 사업이 1920년 말부터 1930 년 초까지 보다 체계적으로 발전하는 과정을 살펴보기로 한다. 1절은 그 핵심 조직인 '서울연합영아보건회'의 결성과 성과를, 2절은 유치원, 탁아소, 보육학교 등 보육사업의 발전 과정을 살펴보고자 한다.

6장에서는 1930년대 미국 대공황으로 선교사업이 위축되고 한국 인에게 이관이 되면서 그 일을 감당한 한국의 전문직 여성들에 대해 살 펴볼 것이다. 1절에서는 당시 선교 상황과 조선감리회의 자체사업비 마련 대책을, 2절은 불가피하게 이관받은 사회복지사업을 감당한 이금 전, 김정선, 송복신 등 여성 전문인력의 활동과 일제의 탄압으로 선교 사들이 귀국하는 과정을 살펴볼 것이다. 7장에서는 한국사에서 혼란과 격동의 시기인 해방 직후와 한국전쟁 시기 감리회에서 펼친 긴급 구호 활동에 대해 살펴볼 것이다. 1절은 해방 공간에 선교사들이 다시 돌아 와 선교사업을 재건하는 과정을, 2절은 한국전쟁 당시의 피해 상황과 그 폐허 속에서 UN, 해외구제위원회 등 외부의 지원으로 긴급 구호, 복구 활동을 펼쳐나가는 한국감리교회의 모습과 전후 고아원, 모자원, 부랑아 시설 운영 내용뿐 아니라, 일련의 사업들이 한국 사회복지사업 의 토대가 되었음을 기술하고자 한다.

1장
미국감리교회 해외여성선교회의 한국 선교

내한 선교사 중에서도 특히 사회복지사업에 힘을 기울인 이들이 미 감리교회 여성 선교사들이었다고 언급한 바 있다. 이들의 한국에서의 사회복지선교사업을 살펴보기에 앞서 감리회 해외여성선교회가 설립 되게 된 배경과 목적을 살펴볼 필요가 있다. 왜냐하면 한국 선교 역시 설립 배경이 목적과 무관하지 않기 때문이다. 따라서 이 장에서는 감리 회 해외여선교회의 설립 목적과 그에 따른 한국 선교의 방향과 목적을 살펴보기로 한다.

I. 미국감리교회 해외여성선교회의 설립 목적

1. 감리교회 해외여성선교회 설립 목적

조선에서 전개된 여성교육, 여성의료사업 및 각종 사회복지사업은 해외여성선교회의 선교 정신에 기인한다. 초기 한국 감리교회 여성사업을 주도한 북감리회 해외여성선교회(The Woman's Foreign Mission-ary Society of The Methodist Episcopal Church, 이하 WFMS)는 1869년 3월에 조직되었다. 그 배경은 선교지에서 비롯되었다. 1859년부터 인도에서 선교 활동을 하던 파커(Edwin W. Parker) 부인과 그녀의 남편은 사회문화적 배경 때문에 여성은 오직 여성에 의해서만 선교될 수 있다고 생각하게 되었다. 이를 실천하기 위해서는 현지 봉사자, 자금, 인쇄물 등이 필요했다. 그러나 선교회는 이를 위한 지원책이 없었다. 몇 년 후 파커 부인은 만셀(William A. Mansell)에게 "감리교 여성들도 인도 선교를 위해 조직적인 선교회를 만들 때"라는 편지를 썼다.[1] 9년간의 인도 선교를 마치고 1865년 귀국한 윌리엄 버틀러와 그의 부인은 이 논의가 진행되는 시점(1869)에 보스턴 남부 돌체스터스트리트교회의 목사로 재직하고 있었다. 1869년 3월 14일, 그는 주일 설교에서 선교에 대한 이야기를 전했다. 예배 후 버틀러 부인과 파커 부인, 플랜더스 부인은 인도 여성들의 삶과 그에 대한 미국 기독교 여성들의 의무 그리고 여성 선교사에 관한 대화를 나눴다. 그들은 여성선교회 조직을 결심했고 더빈(John P. Durbin)에게 자문을 구했다. 1869년 3월 20일, 더빈은 인도와 중국 지역 선교를 위해 자금을 확보할 것, 본국 위원회에게 선교사 선발권과 인도 선교사업 관리를 맡길 것 등, 두 가지 목표를 세우라고 답신했다. 부인들은 보스턴 교회 여성들을 불러 모아 뜻을 전했다. 갑작스러운 폭풍으로 여섯 명밖에 모이지 못했지만, 뜻을 같이한 8명은 관리 권한이 있는 독립 선교회를 꾸미기로 했다. 이후 화요일에 사무원 선출을 위한 회의를 열었고, 3월 30일에 본격적인 회합을 가졌다. 보스턴교회에서는 더 많은 사람이 참석하여 조례를 문서화했다. 조직된 선교회의 목적

---

1 Wade C. Barclay, *History of Methodist Missions III, Part Two The Methodist Church 1845~1939, Widening Horizons 1845~1895* (New York: The Board of Missions of The Methodist Church, 1957), 139.

은 "감리교회의 여성들이 합심하여 해외에 여성 선교사, 현지인 기독교 교사, 성경지도사를 파송하고 지원코자 함"이었다.[2]

이때는 해외선교에 대한 국민적 열정이 고조되고 있었고, 여성의 교육과 참정권에 대한 새로운 자각 운동이 일어나고 있었던 시기였다. 이러한 분위기에 힘입어 "여성에게는 여성이 복음을 전한다"(Extend Gospel to women by women)라는 목표를 가진 선교단체가 조직되었던 것이다. 이 기구는 미감리교회 여성들로 조직되어 복음이 전해지지 않은 지역의 여성들에게 기독교를 전하는 것은 물론, 그 지역 여성들의 복지를 위한 사업을 도모하였다. 먼저 인도에 여의사를 파송하여 여성과 어린이를 위한 의료사업과 고아사업, 문맹퇴치사업을 폈으며, 여성교육기관을 설립하여 인도여성들을 깨워갔다. 이후 중국, 일본, 조선, 동남아 그리고 불가리아, 이태리 등지로 여성선교 영역을 확대해 나갔다. 이 기구는 1939년 미국의 남·북 감리교회의 합동에 따라 연합감리회 선교국 여성사업부로 통폐합되었다.[3] 미국 남감리회 여성들도 해외선교를 목적으로 첫 선교단체를 1878년 결성하였다. 그 목적 역시 이방 지역 여인들에게 복음을 전하는 사업을 위한 것이었다. 이 단체는 1894년에 명칭을 북감리회와 같이 해외여성선교회(Woman's Foreign Missionary Society)로 바꾸었다. 남감리회의 여성선교의 대상 역시 '여성과 어린이들'이라는 것을 분명히 하였으며, 특히 빈민층과 소외계층에 대한 선교적 관심을 가지고 사업을 진행했다.[4]

---

2 같은 책, 141.

3 이덕주, 『한국감리교 여선교회의 역사』 (서울: 기독교대한감리회 여선교회전국연합회, 1991), 50.

4 같은 책, 39-40.

2. 조선 여성과 기독교의 만남

19세기 한국에 들어온 선교사들은 한국 여성의 지위가 남성에 비해 매우 열등한 것으로 인식하였다. 『은둔의 나라 한국』을 쓴 그리피스(W. E. Griffis)는 한국 여성을 "이름이 없는 존재"이며, 향락과 노동의 도구라고까지 말한 바 있다. 이름이 없는 것은 집안에 갇혀 사는 여인을 부를 일이 없었기 때문이다. 이들에게 이름이 생긴 것은 부유한 계층에서 그나마 장옷이라도 걸치고 나들이를 하면서부터였다.5 1890년 중반 감리교 선교사로 활동했던 무스(Jacob R. Moose, 한국명 무야곱)는 『1900년, 조선에 살다』(Village Life in Korea)에서 한국 소녀들은 태어나면서부터 아들로 태어나지 못해 '섭섭이'라는 이름을 가질 정도로 불공평한 대우를 받았다고 한다. 이들은 놀 때도, 일하러 갈 때도 항상, 아기를 업고 있었고 선교사들이 세운 학교에 올 때도 아기를 업고 왔다고 한다. 또 무스는 조선 남자들은 조선 여인들은 '지각이 없는 존재'로 여겼으며, 조선에서 여인에게 내려지는 지독한 멸시만큼 슬프고 통탄스러운 일은 없을 것이라고 이들의 처지를 동정하였다.6

조선시대 봉건적 억압 속에 있던 조선 여성들은 기독교 복음을 통해 모든 인간이 '하나님 앞에 평등'함을 깨닫기 시작했다. 평등에 대한 자각은 개신교가 들어오기 전부터 천주교와 동학사상에서도 엿보인다. 18세기 말 전래된 천주교는 공식적으로 남성과 여성이 함께 예배를 드리고, 하나님을 믿으면 누구나 천국에 갈 수 있다는 평등적 내세관을

---

5 W. F. Griffis, Corea, *The Hermit Nation* (London: Harper and Brothers, 1905), 초기 '여성 세례'가 갖는 신학적 의미를 이덕주는 "남녀차별이라는 봉건적 사회 체제 속에 갇혀 있던 여성들을 해방시키는 사건이며, 또 다른 의미는 '이름 되찾기'에 있다."라고 서술한 바 있다. 이덕주, 『이덕주 교수가 쉽게 쓴 한국교회 이야기』(서울; 신앙과 지성사, 2009), 78-79.

6 제이콥 로버트 무스/문무홍 역, 『1900, 조선에 살다』 (서울: 푸른역사, 2008), 144-162.

심어주었다.7 동학은 '인내천'(人乃天) 사상을 통해 '사인여천'(事人如天)을 주창하였다. 즉 모든 사람을 차별 없이 하늘같이 대하라는 것으로 남존여비(男尊女卑) 사상을 배격하는 것이었다.

1882년 수신사의 비공식 수행원으로 일본으로 건너간 이수정(李樹廷)은 조선 여성 교육에 대한 일을 구체화했다. 이수정은 일본에서 기독교인 농학자 츠다 우메코(津田仙)를 만났으며, 1883년 4월 29일, 동경외국어학교의 조선어 교사로 있을 때 세례를 받았다. 이때 미 감리교 선교사 매클레이(Robert S. Maclay), 장로교 선교사 녹스(George W. Knox), 미국성서공회 루미스(Henry Loomis) 목사와 각별한 친분을 맺고 이들에게 조선에 대한 관심을 갖게 하였고, 미국 선교잡지에 조선선교에 관한 청원을 냈다. 이수정은 일본에 있으면서 일본 소녀들이 미션스쿨에 다니는 모습을 보면서 조선 여성도 교육을 받기를 소망하여 직접 북감리회 해외여성선교회(WFMS:The Woman's Foreign Missionary Society of The Methodist Episcopal Church)에 청원을 했다.

> 지금 온 세상이 하나님의 복음을 받아들이고 있는데 오로지 우리나라만이 제외되고 있다는 것은 실로 안타까운 일입니다. 나의 생각으로는 여선교사의 파송이 아주 중요하다고 생각됩니다.… 원컨대 여선교사를 파송하여 우리나라 여성들로 하여금 복음의 가르침을 받아 행복을 얻게 되길 바랍니다.8

그의 청원으로 마침내 한국 여성이 교육과 의료를 접할 수 있는 선교의 다리가 놓여졌다.

---

7 정요섭, 『한국여성운동사』 (서울: 일조각, 1971), 18.

8 Mary Isham, *Valorous Ventures* (Boston: WFMS, 1936), 263-264.

II. 미국감리교회 해외여성선교회의 한국 선교

1. 한국 선교 방향과 목적

이수정이 1883년 조선 여성 교육에 대한 열망을 가지고 선교사 파송을 청원을 하는 가운데, 북감리회 해외여성선교회에서도 1883년부터 한국 선교에 관심을 갖기 시작하였다. 오하이오주 리벤나(Revenna)에서 열린 북감리회 해외여성선교회 지방회에서 'Korea'라는 이름이 처음 언급되었는데, 이 사실은 한국에 온 첫 여선교사 메리 스크랜튼(Mary Fletcher Scranton)의 증언에 잘 나타나 있다.

> 북감리회 해외여성선교회의 한국사업은 1883년 9월 오하이오주 리벤나 작은 도시에서 시작된 것으로 볼 수 있습니다. 지방선교회 모임이 그곳에서 열렸는데, 당시 주된 관심은 일본과 인도사업에 있었습니다. 그날 연사로 나온 사람들 생각에는 아직도 문이 열리지 않은 한국에 대한 생각은 없었습니다. 그런데 한 나이 많은 부인이 하나님께서 그의 마음과 눈을 열어주셔서 거기에 있던 다른 사람들이 잊고 있던 것을 보고 느끼게 해 주셨습니다. 그 부인은 일어서더니 말하기를 자기에게 약간의 돈이 있는데, 그것을 하나님께 바치기로 결심했노라 하였습니다. 그러면서 그 돈을 선교회에 맡겨 두어 적당한 때에 한국이 문을 열고 복음을 받아들이게 될 때 사용하기를 바란다고 소원을 피력했습니다. 그 부인은 그 돈이 기초가 되어 더 많은 기금이 빨리 모아져 한국에 있는 부인과 소녀들이 예수 그리스도 안에 있는 진리를 깨닫게 되는데 사용되기를 간절히 소원한다고 했습니다. 바로 이때부터 이 어두운 땅(한국)을 위해 하늘에 드리는 기도가 시작되었을 것이 틀림없습니다.9

---

9 M. F. Scranton, "Woman's Work in Korea," *The Korean Repository* (January, 1896), 2.

노부인이 어떠한 경로로 한국을 알았는지는 정확히 밝혀진 바 없으나 이수정이 1883년 어간에 일본에 있으면서 미국선교잡지에 청원을 내었던 일과 북감리회 해외여성선교회에 직접 선교청원을 했던 점으로 보아 한국의 존재가 노부인에게도 알려지지 않았냐는 추론은 가능하다. 어쨌든 노부인이 내놓은 '약간의 돈'이 한국 어싱선교의 기초가 되었다. 오하이오주 여선교회 모임이 있은 지 1년 후, 1884년 10월 스크랜튼 부인이 첫 한국 여성 선교사로 임명을 받았다. 이듬해 아들 스크랜튼 가족과 함께 샌프란시스코를 떠나 한국을 향했다. 이때 메리 스크랜튼의 나이는 53세였다.

북감리회 해외 여성선교회(WFMS)는 여성에게 복음을 전할 수 있는 여성사역자 양성에 역점을 두었다. 실제 한국에 진출한 초기 여선교사들은 대부분 교육전문가였다. 1907년 내한 선교사들의 잡지인 *The Korea Mission Field*에 "한국 여성에게 가장 필요한 것이 무엇인가"라는 심포지엄 내용을 게재했는데, 그 내용은 다음과 같다.[10]

〈표 1〉 한국 여성에게 필요한 사업

선교부	선교사	지역	내용
북감리회	존스(G. H. Jones) 부인	서울	전도부인, 젊은 기혼여성, 과부를 위한 교육시설
독립선교사	펜윅(F .B. Fenwick)	원산	"예수가 그리스도"라는 지식
북감리회	벙커(D. A. Bunker) 부인	서울	그리스도를 주로 고백하는 지식
북감리회	프라이(L. E. Frey) 부인	서울	무지를 깨우칠 교육
남감리회	무스(J. R. Moose) 부인	서울	교육을 전담할 교사 양성

---

10 "A Symposium: The Greatest Meed of Korean Women," *The Korea Mission Field*(이하 *KMF*) (December, 1907), 177-178.

선교부	선교사	지역	내용
북감리회	에스티(E. M. Estey)	영변	모든 것
남감리회	다이(E. Dye)	서울	여성의 자의식 개발
캐나다 장로회	럽(A. F. Robb) 부인	원산	무지, 악령, 죄악, 게으름에서 해방시킬 복음
북장로회	베스트(M. Best)	평양	성경 교육
북감리회	페인(J. O. Paine)	인천	문맹자 교육
북장로회	베어드(A. L. A. Baird) 부인	평양	기독교 교육

* 이덕주, 『한국감리교여선교회의 역사』, 55쪽의 표

〈표 1〉에서와 같이 교파를 초월하여 여성 선교사들의 주된 관심은 교육이었다. 훗날 한국에 온 북감리회 여선교사들이 여성 교육기관 설립에 주력했다는 사실로도 알 수 있다. 그 교육기관들이 무조건 서구지향적인 교육을 한 것은 아니다. 1892년 이화학당 당장을 맡은 로드와일러(Louisa C. Rothweiler)는 선교사들이 세운 학교라도 한국 풍토에 맞는 교과목을 소홀히 해서는 안 되며, 학생들을 "보다 나은 한국인이 되게 하는 것"이지 외국인이 되게 하려는 것이 아니라고 교육 방향을 제시하였다. 또한 로드와일러는 한국 여성에 대한 교육목표가 참다운 가정을 건설하고 유지하는데 도움이 되는 모성(母性)을 기본으로 다른 사람을 가르치고 돕는 교사와 의료사업을 위한 간호원을 양성해야 함을 강조하였다.[11] 프라이(Lulu E. Frey) 이화학당 당장도 어머니로서, 아내로서의 여성교육을 강조하였다.[12]

북감리회 해외여성 선교사들은 이러한 여성선교 방향에 따라 학교

---

11 Louisa C. Rothweiler, "What Shall We Teach in Our Girl's School?," *The Korea Repository,* vol 1 (1892), 89-93.
12 정충량, 『이화 80년사』 (서울: 이화여자대학교 출판부, 1967), 93.

를 설립하는 한편, 사회관을 설립하여 여성 의식 계몽과 실업교육에 주력했다. 또 여자 성경학원과 신학교를 세워 전도부인과 여성 목회자를 양성하는 등 많은 선교사업을 펼쳤다. 이 모든 사업은 "한국 여성에게 한국 여성이 복음을 전하여 더욱 나은 한국 여성이 되게 한다"라는 취지의 선교 이념을 바탕으로 한 실천석인 활동이었다. 선교사가 오기 전에는 여성들을 위한 교육기관이 없었던 땅에, 교육을 위한 장이 마련되기 시작되었다.[13]

북감리회 여성 선교사들이 먼저 내한하여 선교 활동을 벌이는 동안, 남감리회의 한국 여성 선교는 그보다 12년 정도 뒤인 1896년 8월 13일 리드(C. F. Reid) 부인의 내한으로 시작되었다. 리드는 2년 넘게 활동하다가 건강 문제로 1899년 4월 귀국, 1901년 5월 17일 별세하였다. 리드에 이어 캠벨(Josephine P. Campbell)이 내한하였다. 캠벨은 1897년 10월 남감리회 해외여선교부(Board of Foreign Mission of the Methodist Episcopal Church, South)의 정식 파송을 받아 서울에 왔다. 남감리회 캠벨 역시 북감리회의 경우처럼 학교를 빨리 설립하여 여성지도자를 양성하고자 하였다. 1898년 10월 8명의 여자아이를 가르치기 시작하여 1899년 장흥교 근처 '고가나무골'에 선교부 건물을 건축하여 배화학교를 세웠다. 이 역시 '한국인이 한국인에게' 복음을 전하게 하기 위한 사역이었다.[14]

---

13 민경배는 감리교는 교육 분야에서 장로교의 경우보다 "훨씬 차원 높은 집착"을 하였다고 서술하고 있다. 감리교는 교육의 일반에 주력하였다는 것이다. 또한 그는 감리교가 장로교보다 비율적으로 많은 여선교사를 파송하여 한국 여성의 지위 향상에 기여했으며 무당 종교를 유능하게 대처했다고 평가하였다. 민경배, 『한국기독교회사』(서울: 연세대학교 출판부, 2000), 202.

14 이덕주, 앞의 책, 105-112.

2. 주한 미국감리교회 부인회 조직

한국 선교 시점은 달랐지만, 남북감리회 해외여성선교회는 양쪽 모두 초기 선교 당시 한국 여성을 위한 교육과 의료사업에 역점을 두었다. 이들은 같은 선교현장에서 있었지만 소속과 지휘계통이 달라 생기는 불편함을 극복하기 위해 1899년 '주한 미감리회 부인회'(The Woman's Conference of the Methodist Episcopal Church in Korea, 이하 부인회라 함)를 조직하였다.[15] 여기에는 미국 감리교회 해외여성선교회의 모든 대표들, 해외여성선교회사업에 능동적으로 참여하는 부인들 그리고 일반 선교회 소속의 부인들이 정회원으로 참여하였다. 한국 여성은 각 구역에서 3명 정도가 협동회원으로 참여하였다. '부인회' 조직은 회장과 두 명의 서기로 구성된 실행위원회(Executive Committee)와 상임위원회 (Standing Committee) 그리고 특별위원회(Special Committee)로 구성되었다. 상임위원회 내에는 미국 감리교회 해외여성선교회 선교사들로만 구성된 평가위원회(Committee on Estimates for Appropriations and on Appointments of Workers)를 두었다. 대체로 조직운영 권한은 미국 감리교회 해외여성선교회 소속 선교사들에게 집중되어 있었다. 부인회의 연례회의는 감리회 한국 연회가 열리는 기간 중에 소집하여 파송 문제 등 상호 연계성을 가졌다. '부인회'의 선교 활동은 초기 한국 선교의 근본 취지를 기본으로 '어린이'에 대한 사역이 강조되었다.

이 회는 한국의 여성들과 어린이들에게 그리스도의 복음을 전달하는 사업을 위해 미국 감리교회 해외여성선교회의 멤버들과 일반 선교사회의 부인들 그

---

15 명칭의 혼돈을 피하기 위하여, 북감리회와 남감리회를 총칭할 때는 '미감리회'(또는 미감리교회)라 할 것이며, 분리하여 표현할 때는 '북감리회'(또는 북감리교회), '남감리회'(또는 남감리교회)라고 하기로 한다.

리고 허락된 한국인 부인들의 연합하여, 사업의 방법을 토의하고, 선교사들의 사업보고를 나누며, 그러한 사업을 계획하고자 하는데 목적이 있다.[16]

1917년 이후에는 각 분과 위원회의 활동을 통해 세부적이고 구체적으로 선교 활동을 수행하였다. 전도위원회(Evangelical Committee), 교육위원회(Educational Committee), 의료위원회(Medical Committee) 세 개로 구성된 각 위원회는 사업 방향을 설정하고 보고서를 제출하였다.[17]

이렇게 조직된 '부인회'는 선교 환경의 변화에 따라 민첩하게 활동하였다. 1920년대 중반 새로운 선교사업으로 진행된 공중보건위생사업과 유아복지사업을 전개하는데 이 부인회의 역할이 중요했다. 1924년 총독부로부터 법인설립 인가를 받은 '미감리교회 조선부인선교부 유지재단'은 부인회 선교 활동의 재정적 기반을 마련하는 데 중요한 기능을 담당하였다.

---

16 "Constitution and By-laws," *Annual Report of the Korea Woman's Conference of the Methodist Episcopal Church* (이하 *ARKWC*로 줄임)(1905), 66.

17 *ARKWC*(1917), 8-16.

2장
여성 선교사들의 초기 활동

    미감리회 해외여성선교부 선교사들은 초기 선교사업으로 한국 여성이 필요로 하는 것이 교육과 의료임을 숙고하였다. 따라서 선교부는 선교 방법과 대상을 '여성이 여성에게', '여성과 어린이'로 정하여 이에 적합한 선교사를 선발하여 파송하였다. 로드와일러는 1892년 보고서에서 한국 여성에 대한 교육목표가 참다운 가정을 건설하고 유지하는 데 도움이 되는 모성(母性)을 기본으로 다른 사람을 가르치고 돕는 교사와 의료사업을 위한 간호원을 양성해야 함을 강조한 바 있다.[1]

    이 장에서 살펴볼 선교사들의 초기의료사업은 선교 정책에 따른 단순히 질병에 관한 진료활동을 넘어서 조선 여성의 삶의 질을 향상시키는 사업이었다. 1899년 9월 21일 자「대한크리스도인회보」3-38호에 실린 "의원 부인들의 보단"이라는 글을 보면, 여성 진료를 위한 병원으로 커틀러(Mary M. Cutler) 선교사의 정동 보구여관, 릴리안 해리스(Lillian A. Harris)의 동대문 진료소, 로제타 셔우드 홀의 평양 진료소가

---

1 Louisa C. Rothweiler, "What Shall We Teach in Our Girl's School?," *The Korea Repository*, vol 1(1892), 89-93.

있었음을 알 수 있다.[2] 이곳에서 여성 의료선교사들은 진료, 입원치료, 왕진, 간호원양성학교사업을 벌였다. 커틀러는 "우리는 각자 비위생적이고 천장이 낮아 불편한 조선식 건물에서 고통당하는 여자와 어린이들을 돕기 위해 열심히 봉사하고 있다"[3]며 '여성과 어린이'를 위한 의료활동에 주력하고 있음을 피력하였다. 여성병원은 남녀구별의 사회구조 속에서 여성을 접할 수 있는 좋은 통로가 되었으며, 한국 여성 의사와 간호사 양성을 할 수 있는 곳이 되었다. 이것은 선교 초기부터 시작된 교육사업과 의료사업이 효과적으로 조합된 결과였다.

I. 여성 의료기관 설립과 여성진료

1. 보구여관(保救女館)

1) 보구여관의 설립

교육사업과 함께 의료사업은 복음 전도에 대한 편견을 없애는데 기여했다. 북감리교 의료선교사 스크랜튼은 의료사업에 대하여, "구습에 얽매여 있는 나라를 개방하는데 최선의 수단임과 동시에 한국 사람들이 갖는 기독교에 대한 편견을 뿌리 뽑는 쟁기가 되고 있다"라고 하면서 의사들이 의료사업과 연결하여 이런 일을 하는 것이 생각보다 쉬운 일은 아니지만, 두 가지 일을 동시에 수행해야 한다고 주장하였다.[4]

---

2 "의원 부인들의 보단," 「대한크리스도인회보」 3-38호 (1899년 9월 21일).

3 "Hospital for Native Women," *The Korea Methodist* (1904), 9-10: 옥성득, 『한국간호역사자료집 I』 (서울: 대한간호협회, 2011), 224.

4 W. B. Scranton, *Annual Report of the Missionary Society of the Methodist Episcopal Church* (이하 *ARMS*로 줄임) (1893), 255.

스크랜튼과 시병원

선교 초기 1885년부터 1890년까지 알렌, 헤론, 스크랜튼, 홀톤 등 의사들은 많은 환자를 치료하였다. 이러한 초기의료선교 활동에서 장로교회는 주로 왕실 중심으로 시작한 반면, 감리교회는 극빈자와 여성 대상으로 시작하였다. 스크랜튼은 정동 자기의 집을 개조하여 '시병원'(施病院)이라는 간판을 걸고 진료를 시작했다. 시병원 개원 초기 9개월 동안(1885. 9. 10.~1886. 6. 15.) 치료한 환자 522명의 성별과 국적을 보면, 한국인 남자 371명, 여자 105명, 일본인 남녀 46명이었다.[5] 남자가 여자보다 3.5배나 많은 것은 한국 여성이 외국 남성에게 진료받기를 꺼렸기 때문인 듯하다.

남성 의사 스크랜튼이 한국 여성을 진료하는 데는 한계가 있었다. 어머니인 스크랜튼 부인 또한 혼자서 여성교육을 감당하기 어려웠다. 스크랜튼은 1887년 4월 21일에 본국 선교본부로 편지를 보냈다. 6개월 후인 1887년 10월 20일 교육선교사 로드와일러와 여성 의료선교사 하워드(M. Howard)가 파송되어 들어왔다.[6] 그들은 도착하자마자, 로드와일러는 이화학당의 교육선교사로, 여의사인 하워드는 시병원에 방

---

5 이호운, 『한국교회 초기사』 (서울: 대한기독교서회, 1970), 89.

6 *H. G. Appenzeller' Diary*, 1887년 10월 31일: 이덕주, 『한국감리교 여선교회의 역사』 66에서 재인용.

하워드가 설립한 최초의 여성병원 보구여관

하나를 내어 본격적으로 여성 진료를 시작하였다. 하워드는 같은 해 11월 이화학당 아래쪽에 건물을 마련하여 한국 최초의 여성병원인 보구여관(保救女館)을 열었다. 보구여관은 영어로는 "Salvation For All Women Institution"[7]인데, 번역하면 '모든 여성을 위한 구호기관'이라는 뜻이다. 보구여관은 여성 의료선교의 새로운 장을 여는 계기가 되었다.[8]

2) 보구여관의 의료활동

하워드는 일 년 남짓 양반집 부인들을 포함하여 2,000명 이상의 환자를 병원 진료와 왕진 방식으로 진료하다가 건강을 잃게 되어 1889년 9월

---

7 Mary M. Cutler & Margaret J. Edmund, "Po Ku Nyo Koan," *Annual Report of the Woman's Foreign Missionary Society of the M. E. C.* (이하 *ARWFMS*로 줄임) (1906), 8.

8 이덕주는 보구여관의 기점을 1887년 11월로 잡고 있다. 그 이유는 하워드가 내한한 지 한 달 후부터 독자적인 진료활동을 벌이기 시작했기 때문이다(이덕주, 앞의 책, 67). 장병욱은 1887년 하워드가 입국하자마자 보구여관이 시작되었다고 보았다. 그리고 '보구여관'이라는 이름은 '여성을 질병으로부터 구해주고 보호해주는 여자의 집'(Salvation for All Women Hospital)이라는 뜻으로 명성황후가 지어 주었다. 장병욱, 『한국감리교여성사』 (서울: 성광문화사, 1979), 151.

본국으로 돌아갔다.[9] 여성 의사의 공백으로 진료할 수 없게 되자, 보구여관은 잠시 시병원에 흡수되어 스크랜튼 혼자 진료를 감당했다. 그가 다른 지역으로 의료활동을 나갈 때는 맥길(William. B. McGill) 의사가 와서 도와주기도 하였다.[10] 스크랜튼은 또다시 1890년 9월호 *Gospel in All Lands*에서 "우리는 여자의 긍휼과 어머니의 마음을 가진 사람이 필요하다"[11]고 탄원하였다. 이윽고 1890년 10월, 여성 의료선교사 로제타 셔우드(R. Sherwood)가 내한하였고 보구여관을 다시 열게 되었다.[12] 하워드를 대신한 로제타 셔우드는 보구여관이 여성전용병원으로 자리 잡는데 상당한 역할을 하였다. 당시 보구여관의 모습을 언급하면서 로제타 셔우드는 약국, 창고, 세척실, 대기실, 진찰실과 수술실로 쓸 수 있는 장소, 입원실 등 그런대로 괜찮은 시설을 갖추고 있다고 자부하였다.

이제 병원에 대한 이야기를 해야겠다. 도착 첫날 가본 병원은 집에서 가까웠다. 다음날부터 곧 병원 일을 시작했다. 병원과 진료소를 돌아본 나는 기쁨을 감출 수 없었다. 예상했던 것보다 훨씬 훌륭했기 때문이다. 널찍한 구조를 고친 조선집이었지만 보기에도 훌륭하고 병원으로도 손색이 없다. 크고 좋은 약국, 창고, 병 같은 것들을 씻는 세척장이 있다. 또 환자 대기실도 있으며, 이 대기실과 약국 사이에 진찰실이 있다. 맨 앞에 있는 방은 넓고 밝기 때문에 수술실로 쓸 수 있다. 입원 환자들을 위한 방은 5개, 이 방들을 병동이라고 부르지만 실은 그렇게 말하기는 너무 작다. 각 방은 환자 여러 명이 편히 기거할 수 있는 크기다. 방들은 온돌이며, 환자들은 따뜻한 방바닥 위

9 *ARWFMS* (1889), 68.

10 *ARWFMS* (1890), 63.

11 William B. Scranton, "More Medical Workers Needed in Korea," *Gospel in All Lands* (1890), 429-430: 옥성득, 『한국간호역사자료집 I』, 2011, 210.

12 이만열, 『한국기독교의료사』, 414-418.

에서 쉬고 있다. 바닥에 까는 조선식 요는 낮에는 개켜놓기 때문에 덮는 담요를 추가로 제공한다. 의사가 환자를 진찰할 때는 바닥에 앉아야 하므로 습관이 될 때까지는 이 자세가 매우 힘이 들 것 같다. 그러나 전반적으로 볼 때, 이 방법이 좋을 것 같다. 환자들이 조선 사람들이기 때문이다. 그들은 서양식 침대는 춥다고 생각한다. 해롭지 않은 풍속은 고쳐야 할 이유가 없다고 생각한다.13

로제타 셔우드 홀은 의술이 선교사업에 큰 도움이 되고 미력하나마 자신의 의술로 봉사할 수 있게 허락하신 하나님께 감사하였다.14 로제타 셔우드 홀은 1893년 5월 남편 제임스 홀을 따라 평양으로 이주하여 그곳에서 여성전용병원인 '광혜여원'(廣惠女院, Women's Dispensary of Extended Grace)을 세웠다.15 보구여관은 여의사 커틀러(Mary M. Cutler)가 1893년에 부임하여 1912년까지 20여 년간 운영하였다. 1890년에서 1891년까지 9개월 동안 진료 인원은 1,576명인데, 10년 후에는 연간 진료 인원이 4,250명으로 늘어났다.16 당시 간호를 담당한 에드먼드와 커틀러는 1904년 11월 24일 자 「제국신문」에 광고를 내면서까지 적극적인 진료활동을 했다.17

보구여관의 영향력은 「제국신문」에 1906년 8월 22일부터 24일까지 어느 부인이 기고한 글에서 잘 나타나 있다. 글을 기고한 새 문 밖 냉동에 사는 양반집 부인은 속병을 앓고 있었는데, 십여 년의 세월을 40~50명의 의원을 찾아다니며 치료를 받았으나 낫지 못하고 고생만

---

13 셔우드 홀/김동열 역, 『닥터홀의 조선 회상』 (서울: 좋은 씨앗, 2003), 72.
14 같은 책, 79.
15 이덕주, 앞의 책, 66-70.
16 이만열, 앞의 책, 115.
17 「제국신문」(1904년 11월 24일).

하다가 결국 보구여관에서 치료를 받고 완치되었다고 한다.[18] 그 부인
은 기고문에서 우리나라에서 급히 해야 할 일이 한두 가지가 아니지만,
부인을 위한 병원을 세우는 일이 제일 급하다는 점을 강조하였다. 부인
은 우선 한국 여성들이 몸이 아파도 찾을 병원이 없음을 안타깝게 여겼
다. 의원이 있다 하더라도 내외하느라 시원하게 치료받을 수도 없으며,
의원들의 거드름은 더 말할 나위 없다는 것이다. 이런 문제를 가지고 의
원들만 나무랄 수 없고 의원 자격에 대해 정부가 관심도 기울이지 않는
다고 비판했다. 병원도 그렇고 의학교도 없으니 치료받지 못하고 비명
횡사하는 사람이 많은데 여자들이 처한 환경은 남자들보다 더 나쁘다는
것이다.

> 싱각ᄒ여 보시오. 녀ᄌ의 병은 흔히 싱산ᄒᄂ 되서 남니다. 병이 나나 의
> 원이나 잘보게 ᄒ주오. ᄉ시쟝철 치우나 더우나 시원흔 거동 보지 못ᄒ고
> 안방구셕에서 쓸소. 그릭도 욕심만은 사나회는 ᄌ식 나키만 바랍데다. 여
> 보 의복음식 걱정 업고 만ᄉ가 팋평으로 지ᄂᄂ 대관네 부인들 싱각ᄒ여
> 보시오. 우리가 병 곳 들면 고명흔 의원 어듸 잇소. 고명흔 의원은 잇ᄂ지
> 모로거니와 젼국에 녀의흔 낫도 업스니 아모리 부귀가 혼텬동디ᄒ더리도
> 죽을 수 밧긔 업소.[19]

여성들은 아이를 낳느라 더 고생하여 병이 걸리는 데도 남자들은 그
저 아이를 많이 낳기 바라니 양반집 부인이라도 그저 방안에서 끙끙 앓
을 수밖에 없는 사정이므로 여성병원이 가장 시급하다고 주장하였다.
여자교육회나 잠업시험장이 급하지만, 여자의 몸이 건강해야 인구가
번성하며 아이를 생산하는 엄마가 건강해야 자녀도 건강하게 된다는

---

18 「제국신문」 (1906년 8월 22일).
19 「제국신문」 (1906년 8월 23일).

것이다. 이 부인은 선교사가 세운 보구여관에서 진료받은 경험과 그 정황을 다음과 같이 쓰면서 고마움을 표현하였다.

> 속병으로 고싱ᄒ다못ᄒ야 톄면 불고ᄒ고 치마쓰고 정동 보구여관을 차자 간즉 의원은 미국 부인 커들너요, 간호쟝은 녀인 에드먼이요 쏘 간호원 대한 녀인 네분인ᄃᆡ 김마틔와 니쑤레쓰와 김알넌과 경ᄆᆡᄃᆡ라.
> 의원의게 문병ᄒ니 나의 신톄를 검ᄉ하고 진ᄆᆡᆨᄒᆫ 후 곳치기가 무려ᄒ다 ᄒ기에 위선 깃거ᄒ야 그 절차를 무른즉 병원에 와서 치료ᄒ고 의원의 말ᄃᆡ로 ᄒ라 ᄒ기에 이십일 동안을 류슉ᄒ면서 치료ᄒᄂᆞᆫᄃᆡ 그 비치히 노은 것을 살펴보니 병인 치료ᄒᄂᆞᆫ 쳐소가 각각 잇셔 졍결ᄒᆞᆫ 침상을 병인의 좌와 긔거가 편리ᄒᆞᄃᆞ록 죠밀ᄒᆞ게 히놋코 졍결ᄒᆞᆫ 의복과 맛가즌 음식을 ᄲᅵᄲᅵ로 공급ᄒᆞ며 시간을 ᄎᆞ자 진ᄆᆡᆨᄒᆞ고 한셔를 ᄯᅡ라 보호ᄒᆞ며 한셔침으로 병인을 졍도를 알아 간호원이 긔록ᄒᆞ여 노으면 의원이 그 병인의 증셰를 낫낫치 알아 일호도 차착이 업시 그 병을 ᄯᅩᆨ 잡아ᄂᆡ니 고맙고 신통ᄒᆞ도다. 슈십명의 녀병인의게 치료식키ᄂᆞᆫ 것이 여일ᄒᆞ니 이것은 과연 규모가 졔셰 챵챵ᄒᆞᆫ ᄭᅡᄃᆞᆰ이러라. 약두ᄂᆞᆫ 집을 보니 물약 환약 가루약 구ᄂᆞᆫ 그릇이 ᄲᅵ긋ᄒᆞ고 견고ᄒᆞ야 좀날 넘녀와 파리ᄭᅵᆼ 쌀일이 업고 ᄉᆞ면에 류리챵으로 덥허 공긔가 임의로 출입지 못ᄒᆞ니 약이 효험잇고 업ᄂᆞᆫ 것은 고샤ᄒᆞ고 보기에 졀결합데. 날마다 단니ᄂᆞᆫ 병인을 보아 주ᄂᆞᆫ 쳐소를 보니 방도 졍결ᄒᆞ거니와 표가 잇쇼 차례로 규모잇게 병을 보아 주ᄂᆞᆫᄃᆡ ᄆᆡ일 평균ᄒᆞ여 병인 ᄅᆡ왕ᄒᆞᄂᆞᆫ 쟈 슈십명(아ᄒᆡᄭᅡ지)이나 되고 병인 병 보아줄 동안에 녀인 션교ᄉᆞ가 잇셔 기ᄃᆞ리고 잇ᄂᆞᆫ 병인의게 조혼 도리로 갈아치니 그 션교ᄉᆞ의 공슌홈과 말의 간곡ᄒᆞᆫ 것이 참 악ᄒᆞᆫ 쟈를 감화케 홈만 ᄒᆞ고[20]

---

20 「제국신문」(1906년 8월 23일).

이처럼 보구여관은 여성진료 전문병원으로서 질병이 있어도 치료 받기 힘들었던 조선 여성들의 병을 진료하는데 힘을 다하였다. 한편에 서는 "병인 병 보아줄 동안에 녀인 션교ㅅ가 잇셔 기드리고 잇는 병인의 게 조흔 도리로 갈아치니"라 하듯이 진료 대기를 하고 있는 여성들에게 공손하며 간곡하게 복음 전하는 것을 잊지 않았다. 병원을 찾아온 조선 여성들은 질병에서 해방되었을 뿐 아니라 영육 간 삶의 질이 점점 변화 되어 갔다.

2. 동대문 부인병원(릴리안 해리스 병원)

1) 동대문 진료소 설립과 의료 활동

정동의 시병원과 보구여관에서의 진료 활동이 활발하게 진행되는 동안, 북감리회 의료선교사 스크랜튼은 새로이 진료소를 설치할 땅을 물색하기 시작하였다. 서울은 선교사들이 의료선교를 통해 복음을 전 하기 가장 적합한 곳이었다. 의료선교사 맥길은 1891년 연례보고서에 서 서울의 장점을 다음과 같이 설명하였다.

> 서울은 수도이기 때문에 의료사업을 하며 복음을 전도할 수 있는 좋은 장소
> 이다. 왜냐하면 정부는 관직에 오르기 위한 시험들을 자주 치른다. 그래서
> 사람들은 이 나라 전역에서 이곳으로 올라온다. 또한 큰 상업의 중심지이기
> 도 하다.[21]

그의 말대로 서울 4대문은 수많은 사람이 오가는 길목으로 과거를

---

21 *ARMS*(1891).

치르기 위해 전국에서 많은 사람이 올라오는 곳이기 때문에 복음을 전하기 좋은 장소였다. 서울은 도시 상공업의 발달, 전국적 인구 증가, 농촌에서의 인구 유출 등의 요인으로 17세기 중엽 이후 인구가 계속 늘어나는 추세였다.[22] 인조 26년(1648년) 95,569명이었던 인구가 정조 원년(1777년)에 이르면 197,957명에 이를 정도로 급격히 늘었다. 당시 4대문 안에서는 원칙적으로 토지를 소유할 수도, 집을 지을 수도 없었기 때문에 농촌에서 올라온 사람들은 성벽 바로 밑이나 성 밖 변두리에 기거했다. 선교 초기에 선교병원이나 교회가 이런 곳에 설립된 것은 당연한 일이었을 것이다. 스크랜튼은 1886년 전국으로 퍼진 콜레라 때문에 길거리에 버려진 환자들의 참상을 보았다. 이때 집에서 버림받고 시병원 근처 성벽에서 3주간 동안 기거하던 모녀를 병원으로 옮겨 치료한 바 있다.[23] 스크랜튼은 이런 곳에 가난한 민중을 위한 '선한 사마리아병원'(Good Samaritan's Hospital)을 짓고 싶어 했다. 그는 1887년 연례보고서에 버려진 환자가 많은 동대문 성벽 가까이에 병원을 짓는 것이 절실하다고 주장했다.

> 또 하나의 새로운 사업은 병들어 버림받은 사람들의 피난처로 병원 요양소를 만드는 일입니다. 내가 오래전부터 이 일에 관심을 기울였듯이 당신들의 마음도 이렇게 되기를 간절히 믿습니다. 이곳에서는 적은 비용으로도 수많은 좋은 일이 행해질 것입니다. 한국에서는 누군가가 집에서 죽는 것을 매우 재수 없는 일로 여깁니다. 그래서 종들이 죽을병에 걸리거나 기세를 떨치는 전염병에 감염되면, 초막집에 혼자 살도록 방치하거나 허름한 거처마저도 없이 도성 바깥으로 버려집니다. 이렇게 버려지기 때문에 더 많은 사람들이 죽어 갑니다. 병자들이 친절한 간호를 받아야 함에도 그냥 동냥으로 살도록

---

22 손정목, 『조선시대 도시사회연구』 (서울: 일지사, 1977), 159.
23 이만열, 앞의 책, 64-65.

버려지고 있는 것입니다. 더구나 한국같이 가난한 나라에서는 이들에 대한 자선에 많은 비용이 들기 때문에 미흡합니다. 서울의 문밖(4대문 밖)을 나서면 언제나 수백 명의 버려진 사람들을 보게 됩니다. 그들에게는 언제나 의식주와 의료 혜택이 필요합니다. 될 수 있으면 그들에게 적어도 보호소라도 제공할 수 있기를 바랍니다.[24]

드디어 선교본부의 허락으로 스크랜튼은 1888년과 1889년에 부지 세 곳을 확보하였다. 먼저, 1888년 12월에 서대문 밖 사거리에 애오개 진료소를 열어 7개월 동안 721명의 환자를 진료했다. 1890년 10월 중순에는 남대문병원을 완공하였다.[25] 여기에 머물지 않고 스크랜튼은 1889년 연례보고서에서 동대문에 진료소를 열어야 한다고 주장했다.[26] 동대문 쪽은 지방으로 진료 나가기 편리한 길목이기도 하여 종합병원을 세우기에 적합하였다. 1889년 9월 3일 그가 파울러 감독에게 "동대문 부지를 개설하기 위하여 감독님께서 보셨던 동대문 지역 주변 땅을 매입하였습니다"라는 보고를 보면, 그의 소망이 구체적으로 실현되고 있음을 알 수 있다. 파울러 감독은 1889년 6월 서울에 와서 남대문과 동대문 선교 부지를 둘러보았고 그가 돌아간 후 9월, 동대문 진료소 부지를 300달러에 매입하였다.[27] 드디어 감리교 의료사업이 정동 시병원, 서대문 애오개, 남대문 상동, 동대문 네 곳에서 펼쳐지게 되었다. 1893년 3월 23자 로제타 셔우드 홀의 일기에는 동대문에 "볼드윈 진료소"(Baldwin Dispensary)를 짓고 있는 내용이 적혀 있다.[28]

---

24 *ARMS*(1887).

25 *ARMS*(1891).

26 *ARMS*(1889), 292.

27 *W. B. Scranton's letter to Bishop C. H. Fowler*, (Sep. 3rd, 1889).

28 미국 클리블랜드에 거주하던 볼드윈(L. B. Baldwin) 부인이 한국의 여성사업을 위해 거액을 헌금하여 그 기금으로 마련했기 때문에 '볼드윈'이라는 이름이 붙여진 것이

남대문 진료소

나는 동대문에서 방금 돌아왔다. 이달(1893년 3월) 15일부터 매주 화요일
과 금요일에는 그곳에서 의료 봉사를 하기로 하였다. 그곳은 아직 진료대상
자들이 많지 않다. 목수들이 진료소 건물에서 일하고 있기 때문이다. 그러
나 장소가 매우 적합하므로 진료소는 틀림없이 커질 것이다.[29]

그녀의 예상대로 궁궐과 외국 공관이 즐비하던 정동과는 달리 민중
들이 많이 기거하는 성곽 근처인 동대문 진료소는 보구여관을 능가하
는 병원으로 커지고 있었다. 동대문진료소는 1897년부터 닥터 릴리안
해리스(Lillian Harris)가, 동대문채플은 로드와일러가 이화학당을 오가
며 관장하였다. 릴리안 해리스의 1899년 보고서를 보면, 의료진이 부
족할 정도로 동대문진료소를 찾는 환자가 계속 늘어났다.[30] 일주일에
5일 진료하였는데, 1년에 평균적으로 630여 명 정도를 진료했다. 이는
먼저 진료를 받은 조선 여인들의 입소문의 결과였다. 일손이 너무 달려

다. 따라서 교회 건물과 부지는 미감리회 해외여성선교회의 소유였다.
29 셔우드 홀, 앞의 책, 115.
30 L. Harris, "Baldwin Dispensary," *ARWFMS*(1899), 30.

해리스는 선교부에 훈련된 간호사가 긴급히 충원되어야 한다는 보고를 잊지 않았다.[31] 해리스는 전도부인 애니 박(Mrs. Annie Pak)과 함께 진료를 하면서 주일에는 볼드윈채플에서 복음을 전했다.[32] 릴리안 해리스는 동대문 진료소에서 헌신하다가 1901년 평양으로 전임되어 갔는데, 그곳에서 1년 남짓 몸을 사리지 않고 진료 활동을 벌이다가 안타깝게도 다음 해 5월 장티푸스로 숨을 거두었다. 그는 1년 동안 하루 평균 52명을 진료하고 입원환자 12명을 돌보았다.[33] 그는 언제나 "의료선교사는 의사이기 이전에 선교사가 되어야 한다"라고 하면서 환자가 복음을 받아들이는 것은 최선을 다하는 의사의 노력에 달려 있다고 믿었다. 그는 1900년 보고서에서 "그들의 집에 가서 냉수 한 잔을 놓고 사람을 만나면서 시간을 함께하기 위해 왔다"라고 적었다.[34]

1899년 9월부터는 신시내티 지부의 의료선교사 언스버거(Emma Ernsberger)가 동대문 진료소로 파송을 받았다. 1903년까지 동대문진료소에서 일하다가 안식년을 보내고 1905년 5월 다시 동대문으로 돌아왔다. 언스버거가 안식년을 보내는 동안 동대문진료소는 정동 보구

---

31 이러한 릴리안의 열망은 1903년 12월에 에드먼즈에 의해 개교한 간호사훈련학교 개교로 결실을 보게 되었다. 이 훈련학교는 후에 동대문으로 이전하였고 모두 60명이 졸업하였으며, 평양 연합기독병원과 감리회 선교부가 연합하여 운영하는 세브란스에서 모두 245명의 간호사가 배출되었다고 감리회 선교 50주년 기념 보고에서 밝혔다. 사우어, 『은자의 나라 문에서』, 자료연구회 역(서울: 한국기독교역사연구소, 2006), 112.

32 "볼드윈 진료소의 모든 환자는 볼드윈 채플에서 주일 아침예배에 참석할 기회를 갖는다. 이러한 초대는 자유스럽게 이루어졌다. 그리고 안식일 아침 예배에 그들이 환영받는다고 느낄 때, 그들의 밝아진 얼굴을 보는 것이 행복했다. 한번 진리의 맛을 보면, 그들은 반드시 다시 오게 된다," L. Harris, "Baldwin Dispensary," *ARWFMS* (1899), 30.

33 사우어, 앞의 책, 133.

34 L. Harris, "Baldwin Dispensary, Seoul," *Official Minutes of the Sixteenth Annual Meeting, Korea Mission M. E. C.* (1900), 76.

여관의 커틀러가 동대문을 오가며 운영하였다.

동대문 진료소는 늘 진료환자와 대기환자로 초만원을 이루었다. 1904년부터 8개월 동안 일곱 개의 클리닉이 개설되어 4,897명을 진료했다. 그중 초진이 2,988명, 외진이 88건이었다. 전년보다 40% 증가한 상태였다. 부인과 어린이 위주의 진료병원이었기 때문에 부인과 치료 횟수가 가장 많았는데 치료가 불가능한 아이들도 많았다. 언스버거는 아이들이 병들지 않도록 하는 예방교육이 중요함을 인식하고 엄마들을 대상으로 예방교육을 시켰다.[35] 언스버거가 돌아온 후 동대문 진료소는 성공적으로 운영되어 이후 8개월 동안 4,053명을 진료하였다.[36] 1906년 서울의 여자 입원치료 환자는 남대문 세브란스 104명, 서대문 보구여관 188명, 동대문진료소 120명으로 기록되어 있다.[37]

2) 여성전문병원 릴리안 해리스 병원 건축

언스버거는 안식년으로 귀국할 때 간절한 소망을 가지고 있었다. 더욱 나은 동대문 여성병원을 짓기 위한 자금 마련이었다. 본국으로 돌아가면서 그는 "내가 희소식(서울 병원을 위한 자금 지원)을 보낼 때 진심어린 아멘 소리가 여기로부터 울려 퍼질 것을 확신합니다"[38]라고 했다. 미국에 머무는 동안, 그는 감리교 여성들의 마음을 모으기 위해 매월 6번의 모임을 진행했다. 또 3개 주(州)를 다니며 연설을 했다. 끝나면 청중들에게 한국 여성에게 산부인과가 절실하다는 내용의 편지를 일일

---

35 E, Ernsberger, "Baldwin Dispensary," *ARKWC*(1906), 32.

36 E, Ernsberger, *ARKWC*(1905~906), 173-174.

37 E, Ernsberger, *ARKWC*(1907), 25.

38 E, Ernsberger, "Baldwin Dispensary and Evangelistic Work, East Gate," *ARKWC*(1904), 17.

이 썼다. 그러던 중 '코웬'(Mrs. Cowen)이라는 부유한 부인이 눈물을 흘리며 "의사선생님! 당신은 이 병원(동대문병원)의 힘든 과제를 우리에게 알려주었습니다. 그래서 지금 그 일을 우리가 감당해야 한다는 생각을 하게 되었습니다"라고 하면서 거액을 기부했다. 새로 짓는 병원에 '코웬'이라는 이름을 쓰려고 하였으나 코웬 부인은 한사코 해리스 박사의 이름을 써야 한다고 하여 마침내 '릴리안 해리스 기념병원'(Lillian Harris Memorial Hospital)이라 이름을 지었다. 사랑과 희생의 상징인 병원건립자금은 이후에도 신시내티 지부 소속 여성과 어린이들의 헌금으로 조성되었다. 이 일은 그곳에 사는 미망인, 가난한 여인, 어린이들이 조선에서 사랑과 희생으로 선교 사역을 하다 죽은 해리스 여사를 깊이 추모하였기 때문에 가능했다.[39]

1905년과 1906년 사이 병원 건축이 시작되었다. 언스버거가 1903년에 안식년을 지낼 동안 에드먼드도 병원 건축을 기도하고 있었다. 그 결과, 미감리교 여선교회에서는 새 병원을 짓기로 하여 부지 후보 두 군데를 놓고 고심하였다. 첫 번째 장소는 여선교회가 사두었던 —커틀러의 표현에 따르면— "선교부 범위에 있고 조용하고 과수원이 있는 시골 언덕이며 서울과 멀리 한강이 보이는 곳"이었는데, 이곳은 장로교병원 옆이므로 의사와 간호원들의 훈련과 쉽게 연계할 수 있는 곳이었다. 두 번째 장소는 동대문 진료소가 위치한 곳이었는데, 첫 번째 장소가 쾌적하고 조용하며 아름다운 조망이 있어 의료선교사들이 충분히 휴식하고 진료할 수 있는 장소인 반면, 두 번째 장소는 시끄럽고 지저분하고 도시 먼지가 이는 곳이었다. 하지만 선교사들은 사람들이 쉽게 접근할 수 있고 도로정비로 교통도 편리하며 5킬로미터 이내에 있는 정동 간호원 양성소에서 훈련된 간호원을 배치할 수 있다는 이유로 동대문

---

39 E. Ernsberger, "Baldwin Dispensary," *ARKWC*(1906), 31.

을 추천하였다.[40]

동대문은 새 병원 문제가 아니라 환자의 문제이다. 입원환자가 반경 내의 범
위에서 온다. 반 마일의 환자 10%가 동대문교회에 나오는 환자이다.⋯동대
문 주변은 부인들과 아이들을 위한 서울에서 가장 적합한 의료센터이다. 1
년간의 경험이 이를 증명한다.[41]

결국 선교사들과 언스버거의 주장대로, 위원회는 동대문 지역에 기
념병원을 건립하기로 결정하였다.[42] 기념병원 건립이 논의되던 1907
년에도 의료 환경은 여전히 열악했다. 환자는 1년 전보다 63% 늘어난
7,974명이었고, 누계로 8,182명이나 되었다. 환자가 늘어나자 볼드윈
채플(동대문교회) 여성 예배실을 대기실로 사용하거나 소녀학교로 쓰
이던 교실을 응급실로 이용해야만 했다. 건축자재가 제때 공급되지 않
아 애를 먹기도 하였고, 자재를 받으면 바로 전기, 난방, 배관 공사를
하느라 1909년 무더운 여름 내내 공사를 해야 했다. 하지만 몇 개월
동안의 기다림은 그다지 문제가 되지 않았다. 새 병원 건축기간에도 내
진환자는 줄지 않아 좁고 낡은 병원에서는 더는 진료 활동을 할 수 없었
다. 언스버거는 새로 지어진 동대문교회로 진료실을 옮겼다. 그곳은 밝
은 조명과 깨끗한 백색 커튼이 있어 쾌적하게 환자를 진료할 수 있었
다.[43] 한일합병이 진행되어 국가적으로 암울했던 1910년에 고대하던
'릴리안 해리스 기념병원'이 완공되었다. 언스버거는 감동적인 심정을
언급하면서 "우리의 상황 속에서 불가능한 희망을 가지자마자 병원의

40 Mary M. Cutler & Margaret J. Edmund, "Po Ku Nyo Koan," *ARKWC*(1906), 8-14.
41 E. Ernsberger, "Baldwin Dispensary and Evangelistic Work," *ARKWC* (1907), 23-28.
42 *ARKWC*(1905~906), 173-174.
43 E. Ernsberger, "Baldwin Dispensary Seoul," *ARKWC*(1910), 30.

완성을 가져다주었다"[44]고 하였다. 1910년 릴리안 해리스 기념병원이 완공되어 최초 여성 진료기관으로, 간호원 훈련원으로 많은 역할을 했던 보구여관과 통합되었다.

> 비록 우리는 그들이 여기 불편하고 복잡한 곳을 떠나 좋은 곳으로 가게 되어 기뻤지만, 한편으로는 커틀러 박사와 모리슨 양(Miss. Morrison) 그리고 그들의 동역자들이 동대문의 새로운 병원을 가게 되어 여기를 떠날 수밖에 없는 것에 많은 아쉬움을 가졌다.[45]

명실상부한 여성종합병원으로 면모를 갖춘 '릴리안 해리스 기념병원'은 조선 사람만이 아니라 민족을 초월하여 중국, 일본 여성 환자까지도 진료했다. 어린이 발작과 같은 특이한 환자를 치료하면서 어린이 전문병원으로서도 좋은 평판을 받았다. 특이한 환자를 진료하면서 갖게 된 다양한 진료기록은 전문성을 높여 주었다. 진료를 받은 사람들, 특히 산부인과에 다니는 산모들은 동대문병원을 신뢰했다.[46]

초기 볼드윈진료소에서 진료하다 평양에 갔던 로제타 셔우드 홀은 1917년 다시 동대문으로 돌아와 진료활동을 벌였고, 1923년부터 1926년까지 병원장을 지냈다. 1928년, 그의 소망대로 그곳에 여자의과대학을 설립하였다.[47] 보구여관과 동대문여성병원의 의료사업은

---

44 같은 글, 26.

45 Lulu E. Frey, Jessie B. Marker, Ora M. Tuttle, "Ewa Haktang, Seoul," *ARKWC*(1909), 13.

46 E. Ernsberger, "Baldwin Dispensary Seoul," *ARKWC*(1910), 29.

47 이 병원은 릴리안 해리스 기념병원(동대문 부인병원) → 이화여자대학 부속병원의 모습으로 역사적 발전을 거듭하게 된다. 이 부분에 대하여 『동대문교회 백년사』는 "여선교부에서 경영하던 동대문부인병원과 동대문여자보통학교의 주인이 바뀌게 되었다. 동대문부인병원은 1940년 11월 16일 선교사들이 한국에서 철수할 때 재산관리권을 양주삼 박사에게, 병원운영권은 신흥우 박사에게 위임하였다. 그러나 다행히 8·15해방이 되자 동대문부인병원은 이화여자대학 부속병원으로, 동 병원 안에 있던 여자의학

1920년대 중반 여성과 어린이들의 건강 그리고 한국 민중의 생명 구조를 위한 유아복지사업과 공중위생보건사업의 토대가 되었다.

3. 평양 광혜여원(廣惠女院)

1) 평양의 환경

평양은 1887년 4월 24일 감리교 선교사 아펜젤러(Henry Gerhart Appenzeller)가 순회여행으로 방문한 것을 시작으로 1889년 3월 장로교의 언더우드(Horace Grant Underwood) 부부, 1890년 마펫(Samuel Austin Moffet) 그리고 1891년 게일(James Scarth Gale), 1892년 그래함 리(Graham Lee) 등이 순회 여행을 하며 선교기지로 탐색했던 곳이다.[48] 선교사들은 이구동성으로 평양을 적합한 선교기지라고 생각했다. 평안도가 상업이 번창하고 교통의 요지이며, 그 중심에 평양이 있다는 이유 때문이었다. 로제타 셔우드 홀의 남편인 감리교 의료선교사 윌리엄 제임스 홀(William James Hall)도 장로교 선교사 마펫과 같은 생각이었다.

> 평양은 조선에서 가장 더럽고 문란한 도시이며 사람들이 거칠어 돌로 때리는 폭력이 난무하는 곳이기 때문에 최적의 선교 도전지이다.… 인구가 10만이 넘으며 사람들이 적극적이고 기업적이라 번성할 여지가 있다. 또한 서울과 북경을 연결하는 육로이며 해상교통이 발달하였다.[49]

대학은 고려대학 의과대학으로 존속되었다"라고 썼다. 윤춘병, 『동대문교회 백년사』 (서울: 동대문교회, 1990), 183.

48 Harry A Rhodes & Archibald Campbell/최재건 역, 『미국북장로교 한국선교회사』 (서울: 연세대학교출판부, 2009).

49 셔우드 홀, 앞의 책, 100.

마침내 1892년 북감리교회에서는 의료선교사 윌리엄 제임스 홀(로제타 셔우드 홀의 남편)이, 1893년 북장로교회에서는 선교사 마펫과 그리함 리, 스왈렌 등이 평양으로 파송되어 선교가 시작되었다.[50] 로제타 셔우드 홀은 1915년 11월 12일 평양 남산현 회당에서 열린 '의사 홀부인 25주년 기념회'에서 서양 사람들이 보기에 "평양은 조선의 소돔"이라 하였다. 이처럼 평양은 사치와 향락이 만연했던 곳이다. 도로도 "길은 심히 협착하여 왕래에 비편하였는데, 지금 우리가 밟는 신작로라고는 하나도 없었으며 시가는 심히 더러워 어떤 곳을 가면 코를 찔렀습니다"라고 회고하였다. 그곳에서 로제타 홀은 한국에서 처음으로 빵떡을 굽고 아이스크림을 만든 서양인이었다.[51]

교육여건은 더 열악해서 남자를 위한 교육은 오직 한문을 가르치던 서당뿐이었고 제임스 홀이 남자아이 13명을 모아 학교를 시작하였지만, 여자를 위해 교육하는 곳은 기껏해야 기생학교뿐이었다. 기생과 양반의 소실만이 글을 읽을 줄 아는 정도였고 양반집 딸들이라도 시집가면 안방에 갇혀 사는 신세였다.[52] 선교사들은 조선에서 두 번째 큰 도시인 평양에서 해야 할 일이 참으로 많았다. 로제타 홀이 1894년 평양으로 올 무렵, 남편인 제임스 홀과 북장로교회의 마펫 선교사의 전도로 믿게 된 몇 안 되는 교인들이 모여 홀의 집에서 주일예배와 삼일기도회를 드리고 있었다. 이마저도 평양 인심이 각박하여 교회를 핍박하고 있었다.

50 이광린, "평양과 기독교," 「한국 기독교와 역사」 제10호(1999), 11.

51 「기독신보」 (1915년 12월 8일).

52 "여학교라고는 하나도 없고 오직 기생학교뿐이오, 언문 아는 이난 여자라고는 기생과 남의 소실뿐이오 점잖은 양반 댁 딸들이 시집을 가면 시가 안방에 꼭 갇혀 죄인을 옥에 갇힌 모양으로 지내는 것을 보았나이다." 「기독신보」 (1915년 12월 8일).

2) 광혜여원(廣惠女院, Women's Hospital of Extended Grace)

평양 광혜여원은 1898년, 남편 제임스 홀 사후 미국으로 귀국했다가 사역을 재개하기 위해 다시 내한한 로제타 셔우드 홀의 노력에 의해서 시작되었다. 그는 미국에서 평양에 홀 기념병원을 세우는데 보탤 기금을 만들려고 '의료선교사 윌리엄 제임스 홀의 생애'를 편집하여 발행하였다.[53] 로제타 셔우드 홀의 친구들이 기부금을 보태었고, 건축은 폴웰 의사가 책임을 맡았다. 록위치 양과 그 가족이 제공한 자금으로는 병원과 한 지붕 아래 있는 여자 진료소와 숙소를 건축했다. 로제타 셔우드 홀은 딸 에디스를 위해 가지고 있던 약간의 저금과 물건을 판 수익금, 그리고 고국의 친구들이 모아준 500달러 가까운 기금을 보태어 어린이 병동도 지었다. 모든 자재를 손으로 운반하였고 벽돌 굴뚝과 함석 지붕을 올리고 벽에 판자를 붙인 후 페인트칠했다. 건물은 2층이었다. 로제타 홀과 평양 관찰사와는 특별한 인연이 있었다. '광혜여원'(廣惠女院)이라는 이름은 평양 관찰사가 지어 주었다.[54] 1897년 로제타 홀이 돌아온 지 얼마 되지 않았을 때. 관찰사 요청으로 그의 부인을 치료하여 회복시킨 적이 있었다. 관찰사는 고마움의 표시로 달걀 100개와 영계 3마리를 선물한 바 있다. 그 인연으로 그에게 병원 이름을 지어달라고

---

53 Edited by Rosetta Sherwood Hall, ed., *The LIFE OF REV. WILLIAM JAMES HALL, M. D. MEDICAL MISSIONARY TO THE SLUMS OF NEW YORK PIONEER MISSIONARY TO PYONG YANG, KOREA* (New York: New York Press of Eaton & Mains, 1897).

54 당시 평양 관찰사는 정경원(鄭敬源)일 것이다. 고종 32년 5월 29일(1895년 乙未) 당시 영월 부사(寧越府使)였던 정경원을 평양부 관찰사(平壤府觀察使)에 임용하고 칙임관 4등에 서임하였다.『고종실록』 33권, 32년 5월 29일 첫 번째 기사. 정경원은 1896년 영천군수(永川郡守) 허식(許烒)의 彈劾上疏를 받고 평양부 관찰사직을 사직하고자 상소하였으나 고종은 이를 윤허하지 않았다.『고종시대사 4집』, 1896년 6월 4일 기사.

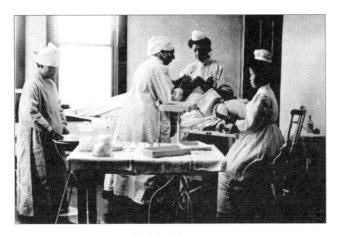
로제타 셔우드 홀의 평양 광혜여원 수술 장면

했고, 그는 흔쾌히 '광혜여원'(廣惠女院)이라는 이름을 써서 보내주었다. 1894년에 박해를 편들었던 당시 관찰사와는 사뭇 대조적인 대우를 받게 된 것이다. 이곳에서 로제타 셔우드 홀은 의료사역에 착수하였고, 평양 주변 지방을 다니며 여자들을 위한 강습회를 열었다.[55]

이후 광혜여원은 부인과와 정형외과를 중심으로 진료활동을 벌였다.[56] 앞서 언급했듯이 1901년 5월 동대문부인병원에 있던 릴리언 해리스가 평양으로 파송되어 근무하였는데, 이듬해인 1902년 5월, 장티푸스에 걸려 세상을 뜨고 말았다.[57] 로제타 셔우드 홀은 혼자서 몸을 돌보지 않고 진료활동을 벌이다가 건강이 나빠지기도 했다. 1903년 5월 로제타 셔우드 홀을 돕기 위해 메리 커틀러가 안식년 휴가에서 돌아

55 Frances J. Baker, *A Woman Doctor in the Land of Morning Clam: A Sketch of Dr. Rosetta Sherwood Hall* (Boston: Woman's Foreign Missionary Society M. E. C, 1902): 옥성득, 『한국간호역사자료집 I』, 2011, 83-86.

56 Rosetta Sherwood Hall, "Foreign Medical Women in Korea," *Journal of the American Medical Women's Association 5-5*(October, 1950), 404-405: 옥성득, 앞의 책, 79.

57 사우어, 앞의 책, 133.

오자마자 광혜여원 진료에 합류했다.[58]

1908년 11월 5일, 이그레이스와 김마르다가 보구여관 간호원양성학교 첫 졸업생이 되었는데, 이들도 광혜여원에서 활동하였다.[59] 이그레이스는 1910년 남편(이하영 목사)이 평양 이문골 교회에 임명되자, 평양 광혜여원으로 옮겨 로제타 홀과 커틀러를 도와 5년간 간호원으로 근무했다. 이그레이스는 수간호원으로 활동하면서 수술 시 마취를 담당했다. 특히 뛰어난 영어 실력으로 의사들의 통역도 맡았다. 로제타홀의 조수 겸 왕진 담당 간호원으로 활동하면서 1914년에는 의생면허를 획득했다.[60] 김마르다 역시 1913년 말부터 광혜여원에서 수간호원으로 입원실을 책임지며 헌신적으로 봉사했다.[61]

4. 여성 의료종사자 양성사업과 공중보건위생사업

1) 의사 양성

선교 초기 보구여관을 비롯한 여성병원에서 한국 여성들을 위한 여성의료선교사들의 진료활동이 시작된 지 20여 년이 지났음에도 불구하고 한국에서의 여성의료 인력의 양성은 이루어지지 않고 있었다. 선교사들마다 이 문제에 대하여 절실함을 토로했다. 1905년 7월 연합선교사업을 위하여 모인 회의에서 에비슨 의사는 "수백 명의 환자를 치료하고 간호원이나 의사를 양성하지 못하는 것보다 딱 백 명의 환자만을 치료하더라도 열 명의 간호원과 다섯 명의 의사를 양성하는 것이

---

58 옥성득, 앞의 책, 475.
59 "The Capping of the Nurses," *KMF*(1907), 49-50.
60 옥성득, 앞의 책, 601.
61 옥성득, 같은 책, 609.

낫다"라고 하면서 한국인 의사와 간호원 양성을 위해 시간과 인력을 투자해야 하므로 힘의 결집이 필요하다고 역설하였다. 북감리회 메리 커틀러 역시 의료 인력 양성에 찬성표를 던졌다.[62] 이처럼 한국인 의료 인력의 양성은 시급한 일이었다. 여성 의료사업에 있어서도 여성 의료 선교사들의 힘만으로는 모든 계층의 한국 여성을 진료할 수는 없는 일 이었다.

언더우드(H. H. Underwood, 원한경)는 그의 책 *Modern Education in Korea*에서 한국의 여성의학 교육은 로제타 셔우드 홀에 의해 시작되었 다고 기록하였다.[63] 그렇듯이 로제타 홀의 한국 선교 활동에 있어서의 꿈은 '한국 여성에 의한 여성을 위한 의료활동'이었다. 그리하여 조선의

최초의 여의사 박에스더

젊은 여성들에게 의사가 되도 록 설득하고 다녔으며, 열악한 조선 여성 대상 의료와 위생을 개선하는 것이 바로 조선 여성 에게 주어진 시대적 과제라고 하면서 여자의학교를 세워야 한다고 역설했다.[64] 메리 커틀 러 역시 1908년 보고서에서 "어린이와 어머니들의 고통과 무지에서 오는 높은 유아사망 률 때문에 한국인 여자의학교

---

62 "Union," *Korea Methodist* (July, 1905), 119-122: 옥성득, 앞의 책, 229-230.
63 Horace Horton Underwood, *Modern Education in Korea* (New York: Inter-national Press, 1926), 154: *The Korea Missions Year Book* (Seoul Korea: Published By The Christian Literature Society of Korea, 1928), 225.
64 *The Korea Missions Year Book* (1928), 225-226.

가 반드시 필요하다"고 보고한 바 있다.[65]

한국 땅에서 이루어진 것은 아니었지만, 다섯 명의 이화학당 소녀 중 로제타 홀의 병원 조수였던 박에스더가 미국 볼티모어 여자의학대학에서 의학을 공부하고 1900년에 귀국하여 한국 여성으로서 첫 여성 의사가 되었다. 1914년에는 이 그레이스가 총독부로부터 의학수련생 자격을 받았다. 로제타 홀은 정식 의학교는 아니지만 1913년 9월부터 평양 광혜여원 부속으로 여성의학반을 개설하였다. 1918년에는 조선총독부 의원부속 의학강습소(후에 경성의학전문학교)에 여학생 청강을 허락받아 이 과정을 수료한 3명의 조선 여성이 총독부의 의료면허증을 받았다. 그러나 이마저도 1925년 2월부터는 허락되지 않아 국내에서의 여의사 양성이 막다른 벽에 부딪히게 되었다. 의사가 되려면 외국으로 유학을 할 수밖에 없었다.[66]

로제타 홀의 여자의학전문학교의 꿈은 1928년 9월 4일에 이루어졌다. 조선여자의과대학의 설립에 대한 이야기는 그녀의 아들 셔우드 홀의 『조선회상』에 잘 나타나 있다.

조선여자의과 대학의 설립은 어머니의 사업 중 가장 기념할만한 것으로 손 꼽을 수 있다. 이것은 조선의 여성들이 자기 나라에서 기독교 정신으로 의사 가 될 수 있는 훈련을 받아 의료의 도움이 절대적으로 필요한 동족의 여성들 을 위해 봉사할 수 있는 일이었다. 조선인들은 이미 이와 같은 교육기관의 필요성을 절실히 느끼고 있었으므로 선교사들과 동포들의 협조로 어떻게 든 꿈을 실현하고자 계획하고 있다. 어머니는 마음속에서 우러나는 진정한 기쁨으로 이 사업을 적극적으로 추진 중이었다.[67]

---

65 Mary M. Cutler, "Po Ku Nyo Koan," *ARKWC*(1908), 72.
66 *The Korea Missions Year Book* (1928), 225-226.
67 셔우드 홀, 앞의 책, 380.

여성의학강습소(1928)

셔우드 홀 말대로, 조선여자의과 대학의 설립은 로제타 홀의 선교 업적 중 가장 기념할만한 것이었다. 로제타 홀을 중심으로 몇 명의 여의 사, 치과(여)의사, (여)약제사 등 십여 명이 두 차례의 사전 회합을 하였 다. 그 후 여자의학전문학교 창립을 위해 조선유지 윤치호, 신흥우 등 60여 명이 모여 회합을 한 후 1928년 5월 14일 발기하고 5월 18일 창립총회를 열었다. 드디어 9월 4일부터 입학생을 받아 첫 의학수업을 시작하였다. 첫해 입학생은 15명이었다. 1931년 봄 졸업식에는 6명이 졸업하여 총독부에서 실시한 의사시험에 전원 합격했다. 이곳에서 1938년까지 28명의 여의사가 배출되었다.[68]

---

68 1932년 홀 여사가 선교사직을 은퇴하고 한국을 떠나게 되자 여의사 길영희에게 운영 권을 위임하였고, 길영희는 1938년 전남 순천 김종익 씨의 기부로 재단을 만든 후, 정부로부터 경성여자의학전문학교 인가를 받아 의학교육을 본 궤도에 올려놓았다. 그러다가 1942년 개인에게 양도되었으며, 그 후 남녀공학으로 개편되면서 수도의과 대학(1957~967년), 우석대학교 의과대학(1968~970년)을 거쳐, 1971년 고려대 재단 으로 인수되어 고려대학교 의과대학이 되었다. 어쨌든 고려대학교 의과대학의 전신 경성여자의학 전문학교는 여자의학교의 효시라는 점에서 의의가 있으며, 동대문부 인병원은 이화여자대학 부속병원으로 발전하였다. 황미숙,『동대문교회 여선교회 사』(서울: 동대문교회, 2011), 79-80.

2) 간호원 양성과 공중보건위생사업

한국에서의 의료 인력 양성은 의사보다 간호원 양성이 먼저 이루어졌다. 의료선교사들에게는 간호 인력이 절실하였지만, 당시에는 간호원이 없어 의사들이 간호원 역할까지 해야 했다. 의료선교사들의 바람은 곧 간호사 에드먼즈(Margaret J. Edmunds)가 내한하면서 이루어졌다. 에드먼즈는 미국 신시내티 출신으로 1894년 미시건주립대학 간호학교를 졸업하고 오하이오에서 간호원 경험을 쌓았다. 그 후 1902년 9월 북감리회 해외여성선교부의 첫 정규 간호선교사로 임명받고 내한하였다. 영국과 인도를 경유하는 머나먼 항해 중 뱃멀미를 겪으며 거의 반년만인 1903년 3월에 한국에 도착했다.[69] 에드먼즈는 한국에 들어오자마자

최초의 간호원양성학교를 설립한 에드먼즈

간호원 양성학교 설립을 추진하였다. 그 과정에서 우선 'nurse'를 한국어로 어떻게 표현할지가 고민이었다. 당시 한국에서는 여성 간호사 직업이 없었다. 결국 한 노인의 도움으로 'nurse'를 '환자를 돌보고 보호하는 사람'이라는 의미의 '간호원'으로 정했다. '간호원'(看護員)이라는 단어가 탄생하는 순간이었다.[70] 다음은 간호원 제복을 정하는 것이었

---

69 옥성득, 앞의 책, 393.

70 '간호원'이란 용어는 에드먼즈가 1905년 중국과 일본에서 사용하는 용어들을 고려하여 차별되게 만든 것으로, 1911년부터 일본총독부가 공식적으로 사용한 '간호부'(看護婦)와는 차별된다. 이후 일제강점기 개신교계 병원에서는 '간호부'와 '간호원'을 함께 사용했다. 옥성득, 앞의 책, 395. 현재의 호칭은 '간호사'이나 본 글에서는 당시 호칭인 '간호원'을 사용하기로 한다.

THE FIRST GRADUATE KOREAN NURSES
AND THEIR DIPLOMAS [W. F. M. S.]

첫 간호원 이그레이스와 김마르다

는데, 에드먼즈는 미국에서 보내온 귀한 옷감으로 간호원 제복을 손수 만들었다. 이런 노고 끝에 에드먼즈는 1903년 12월 보구여관에 한국 최초의 간호원 훈련학교를 설립하였다.[71]

그러나 한국 여성을 간호원으로 훈련시키는 일은 쉽지 않았다. 조혼 풍습 때문에 6년 과정 동안 독신으로 있을 미혼 여자가 드물었고, 글을 읽고 쓰는 것 이상의 지적 훈련을 받은 여성도 찾기 쉽지 않았다. 반면, 한국 여성들은 인정이 많아 지극정성으로 손님을 받들고 손놀림도 섬세하여 간호원으로서 적합한 품성을 갖추고 있었다.[72] 당시 한국 사회는 보구여관의 간호원양성소를 긍정적으로 받아들였다. 1906년 출간된 「가정잡지」 잡보(雜報)란은 다음과 같이 쓰고 있다.

---

71 사우어, 앞의 책, 112.

72 "Training School for Nurses," *Korea Methodist* (1905), 97-98: 옥성득, 앞의 책, 227-228.

각색 병든 녀인들을 지성껏 잘 보아주며 또 그 병원 안에 간호원 양성학교가 있어서 총민한 여자를 뽑아 각색 병 치료하는 법을 눈으로 보고 귀로 듣고 손으로 행하여 시시로 배우게 하며 병 종류를 나누고 고명한 의원과 선생을 청하여 좋은 공부를 많이 가르친다.[73]

어려운 상황을 극복하고 1908년 11월 5일 보구여관 간호원양성학교 첫 졸업생으로 이그레이스[74]와 김마르다[75]가 배출되었다. 1907년 1월 30일 정동제일교회에서 있었던 예모식(가관식)을 보려고 수백 명의 한국인과 외국인이 교회에 모였다. 담임목사가 사회를 맡고 에드먼즈와 쉴즈 간호선교사가 예모식을 치렀다. 이 예식은 젊은 여자의 머리에 남자의 전유물이었던 모자(갓)를 수여하는 행사였다. 한국에서는 처음 있는 일이었다.[76]

---

73 『가정잡지(家庭雜誌)』第一年 第四號, 31-32.

74 이그레이스(李具禮, 1882~미상)는 1908년 11월 5일 김마르다와 함께 간호원양성학교를 제1 회로 졸업한 한국인 최초의 졸업간호원으로 보구여관에서 근무하다가, 1910년 남편 이하영 목사가 평양 이문골교회에 임명되자 평양광혜원으로 옮겨 로제타 셔우드 홀 의사와 커틀러 의사를 도와 5년간 간호원으로 근무했다. 이그레이스는 평양자혜병원에서 산파과목을 이수하였는데, 1914년 총독부에서 새로운 의료규칙을 발표하자, 1914년 5월 27일 의생(醫生)면허(2905번)를 취득했다. 이로써 한국 여성으로서는 처음 정부의 면허장을 가진 의료인의 명예를 얻었다. 이후 이그레이스는 의사로 활동했다. 옥성득, 앞의 책, 601.

75 김마르다는 남편의 폭행으로 오른손 손가락과 코가 잘려서 병원으로 오게 되었다. 보구여관에서 커틀러 의사의 치료를 받은 후 병원에서 허드렛일을 하면서 간호 일을 배웠으며 전도부인으로 활동했다. 1901년 한 해 동안 가르친 사람이 3,956명이었다. 황미숙, 앞의 책, 136. 1903년 동대문교회에서 여학교를 개설하여 가르치다가 1903년 12월 보구여관에 간호원 양성학교가 개설되자 이그레이스와 함께 입학하여 1908년 11월 5일에 제1회 졸업생이 되었다. 1909년에는 간호원 양성학교에서 간호학 강의를 했고, 1911년에는 초급 해부학과 생리학을 강의했다. 1913년 가을까지 동대문병원에서 부간호원장으로 근무하다가 평양광혜원으로 옮겨 수간호원으로 일하면서 두 명의 아이를 입양하여 키웠다. 옥성득, 앞의 책, 608.

76 "The Capping of the Nurses," KMF(1907), 49-50.

이그레이스와 김마르다는 각각 평양 광혜여원과 동대문부인병원에서 활동을 시작하였다. 1909년 졸업생 김엘렌은 재학생 두 사람과 함께 스크랜튼 의사가 운영하는 새 외국인 요양원에 조수로 고용되었다.[77] 보구여관과 간호원 양성소의 의사와 간호원들은 1907년 8월 1일 일제의 군대 강제해산령에 대항하여 벌였던 전투로 부상당한 한국인 군인들을 극진하게 치료했다. 에드먼즈는 이 사건을 "한국 간호역사에 획을 긋는 사건이었다"라고 하였다. 이는 과거 집안에 갇혀 있던 여자들이 위기상황에서 남자들과 동등한 역할을 할 수 있다는 확신을 심어준 사건이었기 때문이다.[78]

1903년 에드먼즈가 간호원 양성소를 연 지 3년만인 1906년 세브란스 간호학교가 설립되었다. 에드먼즈는 이를 추진하는 슐즈(E. L. Shields)를 적극적으로 도왔다.[79] 김배세는 세브란스 간호학교 제1회 졸업생이었다.[80] 에드먼즈의 노고를 바탕으로 훗날 감리교 선교 50주년을 맞이한 1934년까지 평양연합기독병원과 감리회 선교부가 연합하여 운영하는 세브란스에서는 총 245명의 간호원가 배출되었다.[81] 1908년부터 1914년까지 배출된 한국인 간호원은 다음과 같다.[82]

---

[77] "Nurses Training School," *ARWFMS*(1910): 옥성득, 앞의 책, 336.

[78] 옥성득, 같은 책, 167.

[79] 사우어, 앞의 책, 140.

[80] 김배세(金背世)는 김점동(박에스더)의 동생이다. 김배세는 정신여학교를 졸업한 후 1905~1907년에 언니 에스더가 있는 평양으로 가서 남산현 여자초등학교에서 교사로 일하면서 홀 부인이 설립한 맹아학교에서 지리와 음악을 가르쳤다. 1907년 세브란스 간호원양성학교에 입학하여 1910년 6월 10일 첫 졸업생이 되었다. 1907년부터 「예수교신보」에 '간호활요'를 번역하여 연재하였으며, 간호 관련 논문을 계속 번역하여 발표하였다. 1922년 부산에서 수간호원으로 활동하였으며, 1944년 4월 20일 서울 혜화동에서 미혼으로 삶을 마쳤다. 옥성득, 앞의 책, 620.

[81] 사우어, 앞의 책, 112.

[82] 옥성득, 앞의 책, 808쪽의 한국인 졸업간호원 명단을 토대로 작성한 것임.

<표 2> 1908년부터 1914년까지 배출된 한국인 간호원

간호원양성학교	졸업연도	이름	주소	근무지
보구여관	1908	이그레이스	평양	광혜여원
	1908	김마르다	서울	동대문병원
	1909	김엘렌	서울	
해리스기념병원 (동대문병원)	1912	장?		
	1913	이희망		
	1914	이경선	서울	
	1914	이레나		
	1914	이메리		
세브란스	1910	김배세	부산	
	1911	김신성		
	1911	조원숙	양주	
	1911	박영신	하와이	
	1912	안경혜		
	1912	오현숙		
	1913	강성은	서울	세브란스
	1914	정도은	군산	
	1914	홍도라	평양	
	1914	김관철	하얼빈	
	1914	서필선	서울	

간호원은 병원에 오는 환자 간호뿐 아니라 위생, 보건, 가정간호 등 여러 분야에서 필요로 했기 때문에 갈수록 부족했다. 1900년대 초 한국인에게 공중보건위생 관념은 거의 전무한 상태였다. 1906년 10월호 *American Journal of Nursing*은 인간에게 발병하는 모든 질병이 한국인에게서 발견되는데, 그 원인을 비위생적인 생활방식과 무지한 질병대처 때문이라고 지적하였다.[83] 전염병자의 격리와 전염병 전후 효과적인 소독규칙을 지키도록 하는 것이 부질없다고 할 정도였다. 선교사들의 격리 노력에도 불구하고 홍역, 풍진, 수두 등 전염병은 예방되지 않았고,[84] 이런 상황 때문에 간호원 양성은 더욱 시급한 사업이었다.

---

[83] "Foreign Department: Korea News," *American Jurnal of Nursing* (1906), 34-35: 옥성득, 앞의 책, 231-232.

1908년 조직된 대한졸업간호원회는 1909년 제1회 연례회의에서 다음과 같이 간호원사업을 전망했다.

> 간호원이 개인적으로 한국에서 순회봉사활동을 하는데 있어서 다른 나라
> 만큼 안전하다고 여겨진다. 많은 가정에서 젊은 여자들이 근대적 사고방식
> 배우기를 바라고 있다. 그리고 그러한 열망은 우리에게 위생과 보건, 가정
> 간호가 새로운 교육 분야가 되도록 하는데 좋은 계기를 주고 있다. 우리는
> 지속적인 대중강연이 진행되기를 그리고 가정간호에 도움이 될 수 있도록
> 보다 학술적이고 세심한 다양한 주제의 논문이 나오기를 바라고 있다.[85]

즉, 위생보건과 가정간호를 새로운 사업으로 전망하고 있는 상황에서 간호원 양성은 매우 시급한 사업이었다.

II. 맹농아교육사업

북감리회 여성 선교사 로제타 셔우드 홀은 한국에서 최초로 맹인학교를 시작했다. 그는 남편 사후, 1897년 평양에 여성 진료소 광혜여원을 개원하였는데 의료사업과 더불어 그가 심혈을 기울였던 것이 맹아교육사업이었다.[86] 언더우드(원한경)에 의하면 몇 년간 거의 혼자서 이

---

84 Mary M. Cutler, "Po Ku Nyo Koan," *ARKWC*(1908), 72.

85 Esther I. Shields, "The First Annual Meeting of the Graduate Nurses' Association in Korea," *KMF*(1909), 218-220: 옥성득, 『한국간호역사자료집 I』, 347-348.

86 이에 대한 연구의 시작은 안병집이 선두라 할 수 있다. 안병집은 그의 논문에서 '서유견문'에 나타난 한국의 특수교육에 대한 인식을 언급하면서 선교사들에 의해 시작된 맹아학교사업의 시작과 발전변화과정을 비교적 상세히 다루었다. 그러나 기독교 선교적 입장이기 보다는 특수교육사 입장에서 다루었다. 안병집, "한국특수교육 발

사역을 감당했다고 한다.[87] 이 절에서는 로제타 셔우드 홀이 평양 맹아
사업을 기독교 사회복지사업의 일환으로 시작했다는 점을 살펴보고자
한다. 그녀의 선교 활동은 의료사업에서 더 나아가 맹아들을 위한 교육
과 복지사업으로 확장되어 1914년 '제1회 동양맹아교육회의'를 개최
할 정도로 전문화된 영역으로 발전하였고,[88] 이는 '여성과 어린이'를 위
한 여선교회의 한국 선교 목적과도 부합된 일[89]이었다.

1. 로제타 셔우드 홀의 평양 맹아교육사업

1894년 로제타 홀은 평양에 오자마자 진료에 여념이 없었는데, 환
자 중에 유독 시각 장애인과 청각 장애인들이 많았다. 당시 조선의 시각
장애인과 청각 장애인들은 매우 처참한 상태에 있었다. 시각 장애인들
은 점쟁이나 무당이 될 수밖에 없는 처지였다. 그것도 부모들이 훈련
시킬 돈이 있을 경우이고 대부분 생계가 막막하여 걷기조차 어려운 지
경이었다.[90] 로제타 홀은 세상에서 쓸모없다는 세간의 그릇된 관념을
깨뜨리기 위해 맹인교육이 시급하다고 생각했다. 그는 눈먼 어린이들

달과정에 관한 일 연구," (한국사회사업대학대학원 석사학위, 1974). 김홍권, "한국
초기 기독교와 장애인 선교: 맹농아 교육의 선구자, 닥터 로제타 홀," (세계밀알연합
회 장애인선교세미나 발표논문, 2007).

87 Horace Horton Underwood, *Modern Education in Korea,* 153.

88 이만열 교수는 『한국기독교의료사』에서 평양농맹아사업을 특수의료사업으로 구분
하여 다루었다.

89 맹농아교육사업에 대하여는 필자가 개별논문으로 발표한 바가 있다. 황미숙, "로제
타 셔우드 홀(Rosetta S. Hall)의 평양맹농아교육사업," 「통일문화」 창간호(한반도통
일역사문화연구소, 2018), 72-103 참조.

90 조선전기(세조 3년) 시각장애인 독경사 단체인 '명통시(明通寺)'가 설립되었는데,
시각장애인들이 정기적으로 모여 독경연습을 하거나 나라에서 주관하는 기우제, 일
식과 월식, 질병 치료 같은 행사에 참여하였다. 정창권, 『역사 속 장애인은 어떻게 살
았을까』 (서울: 글항아리, 2011), 165-174.

로제타 셔우드 홀(1930년대)

을 도울 방도를 찾으려 했지만 그의 의도를 오해하는 사람들의 눈초리가 더 문제였다. 당시 상황에서 잘못하면 1888년에 유포되었던 소문처럼 "의사들이 약을 만들기 위해 아이들의 눈을 뽑았다"라고 모함받을 수 있었기 때문이다.[91] 그러던 어느 날 평양에서 닥터 홀의 첫 신자가 된 오석형에게 눈먼 어린 딸 '봉내'가 있다는 것이 떠올랐다. 로제타 홀은 아이 아버지인 오석형이 신실한 기독교인이므로 쓸데없는 오해를 받지 않을 것이라는 믿음으로 '봉내'를 가르치기로 결심하고 기름종이에 바늘로 점을 찍어서 점자를 고안했다. 봉내는 총명한 데다 배우려는 열정까지 있었다. 로제타 홀은 봉내를 가르치면서 맹인교육을 위해 더 많은 지식을 습득해야겠다는 생각을 했다. 그러던 와중에 1894년 9월 15일 청일전쟁이 발발하였고, 남편 윌리엄 홀이 환자와 전쟁 부상자를 돌보다가 뜻하지 않게 발진티푸스에 걸려 1894년 11월 24일 세상을 떠났다.[92] 당시 둘째아이를 임신한 로제타 홀은 11월 27일 노블 목사 집례로 장례식을 마치고 1894년 12월 16일 미국으로 돌아갔다. 당시 그는 의학 공부를 시키려고 박에스더 부부를 데리고 갔으며, 이듬해 1895년 1월 18일 둘째 아이 에디스 마거리트를 출산했다.[93]

91 셔우드 홀, 앞의 책, 159.

92 같은 책, 172.

93 같은 책, 177-179. 박에스더는 1896년 10월 1일 볼티모어 여자의과대학(Women's Medical College of Baltimore, 현재의 존스홉킨스대학교)에 입학하여 1900년 의학 박사 학위를 받고 귀국하였다. 한국 최초의 여의사가 되었다.

로제타 홀은 미국에 있는 동안 윌리엄 홀 기념병원 건축을 위한 모금을 하였고 마침내 1897년 2월 1일 윌리엄 홀을 기념하는 '평양기홀병원'이 세워졌다. 미국에 있는 동안 로제타 홀은 조선의 맹인들을 위한 교육 방법을 찾기 위해 백방으로 알아보았다. 당시 점자는 프랑스의 맹인 교사인 루이스(Louis Braille)가 1829년에 출판한 것과 뉴욕 맹인 교육학원의 원장인 윌리엄 웨이트(William B. Wait)가 1860년에 개발한 '뉴욕 포인트'가 있었다. 로제타 셔우드 홀은 웨이트 원장을 직접 방문하여 점자 구조를 배우고 여러 점자를 비교해보았다. 그 결과 '뉴욕 포인트'가 조선어에 가장 적합하다는 결론을 내렸다.[94]

1897년 가을, 남편이 조선에서 시작한 사업을 계속하기로 결심한 로제타 홀은 두 아이를 데리고 1897년 10월 11일 미국을 떠나 11월 10일 제물포에 도착했다. 한국을 떠난 지 2년 10개월만이었다.[95] 5개월 남짓 보구여관에서 의료 활동을 하다가 1898년 4월 29일 다시 서울을 떠나 제물포에서 배로 5월 1일 평양으로 갔다. 그런데 또다시 불행하게도 평양 도착 20여 일만인 1898년 5월 23일 어린 딸 에디스를 이질로 잃고 말았다. 슬픔도 잠시, 1898년 6월 18일 평양여성치료소 광혜여원을 개원하여 환자를 돌보았다. 로제타 홀은 새 병원 부속으로 어린이를 위한 '에디스 마가렛 병원'을 짓기를 원했다. 그 당시 북감리회 해외여성선교회에서는 여성병원을 설립하기 위한 기금을 모으던 중이었다. 여기에 친척들과 친구들이 보내준 돈과 얼마 되지 않던 에디스의 저금을 합쳤다. 이렇게 시작된 것이 어린이 병동을 지을 수 있을 만큼 넉넉해졌다.[96] 이때 로제타 홀은 후원자들에게 다음과 같이 편지를 썼다.

94 셔우드 홀, 같은 책, 182-185.
95 이때, 윌리엄 홀 이후 평양에서 사역하고 있던 폴웰 부인의 동생인 릴리언 해리스도 같이 도착하였다.
96 셔우드 홀, 앞의 책, 196.

작년(1898년) 8월 우리는 건축을 시작했습니다. 평양의 모든 건물들은 선교사들의 집들까지도 조선식 건물입니다. 단층집으로 흙벽에 기와지붕입니다. 어린이 병동은 평양에서는 처음으로 지어진 이층집입니다. 나무판자로 누비듯이 벽을 만들고 양철 지붕과 벽돌로 굴뚝을 세운 것으로 역시 첫번째가 됩니다. 조선에서는 제제소가 없어 모든 재목은 손으로 켜야 합니다. 이런 건물은 이곳의 일류 목수들까지도 처음 보는 것임을 아신다면 이 어린이 병동을 짓는데 얼마나 힘이 들었는지를 짐작할 수 있을 것입니다. 그러나 병실 하나와 부엌, 조수실 하나가 완성되었으니 이 겨울을 지나기에는 충분합니다. 내년 봄까지는 방안의 페인트칠과 도배 작업이 다 끝날 수 있기를 바라고 있습니다.[97]

이렇게 지어진 어린이 병동은 로제타 홀에게 있어서 상당히 소중한 장소였다. 바로 눈먼 소녀들을 가르치기 위한 장소로 사용할 수 있었기 때문이다. 병원이 세워졌을 때 맹인소녀들을 위한 방 하나를 마련하여 본격적으로 맹인교육을 시작하였다. 가난하고 불쌍한 처지의 소녀들은 행복하게 잘 배웠다. 수업은 1906년 11월 그 병원이 화재로 전부 타버릴 때까지 계속되었다. 화재 후 맹인클래스는 매일학교 교실 하나를 얻어 옮겼다. 매일학교 건물 가운데 큰 방 두 개는 매일학교가 사용하였고 'ㄱ'자의 작은 방들은 새로 세워진 연합 아카데미의 감리교 학생들을 위한 기숙사로 사용되었다. 나머지 방을 맹인소녀들이 사용하였다.[98] 교재는 '뉴욕점자'를 조선말에 맞게 고친 것이었다. 조선에 돌아온 그해(1898) 겨울, 로제타 홀은 여가를 이용하여 조선어 교재를 점자법으로 복사했다. 교재는 조선말 알파벳인 가, 나, 다, 라와 조지 헤버 존스(George Heber Jones) 여사가 지은 '조선어 기도서'와 십계명이었다. 카

---

97 같은 책, 196-197.
98 WFMS, "The School For Blind Girls," *Fifty Years of Light* (1938).

드보드와 비슷하게 빳빳한 조선 기름종이에 바늘로 찍어 점자를 만들었다.99 다시 맹인 오 씨의 딸 봉래를 데리고 교육을 시작하였다. 처음으로 시도해보는 이 점자 교육은 진도가 느리고 지루했다. 그러나 오봉래가 점자로 조선 알파벳을 해득한 뒤에는 순풍에 돛단배같이 진도가 빨랐다. 배우기 시작한 지 1년 만에 오봉래는 준비되었던 교재들을 전부 읽을 수 있게 되었다. 그는 점자로 글을 쓸 수 있게 되었고 말하는 것을 받아 자신이 점자 교습을 하기까지에 이르렀다. 로제타 홀은 오봉래에게 글자뿐 아니라 뜨개질 등 일상생활에 필요한 일도 함께 가르쳤다.

봉래가 글을 배우고 행복해진 것을 본 병원 환자들은 자기들이 알고 있던 다른 맹인 아이들도 받아달라고 요청하였다. 맹인 교육에 대한 좋은 인식이 생기게 된 것이다. 이렇게 하여 조선에서는 첫 번째 맹인학교가 생기게 되었다. 평양여학교가 설립된 후에는 맹인반이 추가되었다. 로제타 홀은 맹인소녀들도 정상적인 소녀들과 함께 배워야 하며, 여러 가지 운동이나 놀이에도 똑같이 참여시켜야 한다고 생각했다. 초보 학생을 가르치기 위해 특수교사를 양성하여 일반교사들과 같은 교사진에 넣는 일이 중요했다. 결국 첫 제자 오봉래가 나중에 특수교사가 되었다. 맹인학교는 계속 커져서 농아까지도 수용하게 되었다.100 이렇게 하여 활발해진 맹아교육과정은 융희 2년 『梅泉野錄卷之六』(1908년)에 잘 나타나 있다.

平壤盲啞學校設立

美國人禹洛月及女醫訖氏, 聚盲女而教之, 始教以針繡, 繼刊科程, 有國

---

99 셔우드 홀, 앞의 책, 201. 로제타 홀은 미국에서 지내는 동안 맹인을 가르치는 다른 시스템을 배웠다. 그리고 1897년 한국으로 돌아와서 '뉴욕포인트'를 한국인에게 적용했다. 한국에서 해왔던 모든 맹인사역을 위해 코리안 훈맹점자의 초석을 놓았다.

100 같은 책, 203.

文 · 聖經 · 地志 · 音樂 · 算術 · 裁縫, 家庭學 · 著述法之目.

즉, 미국인 우락월 씨와 여의사 홀이 평양에 맹아학교를 설립하였는데, 처음에는 침수를 가르치다가 계속하여 과정을 열어 국문, 성경, 지지, 음악, 산술, 재봉, 가정학, 글쓰기 등을 가르치고 있다는 것이다.

최초의 농아학교 역시 1909년 로제타 홀에 의해 설립되었다. 홀 부부가 1892년 신혼여행으로 중국 산둥성의 옌타이시(chefoo, 芝罘)에 한 달 정도 머물렀던 적이 있었는데, 이때 동료 선교사들이 경영하고 있던 농아학교를 시찰한 적이 있었다. 맹인교육뿐 아니라 농아교육에도 관심을 가졌던 로제타 홀은 농아학교 설립을 위해 그곳에 교사 양성을 의뢰하게 되었다. 농아학교 설립에 대해 백낙준 박사는 『한국개신교사』에서 다음과 같이 썼다.

> 1909년 홀 여사는 중국 치푸에 이익민을 파견하여 농아 교육방법을 배우게 하였고 이 씨는 귀국할 때 그 학교에서 근무하고 있던 그의 조카를 데리고 왔다. 이 두 사람의 도움으로 홀여사는 한국최초로 귀머거리학교를 설립하였다.[101]

2. 맹아교육사업의 발전

1) 맹아학교 운영과 동역자들

어느 분야나 마찬가지로 맹아학교 재정 문제도 언제나 긴급했다. 가정형편이 좀 나았던 맹아인 경우에는 비용의 반 정도를 가족이 부담할

---

101 백낙준, 『한국개신교사』 (서울: 연세대학교출판부, 1993), 423에서 재인용.

수 있었지만, 그렇지 않은 경우가 대부분이었다. 맹아사업의 재정은 미국에서 오는 후원 일부와 정부로부터 1년에 500~600엔을 지원받는 것이 전부였다.102 이것으로 학생들이 먹는 음식은 약간 해결할 수 있었지만, 책정된 금액만 가지고는 학생들이 기숙사 생활에 필요한 것들을 채우기에는 충분하지 않았다. 맹아학교사업은 날로 커지고 있었고 해마다 지원자가 늘어나고 있었으므로 더 많은 지원이 필요했다. 1905년 외국인 일요학교의 후원과 맹인소녀들의 근로활동으로 얻어진 수입이 있었고, 누구보다도 클라크 부인 후원의 힘이 컸다. 재정이 충분한 경우 더 많은 학생을 증원할 수 있었다. 평양 맹아학교에 대한 부모들의 인식이 좋아졌으므로 지방에서 온 소녀들의 기숙사 수용을 두 배로 증원할 수 있었다. 다른 학생들처럼 그들의 부모들과 친지들은 기꺼이 비용을 지불하였다.103

맹아교육사업이 진행되는 동안, 1906년에는 교재를 만드는데 필요한 타자기가 개발되었다. 일명 맹인 타자기(Kleidograph)104였다. 그것은 점으로 구성된 타이프 라이터였다. 뉴욕학교 교장이 조선의 맹인들을 위해 보내준 것이었다. 한번 고장 나면 사용할 수 없는 게 흠이었지만, 새로운 사업을 하는 데 큰 도움이 되었다. 다행히 김덕수(Mr. Tuke Syu Kim)라는 이가 이를 고칠 수 있는 재능이 있었다.105

또 평양맹인 교육사업을 하는 데 있어서 없어서는 안 될 인물이 있다. 바로 로크웰 부인이다. 로크웰 부인에게도 맹인 형제가 있었다. 로크웰 부부는 1906년 뉴욕시의 클라크 부인이 한국 맹인소녀들을 위한

---

102 "The School For Blind Girls," *Fifty Years of Light* (1938), 58.

103 Rosetta Sherwood Hall, "The Clocke Class for Blind Girls," *ARKWC* (1905), 50-51.

104 웨이트(William Bell Wait, 1829~1916)가 뉴욕 맹인학교 교사로 있으면서 맹인들을 위해 발명했다.

105 Rosetta Sherwood Hall, "The Clock Class for Blind Girls," *ARKWC* (1906), 58-60.

학습실 마련을 위한 헌금을 하기
시작하면서 평양 맹인교육사업
에 적극적으로 동참하였다. 로크
웰(Nathan Rockwell)은 한국에 와
서 시골 여행을 하면서 많은 맹인
들을 만났다. 그는 진정으로 그들
을 사랑하고 동정했다. 그는 좀
더 많은 사람을 수용할 수 있는
학교를 희망했고 이를 책임질 사
람들을 구해 재정을 지원했다. 그
결과 잘 갖추어진 건물을 맹인학
교가 이용할 수 있었다. 또 직접
시골을 다니며 맹인 딸을 둔 부모

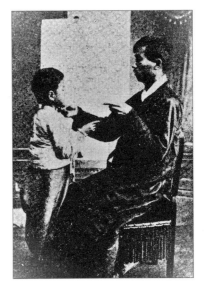

평양 맹농아학교의 농아교육 장면

를 설득하여 학교에 오도록 설득했다. 그중에는 시골 냇가에 버려졌던
소녀가 있었는데, 그 소녀는 맹인이면서 정신 장애아였다. 그 소녀도
로크웰에게 구조되어 학교에 다니게 되었다. 그는 실로 그들 모두의 '아
버지'였다. '하나님의 성자'라 불릴 정도였다. 그러나 한국에 온 지 얼마
지나지 않아 1910년에 죽음을 맞이하였다. 그의 죽음 소식을 들었을
때, 학생들은 마치 자신의 아버지가 돌아가신 것처럼 슬퍼했다.[106]
1911년 맹인교육사업에 동역했던 로빈스(Henrietta P. Robbins)는 로크
웰의 헌신적인 사역에 대하여 다음과 같이 기록하였다.

> 지난해(1910년) 12월 로크웰씨가 죽음에 임박했을 때, 우리는 함께 맹인학
> 교 책임을 맡았다. 그는 재정적인 짐을 떠맡고 있었다. 그리고 매일 규칙적

---

106 "The School For Blind Girls," *Fifty Years of Light* (1938), 56.

인 사역을 하였다. 우리 모두 로크웰씨가 이 사역에 대하여 명석한 관심을 가지고 있었다는 것을 알고 있다. 그는 학교 소녀들 반 이상에게 재정적인 공급을 하였을 뿐 아니라, 소녀들을 구하는 데에도 도움을 주었다. 대부분 미신에 사로잡힌 부모들을 설득하는데 상당한 어려움이 있었다. 학교에서 괴롭힘을 당하는 게 아닐까하는 두려움을 가지고 있었다.

여러분 모두 그의 삶을 알고 있을 것이다. 얼마나 주님과 가까이 살았는지! 그의 영향력이 소녀들의 삶에 각인될 것이다. 기독교인이 아닌 몇 명의 의지 약한 아이들은 그의 부드러운 영성에 감화되어 십자가의 발 앞에 나아왔다. 평양에 있는 동안 그는, 매일 저녁 그들의 기숙사로 가서 그들과 함께 저녁 기도를 했다. 내가 로크웰의 죽음에 대하여 전했을 때, 그들은 충격에 휩싸였고 자신의 아버지가 돌아가신 것만큼 슬퍼하였다.[107]

1910년 로크웰 씨의 죽음 후에 홀로 남겨진 로크웰 부인은 죽기 전까지 학교에 깊은 관심을 가졌다. 그녀의 딸은 의사로서 학교의 재정을 지원했다. 맹인교육을 함께 담당했던 선교사들이 이구동성으로 이들 가족의 도움이 없이 아무 일도 할 수 없었다고 할 정도로 이들의 헌신은 확실히 한국 맹인 소녀들에게 있어 커다란 축복이었다.[108]

로제타 홀이 안식년으로 귀국한 후, 1910년부터 맹인학교는 잠깐 동안 루스(Ruth E. Benedict)가 맡았다. 그는 맹인학교의 간호부장이었다.[109] 루스가 맹아학교에서 사역하는 동안 두 명의 새로운 맹인소녀들이 학교에 입학하였다. 7명의 농아 소년과 소녀들로 구성된 농아학교 공동체에는 2명의 소년이 더 들어왔다. 맹인소녀들은 정규 매일학교 수업에 출석했다. 이들은 고학년으로 올라가기 전에 맹인 교사에게 첫

---

107 Henrietta P. Robbins, *ARKWC* (1911), 52.

108 "The School For Blind Girls," *Fifty Years of Light* (1938), 58.

109 Ruth E. Benedict, *ARKWC* (1912), 15.

학년을 배웠다. 1911년 6월에는 명석한 학생 3명이 매일학교를 졸업했다. 두 명은 연합 아카데미에서 계속 공부하게 되었고, 다른 한 명은 고아 형제들을 돌보았다. 농아들을 가르치는 교사들은 소년 한 명과 소녀 두 명을 데리고 공부와 발음, 입모양으로 뜻을 읽을 수 있도록 가르쳤다. 그들은 어떻게든지 도움을 받으면서 듣고 말하는 소년·소녀들과 함께 열심히 공부했다. 공부뿐 아니라 바느질을 배워 수예품을 만들어 전시회에 내어 많은 관심을 불러일으켰다. 루스는 이처럼 분주하게 맹아학교 사역을 감당하면서 느꼈던 일들에 대해 감사하며 다음과 같이 보고서를 적었다.

> 만일 여러분이 소녀들 속에서 함께 지내며 사역하며 그들의 발전을 본다면, 이 사역이 앞을 볼 수 없었던 소녀들에게 창조주의 최고의 것인, 인류자연에 대한 지독한 무지와 노예상태에서 벗어나 값진 삶의 의미를 주고 있다는 확신을 갖게 될 것이다. 그들과 일하는 사람은 보고 듣는 축복이 매우 귀중하다는 것을 깨닫게 된다. 대부분의 사람들이 그들의 행복한 삶을 보면서 부끄러워 할 것이다. 아주 작은 것에도 그들은 행복해 한다. 하나님의 평강 외에 아무것도 그들을 그렇게 만들 수 없을 것이다. 그들은 아주 작은 배려에도 언제나 감사할 줄 안다. 내가 기숙사로 내려갈 때마다 그들은 내 손과 옷을 만지고 싶어 나를 둘러싸기 때문에 나는 간신히 서 있곤 한다.[110]

맹아들에게는 특별한 선생들이 있었다. 김배세, 박에스더, 로빈스, 모어였다.[111] 김배세는 오봉내와 배상내에게 지리와 기악을 가르쳤으며, 모든 맹아 학급을 위해 성악을 가르쳤다. 김배세는 한국 최초의 여성 의사 박에스더(김점동)의 동생이다. 1894년 언니 에스더를 따라 평

---

110 같은 보고서, 15-16.
111 Rosetta Sherwood Hall, "The Clocke Class for Blind Girls," *ARKWC* (1906), 58-60.

2장 · 여성 선교사들의 초기 활동 | 73

양으로 와서 홀 부인의 진료소에서 보조로 일했다. 정신여학교를 졸업한 후 1905~1907년에 다시 평양 남산현 여자초등학교 교사로 일하면서 맹아학교에서 지리, 악기, 노래 부르기 등을 가르쳤다.112 그는 영어 실력이 좋아 언니 박에스더와 함께 소녀들의 크리스마스 행사 연주를 위해 'Fanny Crosby' Christmas Carroll(찬송가 작가 패니 크로스비의 크리스마스 캐롤)을 번역하기도 하였다.113 이 크리스마스 행사에 참석했던 어떤 남자는 감동을 받아 헌금하기도 했다. 맹인소녀들은 김배세에게 배운 노래 실력으로 에디스 마가렛의 기념생일파티에서 연례적으로 연주했다. 다른 프로그램과 공연에서도 박에스더와 김배세가 번역한 '주님 팔의 안전함'과 크로스비의 또 다른 찬송을 불렀다. 학교의 한 아이의 장례식에서도 소녀들은 그들이 가르쳐 준 노래를 불렀다. 로제타 홀은 그들과 똑같이 맹인이었던 패니 크로스비의 인생에 대하여 읽어 주기도 하였는데, 그들은 크로스비에 대하여 배우는 것을 즐거워했다.114

2) 맹아학교 졸업생의 진로

로제타 홀이 처음 맹인교육사업을 하게 된 동기와 시작할 용기를 갖게 했던 오봉내는 최초의 맹인 교사가 되었다. 그는 'Prudence'라는 세례명을 받았다. 교사로서 봉내의 활동에 대하여 선교사들은 칭찬을 마

---

112 옥성득, 『한국간호역사자료집 I』, 620.

113 패니 크로스비(Fanny J. Crosby, 1820~1915)는 태어난 지 8주만에 시력을 잃었다. 한 살도 되기 전에 어버지가 죽고 홀어머니 밑에서 자랐다. 그러나 일찍부터 신앙의 눈이 열려 행복을 누리며 사는 법을 체득하였다. "예수로 나의 구주 삼고"(Blessed Assurance, My Savior First of All)," "나의 갈 길 다가도록"(All the Way My Savior Leads Me) 등을 만들었다.

114 Rosetta Sherwood Hall, "The Clocke Class for Blind Girls," *ARKWC* (1905), 50-51.

지않았다.[115] 로제타 홀은 봉내의 성실성에 대해 다음과 같이 칭찬했다.

> 손가락으로 읽는 법을 배운 첫 한국소녀 오봉내는 이제 다 큰 처녀가 되었
> 다. 그는 구약의 역사와 지리 그리고 음악을 배우고 있는데 훌륭한 진전을
> 보였다. 배우는 동안에도 대부분의 시간을 어린학생들에게 읽고 쓰는 법을
> 가르치는데 성실히 임했다. …그는 진정어린 교사로서 자기가 받은 것을 지
> 금 베풀고 있다.[116]

1911년 로빈스도 봉내에 대하여 "맹인 소녀들 중 한 사람이었던
'Prudence'(봉내)는 맹인소녀들을 가르치는 일에 책임을 다하고 있으
며 맹인소녀들은 그녀의 가르침의 결과물들을 보여주었다"[117]고 말했
다. 봉내가 잘 가르친 덕에 거의 모든 맹인소녀가 높은 점수로 정규과목
을 이수했다. 봉내는 1918년의 독감으로 세상을 떠날 때까지 교사로서
의 소임을 다하였다.[118]

오봉내와 더불어 선교사들을 도와 교사로서 헌신한 사람이 배상내
였다.[119] 그녀의 세례명은 'pauline'이었다. 배상내 역시 가난하고 불
행한 가정의 아이였다. 아버지는 술주정뱅이였으며, 상내 밑으로 딸린
동생들이 많았다. 집안은 늘 어수선했다. 그랬던 상내의 집에 변화가
일어났다. 그녀의 어머니는 집안 청소를 열심히 하여 항상 청결을 유지

---

115 "Pong-nai(봉내)는 올해(1904) 6년째 되는 맹인클래스에서 교사를 계속했으며 학
   교와 교회 크리스마스 프로그램에서 맡은 역할에서 인정을 받았다." *ARKWC*
   (1904), 49.

116 Rosetta Sherwood, "The Clocke Class for Blind Girls," *ARKWC* (1905), 50-51.

117 Henrietta P. Robbins, *ARKWC* (1911), 52.

118 "The School For Blind Girls," *Fifty Years of Light* (1938), 57.

119 선교사들은 '배'자를 'We'로 발음하는 경우가 많았다. '위' 씨가 아니라 '배' 씨였을
   것이다.

했으며 아이들도 깔끔하게 씻기게 되었다. 아버지 역시 오랜 술버릇을
버리고 근면해졌다. 선교사들과의 지속적인 만남이 그들을 변화시켰
다. 배상내에 대하여 로제타 홀은 다음과 같이 기록하고 있다.

> 오봉내 다음으로 오랫동안 우리와 함께 한 배상내는 성실했다. 그는 환자가
> 아닌 사람들한테 성경구절 가르치기를 잘한다. 나는 그녀에게 메시지를 전
> 하도록 가르쳤다. 그들 모두 마루바닥을 쓸고 진료소에서 사용할 연고 용기
> 를 닦았다. 그리고 병원의 많은 자질구레한 일을 한다.[120]

배상내는 맹인 클래스의 교사로서뿐만 아니라 다른 사람한테도 성
경을 가르치는 일을 감당하였고 오봉내와 함께 진료소의 자질구레한
일들을 도맡아 하였다. 배상내는 오르간 연주를 잘해 반주자로도 쓰임
을 받았다. 다시 선교사 홀맨(Sarah B. Hallman)의 보고서이다.

> 맹인 배상내(Pauline)는 오르간 연주자로 크게 쓰임 받고 있다. 매주 나는
> 그녀에게 새로운 찬송을 가르쳤다. 얼마나 많은 곳에 맹인소녀들이 채워지
> 는지! 그들은 여러 방면으로 사역을 두루두루 돕고 있다.[121]

맹인학교 출신들의 진로는 봉내나 상내와 같이 맹인교사가 되는 것
이외에도 다양하게 사회로 진출하였다. 어떤 학생은 초등학교와 고등
학교를 마치고 이화대학을 졸업했다. 그녀 또한 학교에서 가르쳤다. 또
한 일본으로 유학을 가기도 하였다. 드문 일이었지만, 의사가 되기 위
해 공립학교에 진학하기도 하였다. 결혼하여 기독교 가정이 세워지기
도 하였고, 어떤 사람은 복음을 전하기 위해 병원으로 들어갔다. 그 누

---

120 Rosetta Sherwood Hall, "The Clocke Class for Blind Girls," *ARKWC* (1905), 50-1.
121 Sarah Hallman, "Pyeng Yang Woman's Hospital," *ARKWC* (1910), 54.

구의 도움을 받는 것이 아니라 혼자서도 무엇이든지 할 수 있는 존재가 되었다. 학교에서 읽고 쓰기를 볼 수 있는 소녀들과 함께 공부할 뿐 아니라, 독립독행도 배웠다. 그들은 예쁘게 수예품 짜는 법을 배웠고, 마사지를 배워 정부로부터 마사지사 자격을 받기도 하였다. 그들은 자신을 돌보는 방법뿐 아니라 다른 사람을 돌보는 방법도 배웠다.[122]

이렇듯 평양 맹아사업은 값진 열매를 맺어 나갔다. 맹아교육사업은 조선사회에서 무거운 짐으로 취급받았던 맹아들을 구해냈다. 그들이 바깥세상과 접촉할 수 있도록 중간 역할을 해냈다.

3) 제1회 '동양맹아교육회의' 개최

로제타 홀이 평양에서 진행한 맹아교육사업 진행 중 빼놓을 수 없는 중요한 업적이 있다. 1914년 '제1회 동양맹아교육회의'를 주최했던 일이다. 제1회 동양맹아교육회의는 1914년 8월 11일부터 8월 15일까지 5일간 한국평양맹아학교에서 개최되었다. 당시 제1차 세계대전과 수해로 인한 전차의 불통 등으로 참석을 단념한 대표회원들도 적지 않았으나 일본, 중국, 한국의 훈맹원 농아학교의 대표자 20여 명과 재야인사 수십 명이 참석한 가운데 성대하게 개최되었다.[123] 이 회의는 동양맹아교육사상의 진보를 의미했다. 개회식에는 조선총독으로부터 축전이 왔고 총독부의 사무국장, 평양신학교장 베어드(Dr. William M. Baird, 배위량), 동경농아학교장, 경성 영자신문주필, 동경맹아학교 훈도, 평

---

122 "The Growth of the Work for Methodist Women and Girl," *KMF* (1925), 58.
123 鈴木力二, 『中村京太郎伝』(동경: 中村京太郎伝記刊行會, 1969), 54-6. 로제타 홀의 보고에서는 제1회 동양맹아교육회의 개최에 대한 내용을 자세히 다루지 않고 있다. 여기서는 이 내용 전부를 안병집의 논문 50-3에서 재인용하였다. 안병집 역시 鈴木力二의 글에서 전체를 인용한 것으로 보인다.

양 맹아학교 교사 등이 참석하였고, 진남포 체재 청국 영사가 직접 참석하여 축하 인사와 제의 연설을 했다. "신앙과 사랑의 천사는 지금 막 구주(九州)의 천지를 지나 여기 동양의 일각에 평화의 사자로 나타났다. 살인이라고 하는 것에 비하면 구원한다는 것은 얼마나 존귀한 일이며 얼마나 신의 뜻에 맞는 일이냐"고[124] 하였다. 회의에 참석한 사람들 모두 감격해하면서 엄숙히 옷깃을 바르게 하고 기도를 했다. 매일 개회 전에 점자성서가 낭독되었고, 저녁에는 각자 자국어로 기도를 드렸다. 비록 언어가 각기 달라 의사소통이 부자유스러웠으나 참석자들은 모두 격식을 떠나 무릎을 맞대고 진지하게 회의를 하여 좋은 성과를 내었다.

토의된 내용은 첫째, 보통관공립학교에 있어서 농아아동을 보통아동과 동일학급 또는 동일학교에서 교육을 할 때 '이익여하(利益如何)'였다. 이에 대해 구미(歐美)의 성공한 실례를 들지 않더라도 평양맹아학교는 이점에 대한 훌륭한 실제로 성적을 올린 학교이며, 일본 국내에서는 후쿠시마(福島)를 제외하고는 다른 곳에서 성공하였다는 소학교가 있다는 소식을 들은 바 없다고 하였다. 그리고 성공여부는 지도방법과 지도자에 달렸다고 하였다. 둘째, 보통아동과 같이 맹농아 남녀학생을 위해서도 10세에서 12세 이상은 별도의 교사(校舍)에서 교육하는 제도와 시행이 필요하다고 하는 것이었다.[125] 제2회 회의에서는 1915년 7

---

124 鈴木力二, 같은 책, 54.
125 같은 책, 54-56. 발표된 주요 논문 제목은 다음과 같다.
   1. 실험상에 나타난 맹생(盲生)의 건강상태(동경맹학교장 町田則文)
   2. 국어교육상의 실험(愛媛盲啞학교주임 宇都官直記)
   3. 支那맹교육의 현황(존 프라이)
   4. 농아에 대한 談話教授上의 新思想(지푸농아학교 교사 變松梅(号雪琴支那婦人)
   6. 농아자의 자격(日本聾啞技藝會長 青山武一郎)
   7. 맹인에 대한 전도에 관하여(岐阜訓盲院長 森卷耳)
   8. 제생원 맹아부의 過去와 현재(제생원 맹아부장 大塚米藏)
   9. 훈맹만국회의 보고(中村京太郎)

월 상순에 중국 지푸 맹아학교에서 개최할 것을 결의하고 준비위원을 선출하였다.126 참석자들은 로제타 홀의 안내로 기자 묘지와 대동강변의 모란봉에서 하루 저녁을 보냈다. 평양시내의 각 교회에서는 참석자들을 환영하는 행사를 벌였다. 남산현 감리교회에서는 공개연설회를 열었는데 수천 명의 청중이 참석하였다. 또한 맹아학생들이 영어 및 일본어 노래와 농아교수의 실습, 농아 교육담, 실명자의 경험담 등을 발표하였다. 행사 기간 동안 논문이나 토의를 통역하면서 진행하느라 시간이 지체되거나 순서상의 변경이 있기는 했지만 모든 일이 대체로 계획했던 대로 모든 일이 수월하게 진행되었다. 11월에 회의의 보고서를 일본어 또는 영어로 발행하기로 하고 맹분과(盲分科)의 나카무라(中村)와 카터(A. E. Carter)에게 책임이 맡겨졌다.

이상과 같은 사실로 볼 때, 평양맹아학교의 교육 수준이 동양권의 다른 나라와 비교하여 월등한 수준이었음을 짐작할 수 있다. 또 당시 실시한 맹농아교육방법은 선진적인 방법이었으며, 로제타 홀의 특수교육에 대한 노력과 성과가 높이 평가되었음을 알 수 있다.

3. 조선총독부의 제생원 설치와 기독교 맹농아사업

1) 조선총독부의 제생원 설치와 사업의 개황

'소외된 자'를 돌아보는 심정으로 시작된 평양 맹아사업은 1911년 6월 특수교육의 법적 근거인 총독부령 제77호 '제생원 규정' 공포로 새로운 국면으로 들어섰다. 조선총독부는 이 규정에 따라 제생원에서 고

---

126 준비위원은 평양맹아학교장(R. S. Hall), 지푸 맹아학교장(A. E. Cariter), 제생원 맹아부장(大塚米藏), 上海 盲童 학당장(존 후라이야), 동경 농아학교장(小西信八), 中村京太郎 등이었다. 같은 책, 56.

아의 양육, 맹아의 교육, 정신병자의 구료를 목적으로 재단법인을 설립
하였다. 조선총독부에 의한 제생원의 설립은 1911년 6월 조선의 고아
및 기타 불구자 등의 구제금으로 하사된 임시 은사금 50만 엔과 총독부
부금 113,159엔의 기금으로 착수되었다.[127]

　　제생원에는 양육부, 맹아부, 풍전(瘋癲:풍에 의해 생기는 간질)부를
두었다. 양육부는 1911년 9월에 사무촉탁 1명, 서기 2명, 훈도 3명, 고
용인원 1명, 보모 5명을 두고 업무를 개시하였다. 경영난에 있던 종래의
사립 경성고아원 원장 유길준이 제생원에서 수용할 것을 청원하였고 양
육부가 경성고아원을 폐지하고 이를 흡수하였다.[128] 풍전부는 1912년
2월에 설치되었다. 풍전부에는 의관 1명, 의원 1명, 서기 2명, 고원(雇
員) 1명을 두었다. 맹아부는 부지가옥(敷地家屋) 등의 관계상 제생원 설
치 당시 바로 사업을 시작하지 못하다가, 1913년 4월 부령 제14호에
의해 조선총독부제생원규칙이 공포되어 종래 양육부에 새로 맹아부를
설치하였다. 맹아부가 자리 잡은 곳은 구(舊)숭의 묘지 자리였는데 넓이
2,600평에 총 건평 363평의 건물을 가지고 시작하였다.[129] 새로 설치
된 맹아부는 초등교육 겸 직업교육실시를 목적으로 하였다. 수업연한
은 맹과 3년, 농아부 5년, 맹 속성과 1년으로 하여, 맹 급비생 15명,
자비생 1명, 계 16명과 농생 급비생 8명, 자비생 3명 모두 11명으로
총계 27명을 데리고 수업을 개시하였다. 1913년 5월 2일에는 오츠카
(大塚米藏)가 초대 맹아부장에, 교사로는 훗날 '훈맹정음'[130]을 발명한

---

127 조선총독부, 『시정 25년사』 (경성: 조선총독부, 1935), 219-21.
128 1906년 2월 한국인 이필화(李苾和)가 설립한 고아원임.
129 서울특별시 서대문구 천연동 98번지, 경성 서부 이판동 구(舊) 숭의 묘지 2,600평의
　　부지에 건평 363평의 숙사를 보유하였다. 「별건곤」 제23호 (1929년 9월 27일).
130 1926년 재생원 맹아부 교사였던 박두성이 만든 한글 점자 체계이다. 로제타 홀(R.
　　Hall)에 의하여 소개된 4점식 점자인 뉴욕식 점자가 맞지 않는다고 생각한 박두성
　　은 브라유(L. Braille)의 6점식 한글 점자를 고안하였다. 현재 사용하고 있는 한글

박두성과 네모도(根本介藏) 두 명이 취임하였다. 8월 25일에는 점자인 쇄기를 도입하여 점자교과서를 출판하였다. 제생원의 특징은 최초의 관립 특수교육기관으로 고아의 양육과 맹·농아 교육을 동시에 실시했다는 점이다. 또한 상반되는 교육 대상인 맹인과 농아를 같이 교육하였다는 점이다. 수업연한에 있어서 일본에서는 초등교육 6년, 중등교육 4년 실시하였던 반면, 한국은 식민지로서 차별하여 초등 3년(농아는 5년), 속성과 1년의 단기교육을 목표로 했다. 교육 내용에 있어서도 일본어를 겨우 해득할 정도의 초등 보통교육과 직업교육을 겸하였다. 총독부에서는 학생들을 색출하여 입학시켰고 기숙사에 넣어 의식주 일절을 국비 부담으로 하였다.[131]

맹·농아를 위한 관립교육기관이 있었음에도 이러한 자녀를 둔 가정에서는 섣불리 학교에 보내지 않았다. 조선총독부 제생원의 맹아부 교육 목적이 특수교육기관이라기보다는 고아와 함께 구빈 보호를 하는데 일차적인 목적이 있었기 때문이다. 그렇기에 학교의 명칭이 아닌 사회사업의 성격을 나타내는 제생원에서 교육을 담당하였다.[132] 이러한 목적에 따라 조선 맹·농아들에게 인간성 함양을 가르쳐 생활에 적용할 수 있는 인간을 기르기보다 최소한의 교육 연한으로 신체적 특수성을 고려한 기술교육에만 치중해 편협한 인간성을 소유한 저급 기술자를 양성하는 데 집중하였다.[133]

점자는 훈맹정음에 기초하고 있다.

131 안병집, 앞의 논문, 40.

132 한규원, "일제에 대한 민족적 저항기의 특수교육," 「한국교육사학」 제16집 (1994), 122.

133 한규원, 같은 글, 150.

2) 기독교 맹농아사업과 제생원 맹아부와의 관계

1911년 조선총독부의 관립 제생원 설치와는 별개로, 평양에서 이루어지고 있던 평양의 맹·농아사업은 이후에도 지속 발전하였다. 1913년 로제타 홀의 보고서에 나타난 모습을 보면 이를 짐작할 수 있다.

올해 우리의 맹아학교사업은 거의 내가 생각한 대로 진행되었다. 그 안에 있는 학생들은 특별 예비반(special preparatory)을 넘어섰다. 빌링(Mr. Billing) 씨는 소년매일학교에서 어린이들과 함께 지낸다. 로빈(Robbin) 양의 소녀매일학교와 하이네(Hayne) 양의 소녀고등학교에서는 학교 동료들과 함께 외국인 행동 규범의 유익함에 대하여 나누고 있다. 학교 건물과 설비는 교사들의 권리뿐 아니라, 학생들과 공동체 발전에 기여하고 있음을 확신한다. 나는 그들이 지적으로 유용한 구성원으로 발전할 것을 확신한다.[134]

1913년에 전체 학생이 39명이었다. 글을 읽고 쓸 줄 알게 된 맹아들은 상급 학년으로 진급하였다. 특별 예비반에 맹인 소녀 10명, 농아 소녀 1명 그리고 6명의 농아 소년이 있었고, 2학년에는 8명의 맹인 소녀와 1명의 농아 소녀, 3명의 농아 소년이 있었다. 그리고 3명의 맹인 소녀들이 초등학교를 마쳤다. 35명이 초등학교 재학생이었다. 성경학원인 연합아카데미에 2명의 맹인 소녀가 1학년 과정에 들어갔고, 1명이 3학년, 1명이 4학년 과정에 들어갔다. 연합아카데미는 4월에 학년이 시작되었다. 맹아들은 원근각처에서 평양의 맹아학교로 왔다. 진주에서 온 새로운 맹인 소녀가 특별 예비반에 들어왔다. 그 소녀는 짧은 머리를 한 고아 거지 아이였다. 호주장로회의 맥라렌(Charles I. Mclaren)

---

134 Rosetta S. Hall, *ARKWC* (1913), 90.

이 명석한 소녀라고 인정하여 평양으로 보낸 아이였다. 그 아이는 부산에서 평양까지 머나먼 길을 기차를 타고 왔다. 22살 된 농아 청년도 있었다. 그는 초등학교에서 겨울 내내 잡일과 공부를 하면서 자기의 길을 찾고 있었다. 그는 이후 봄 농사일을 하기 위해 고향으로 돌아갔다. 돌산이라는 곳에서 온 7살 정도의 작은 아이도 있었는데, 너무 어린 탓에 향수병 때문에 견디지 못하고 집으로 돌아갔다. 수원 근교에서 온 어떤 소년의 경우에는 농아는 아니었으나 말이 없었다. 그 역시 할머니가 보고싶어 돌아갔다. 선교사들은 이런 경우를 많이 겪었다.[135]

제생원은 필요에 따라 분원(分院)을 둘 수 있다고 규정하였다. 이 규정에도 불구하고 서울이나 지방 어느 곳에도 분원을 설치 운영하였다는 증거는 나타나지는 않는다.[136] 그렇지만 평양맹아학교와 관계를 맺고 교류했던 것으로 보인다. 평양맹·농아학교의 학생 수는 1913년 39명, 1915년에는 50명, 1917년에는 55명으로 늘어났다. 그러다가 10여 년 후인 1928년에는 16명으로 감소하였는데, 총독부의 제생원에서 맹아들에게 장학금을 주어 도쿄맹학교로 유학을 보내주었기 때문이다. 평양맹아학교 출신인 오봉내와 최신애가 도쿄맹학교의 유학생이 되었는데, 조선총독부는 일본 유학생을 위한 정규교육기금에서 이들에게 1명분의 장학금을 지원하였다.[137]

평양의 맹아교육사업은 로제타 홀이 1935년 귀국할 때까지 조선감리회부인회의 후원으로 운영되었다. 로제타 홀의 맹학교장 공식 임명은 1912년까지였고, 1913년부터 1924년까지는 맹·농아학교 교장으로 임명되었다.[138] 1925~35년까지 羅彬秀(라빈수)를 공식 임명하였고, 이

---

135 Rosetta S. Hall, 같은 글.

136 한규원, 앞의 글, 125.

137 *ARKWC* (1915), 39-41.

138 *Official Journal*, op, cit (1903, 1904, 1912~1917, 1923~1930): 이동욱 편, 기독교조

후에는 공식적 임명이 없었다.[139] 1925년에는 태화복지관 안에도 여자 맹인학교를 설치하여 안마하는 법과 조선어, 일본어를 가르쳤다.[140]

선교사 로제타 셔우드 홀에 의해서 시작된 맹아 교육사업은 한국 최초의 특수교육임과 동시에 박애적인 기독교 사회복지사업이었다고 할 수 있을 것이다.[141] 그녀가 세상을 떠난 후「감리회보」1954년 12월호에서는 그녀의 선교업적을 "그는 의사로서, 사회사업가로서, 복음전도자로서, 여권운동가로서 이 땅의 선구자가 되었다. 그의 사업을 열거하면, 평양기홀병원, 해주요양병원, 서울동대문부인병원, 여자의대의 전신인 여의학강습소, 맹아학교 등 실로 의료사업과 사회사업에 있어서 빛나는 업적을 쌓고 가신 어른이다"[142]라고 소개하였다. 로제타 셔우드 홀의 선교사역을 한마디로 표현한다면, 전도하는 일과, 고치는 일이었다.[143] 이 두 가지는 그의 선교 인생에 있어서 변함없이 지속되었으며 이후의 한국기독교 사회복지사업에 영향을 주었다.

선감리회연회회록 (경성: 한성도서주식회사, 1932), 1931~1937년 참조.

139 그 이유를 안병집은 홀 여사의 귀국과 1935년 한국인에 의해 설립된 최초의 특수교육기관 평양광명맹아학교의 설립에 영향을 받았기 때문이라고 설명한다. 이 학교는 마펫 부인이 평양에 설립했던 남맹학교와 맥을 같이 하는 것으로, 마펫의 도움으로 이창호 목사에 의해 세워졌다. 평양광명맹학교는 이 학교 교사였던 김용연의 술회에서 광복 때까지 존속하고 있었음이 확인되었다고 한다. 안병집, 앞의 논문, 46.

140 "여자 맹아학교, 경성태화녀자관에서는 조선의 눈먼 여자들을 위하여 맹인학교를 설립하고 안마하는 법과 조선어와 일어 쓰는 법을 가르친다는데 지원자는 인사동 49번지 베어 부인에게나 동대문 밖 창신동 687의 2호 조 부인에게 문의하기를 바란다하더라."「기독신보」(1925년 4월 22일).

141 한규원은 로제타 셔우드 홀이 시작한 맹아사업을 "한국에서 시작된 근대적인 특수교육의 효시"라고 하면서 "개화기에 근대 교육이 개화하는 과정에서 특수교육이 외국 선교사에 의해 시작되었다는 것은 불구자에게도 정상적인 사람들과 마찬가지로 교육의 기회를 제공해야 한다는, 기독교 정신인 박애주의 정신이 작용한 결과"라고 서술하였다. 한규원, 앞의 글, 121-122.

142「감리회보」(1954년 12월), 12.

143 "홀의사 긔념회,"「기독신보」(1915년 12월 8일).

3장
1920년대 새로운 선교사업의 모색

2장에서 살펴보았듯이 선교 초기부터 진행되었던 선교사들의 선교사업은 일제강점기의 암울함 속에서도 아랑곳하지 않고 계속되었다. 일제의 강력한 무단통치하에서 이들 눈에 보이는 것은 나라 잃은 가련한 조선의 민중뿐이었다. 나라를 찾아 줄 수 있는 여력은 없었으나 모든 걸 빼앗기고 방황하며 아파하는 이들을 돌봐 준 이들이 바로 각국에서 온 선교사들이었다.

의료와 교육 두 축을 가지고 진행되어왔던 선교사업이 3·1운동이 끝난 1920년대부터 새로운 국면을 맞이하였다. 이 장에서는 새로운 국면을 맞이하게 된 선교사업의 모습을 보기 위하여, 어떠한 선교 상황과 기독교 사상이 자리 잡고 있었는지, 그 속에서 선교사들과 어떻게 대응해 나갔는지를 살펴보고자 한다.

I. 1920년대 새로운 선교사업 모색의 배경

1. 의료선교사업의 위축

1885년 한국에 온 의료선교사들이 시작한 의료사업은 1920년대에 이르러 어느 정도 성과를 거두었다. 한국인들은 그동안 전통적으로 해왔던 치료가 잘못된 관행인 것을 인식하게 되었고, 각 지역 기독교 병원에서 행해진 치료와 수술을 보면서 서양의학과 선교사들을 인정하게 되었다. 또한 의료선교사들이 베푼 사랑과 친절에 감화를 받은 환자들이 기독교인이 되기를 결심하고 지역사회 복음 전도자가 되기도 하였다.[1] 그러나 1913년 11월 15일, '의사규칙'[2]이 공포되면서 의료사업은 위축되기 시작했다. 총독부가 병원을 개업하려면 허가를 받도록 규정하면서 의료선교사들은 미국 의사면허가 있어도 일제가 주관하는 의사면허 자격시험을 다시 치러야 했다. 또 다른 문제로 공립 의료시설에서 제공하는 무료 진료로 기독교 병원시설을 찾는 환자 수가 격감이 있었다. 이러한 상황에서도 북감리회는 원주, 해주, 평양, 영변, 공주 등지에, 남감리회 역시 송도, 원산, 춘천 등지에 의료시설을 확장해나갔다.[3]

1920년대 중반 이후 일제의 의료사업 규제와 압력이 더욱 강고해지는 가운데, 계속된 홍수, 기근, 태풍 등 천재지변으로 인한 경제적 피폐와 물가상승 그리고 1920년대 말부터 닥쳐온 세계 공황 등은 선교사업에 커다란 어려움을 가져왔다. 또 일제는 한국기독교 병원의 의료체계를 일본화하여 선교사들의 영향력을 축소시켜 나갔다.[4] 더구나 1920

---

1 이만열, 앞의 책, 512-529.
2 「총독부관보」 (1913년 11월 15일).
3 찰스 스톡스, 앞의 책, 248-250.
4 이만열, 앞의 책, 531-536.

년대 말 세계대공황으로 선교비가 감축되어 선교사들까지 줄어들면서
의료선교에 대한 부정적 인식이 확대되었다. 당시 앤더슨(Earl Willis
Anderson)은 의료선교사업을 중단해야 한다는 의견을 피력하였다.

> 한국 생활 선반에 일본이 침투해서 유능한 의사들이 많이 배출되었고 병원
> 시설도 확장되었다. 그러므로 시간이 흐를수록 일본에서와 마찬가지로 한
> 국에서도 의료사업을 점차 철수해야 할 것으로 보인다.[5]

한국 철수 문제를 고민할 정도로 의료사업은 선교사업으로서의 의
미를 상실해가고 있었다. 이러한 문제를 극복하기 위해 선교사들은 기
존 의료사업과 연관된 선교사업에 대해 논의하기 시작했다. 버코비츠
(Z. Bercovitz)는 기독교 병원이 의료, 의학, 복음 전도뿐 아니라 공중보
건 증진에 있어 중요한 역할을 할 수 있다고 보고 첫째, 복음 전도, 둘째,
한국인 개업 의사와의 협력, 셋째, 많은 사람에게 보건과 위생지식 전
달, 넷째, 최상의 의료 진료 시행 등 4가지 역할을 제시하였다.[6] 특히
세 번째 "많은 사람에게 보건과 위생 지식전달"은 공중위생보건사업에
집중해야 한다는 것을 의미했다.

2. 사회복음 유입

의료선교사업의 위축으로 선교사들 중심으로 새로운 선교사업이
모색되는 가운데, 1920년대 한국교회는 사회주의와 반기독교 사상의
도전으로 심각한 위기를 맞이하였다. 1919년 3·1운동은 당시 한국교

---

5 *M. E. C. South Report for 1931*, 251: 이만열, 같은 책, 542에서 재인용.

6 Z. Bercovitz, "The Position and Scope of Mission Hospital in Korea Today," *KMF*
  (1928), 89.

회에 대한 한국민의 일반적인 인식을 변화시키는데 기여하였다. 독립운동에 있어서 한국교회가 지도자적 역할을 감당할 것이라는 기대감을 불러일으킨 것이다. 그러나 선교 출발 당시부터 견지해오던 교회의 비정치화는 비폭력적 방법과 세계의 도덕적인 여론에 호소하는 정도에 머물러 있었으므로 민족주의자들은 그 방법과 전략에 대하여 회의를 느끼고 있었다. 때마침 소개된 사회주의가 민족주의자들과 지식인들의 호응을 얻게 되면서 교회에 대한 신뢰감은 더욱 떨어져 많은 젊은 지식인들이 교회를 떠났다.7 한국교회에서 청년운동은 사라지고 있었고 오히려 유물론과 무신론에 입각한 사회주의자들의 반기독교 운동이 확산되고 있었다. 사회주의 사상의 도전뿐 아니라 민중들의 경제적인 고통 또한 교인들이 교회를 떠나는 요인이 되고 있었다. 이러한 상황에 대하여 스톡스(Charles D. Stokes)는 다음과 같이 썼다.

> 농민들은 경제적으로 심각한 상황에 처해 있었다. 대다수가 소작농, 반소작농으로 생활을 꾸려나가기 힘겨운 지경이었다. 이런 상태에서 들어온 사회주의사상은 실제적인 해결 방안을 제시하지 못하면서 연설이나 논설, 토의만을 하는 탁상공론의 수준에서 절망과 불안 그리고 정신적 우울을 넓게 펴져 나가게 하였다. 젊은이들의 반항은 그들의 사고방식에서 드러났다. 현대 과학의 교육, 경제적인 절망 그리고 소비에트 러시아의 선전, 이 모든 것은 정치적 사회적 요인들과 결합되면서 학생들의 마음이 유물론, 무신론 그리고 볼셰비키 사상의 통로로 쉽게 물들어 갈 수 있는 태도를 조성하였다.8

한국교회는 이러한 사회문제에 대하여 더욱 복음주의적이며 근본

---

7 권진관, "1920~30년대 급진주의 시대에 있어서의 민중과 교회," 김흥수 편, 『일제하 한국기독교와 사회주의』 (서울: 한국기독교역사연구소, 1992), 13.
8 찰스 스톡스, 앞의 책, 279-280.

주의적으로 접근해 갔다. 한국인이 직면한 문제의 해결은 개인의 도덕적 변화만이 실마리가 될 수 있다고 보았다. 복음주의적 접근은 절제운동방식으로 나타났다. 그러나 일부 선교사들과 교회지도자들은 이러한 접근 방식으로는 한국교회가 기반을 상실할 것으로 우려했다.9 한국교회는 이러한 노전에 대하여 세 가지 방향으로 반응해 나갔다. 첫째, 과학과 종교의 관계(예컨대, 유물론과 기독교, 진화론과 기독교의 관계)는 '이체동성(異體同性)의 진리'라는 주장이다. 둘째, '기독교사회주의'를 견지하는 입장이다. 셋째는 '사회복음'(The Social Gospel)의 입장이다.

첫 번째 주장은 반버스커크(J. D. Van Buskirk, 潘福奇)에 의해 제기되었다. 그는 반기독교라는 한국교회 문제에 대하여 비교적 진보적인 생각을 가지고 유물론과 기독교의 타협점을 찾고자 하였다. 그는 1926년 세브란스 병원의 김명선(金鳴善) 박사와 과학(유물론과 진화론)과 종교와의 관계를 다룬 『과학과 종교』를 펴내었다. 그는 서문에서 과학과 종교의 관계를 다음과 같이 밝히고 있다.

이 소책자의 골자는 한마디로 과학과 종교의 대립을 논창(論唱)함이니, 진정한 견지에서 양자는 조물주와 인간의 사명을 교시하는 이체동성(異體同性)의 진리라 한다. 대저 진화론의 사실과 증명이 정확하다할지라도 결코 이것은 하나님을 부인하고 기독교의 구속을 무용하게 하며 야소기독교의 안모(顔貌)로 나타나신 하나님의 계시인 성경을 반대함은 아닐 것이다. 과학이란 술어는 종교란 말은 아나나 양자가 상호 모순되는 것이 아니고 그 본체에 있어 기독교의 종교의 진리이며 인간의 사명을 교시함에는 양자 호상 연락되는 것이다. 그러나 과학은 봉사, 희생, 사랑 등의 이상을 교시할 뿐이나 종교에 있어서는 이것들을 실행하는 동기까지 함께 하는 바 오직 야소로서 인하

---

9 권진관, 앞의 글, 16-17.

야만 이상을 봉사로, 희생을 환회로 간극(間隙)두실 사랑(愛)을 생활의 만반 동기가 될 수 잇게 함으로 유독히 기독이 세계를 구속하시는 구주가 되신 다.[10]

둘째, 기독교사회주의의 기본전략은 기독교와 마르크스주의의 공통점을 찾는 것이었다. 대표적인 인물은 이대위(李大偉)였다. 그는 기독교와 사회주의는 양자 모두 새로운 사회 건설을 지향한다는 점에서 공통점이 있다고 생각하였다. 이대위 외에도 김응순, 김창제도 예수를 사회혁명가로 보고 성경을 해방적 모티브로 삼았다. 이들 외에도 조만식, 배민수, 유재기가 기독교사회주의자를 자처했다.[11]

셋째, 사회복음주의 입장이다. 1920년대 선교사들은 새로운 선교사업이 한국인에게 절실한 사회복지사업이어야 한다는 공통된 인식으로 사회복음을 통한 사회선교에 관심을 두기 시작했다. 사회복음이란 개인 구원차원을 넘어서 사회의 구원 즉 정치, 경제, 사회조직도 구원해야 한다는 주장이다. 이러한 논리는 미국의 대표적인 사회복음운동가 글래든(Washington Gladden:1836~1918), 일리(Richard T. Ely:1854~1943), 라우션부시(Walter Rauschenbusch, 1861~1918)의 주장에 근거를 두고 있었다. 1877년 철도대파업, 1886년 헤이마켓(Haymarket)파업, 1892~1894년에 일어난 철도, 철강 산업의 폭력적인 분쟁 등 19세기 후반에 나타난 미국 사회의 엄청난 변화는 미국 기독교계에 커다란 충격을 주어 교회로 하여금 사회문제에 집중하도록 하였다. 실제 1900년에서 1914년까지 미국사회는 '사회복음의 시대'(Era of the social Gospel)를 맞아 '인간의 죄악은 사회의 탓'이므로 환경을 바꾸면 모든 문제가 해결될 것으로 생각했다. 라우션부시는 사회변화의 필연성을 주장하면서 '개인

---

10 潘福奇 · 金鳴善, 『과학과 종교』 (경성: 조선야소교서회, 1926), 2.
11 권진관, 앞의 글, 19-20.

의 중생과 사회의 재생은 분리될 수 없는 것이며, 사회질서는 중생된 인간 없이는 구조될 수 없다'라고 보았다.[12]

이러한 '사회구원' 즉, 사회복음은 한국 사회에서 어떻게 수용 내지는 적용되었을까? 국제 YMCA연맹이 한국 YMCA에 미친 영향 가운데 중요한 것 하나는 사회복음주의를 전파했다는 것이다. 유명한 라우션 부시의 사회복음의 영향을 받은 미국 학생기독교 운동계의 최고 지도자 모트(John R. Mott)와 에디(S. Eddy) 등이 사회복음을 YMCA에 받아들였는데, 그중 에디가 훨씬 더 급진적이었다. 특히 신흥우는 에디의 영향을 많이 받았는데, 그가 총무로 재임했을 당시 한국 YMCA는 그 결과 사회복음 운동의 좌파적 성격이 강하게 나타났다.[13] 조병옥은 미국에서 직접 '사회복음'을 받아들여 YMCA 강연을 통하여 '사회복음'을 전파한 사람이었다. 조병옥은 그의 자서전에서 1914년부터 1918년까지 미국 와이오밍 고등학교에서 공부할 때 사회복음의 본질을 파악했다고 술회하였다.[14] 그는 콜롬비아 대학에서 경제학을 공부하면서 마르크스의 『자본론』을 탐독하는 등 다양한 학문을 접했다. 이때부터 "사회 진보의 원리는 개조에 있다"는 자신의 사회사상을 갖게 되었다.[15] 그는 1925년 8월 귀국하여 2학기부터 연희전문에서 경제학 교수로 경제학과 재정금융학을 가르치다가 학생들의 동맹휴업 문제로 오해가 생겨 학교에서 물러나게 되었다. 학교를 그만둔 후 YMCA에서 청년들을 대상으로 설교와 토론을 벌였는데, 그 주제가 '사회복음'이었다.

---

12 Charles Howard Hopkins, *The Rise of the Social Gospel in America Protestantism* (1865~1915) (New Haven: Yale University Press, 1940), 3.

13 노치준, "일제하 한국 YMCA의 기독교 사회주의 사상 연구," 「한국사회사연구회논문집」제 7집 (1987), 116.

14 조병옥, 『나의 회고록』 (서울: 도서출판 선진, 2003), 54.

15 같은 책, 56-59.

교회에서나 청소년 일요강좌에서 나의 설교요지는 사회복음(社會福音, Social Gospel)을 주장하였다.… 즉 하나님의 땅에도 지상천국을 만들어 보자는 것이 나의 설교의 요점이요 나의 주장이다. 그러기 위하여서는 우리 신자들은 하나님께 인간의 원죄의식을 매일같이 되풀이하여 기도로써 속죄나 용서를 빌고 호소하기에 앞서, 우리 인간사회의 죄악인 질병, 무식, 궁핍들의 3대 죄악의 근원을 해결하는 방법을 강구하지 않고서는 하나님의 뜻을 이 땅에 이룰 수 없다고 나는 주장하였던 것이다.[16]

조병옥은 3대 죄악을 극복하기 위한 사회복음적 실천 방안도 제시하였다. 즉, 질병 퇴치를 위해 의학도들을 많이 육성하여 무의촌을 없앨 것, 무식 퇴치를 위해서 교육 장려를, 궁핍에 대해서는 국민경제력을 향상시키기 위해 자연과학을 정진시켜 자연을 정복하고 천연자원을 개발하여 경제부흥을 일으켜야 한다고 주장하였다. 이러한 그의 주장은 다분히 사회성 및 정치성을 가미한 것이었다. 그는 이러한 생각을 YMCA 이사회 안건으로 올려 사회를 개혁하자고 제안하였으나 받아들여지지 않자, 자신의 지론을 펼치기 위해 감리교회와 장로교회의 젊은 신도들을 비롯하여 연희전문학교 학생들 60여 명을 모아 '기독교신우회'라는 비밀 단체를 조직하였다. '기독교신우회' 조직의 궁극적 목적은 사회악을 제거하는 데 있었다.

사회악을 제거하기 위하여는 우리는 먼저 우리의 살림살이를 우리의 손으로 할 수 있도록 민족의 해방이 되지 않으면 안 되며, 따라서 우리 민족은 자유독립을 반드시 얻어야 하는 것이다.… 그러므로 우리는 우리 자신의 실력을 배양하는 동시에 국제적 움직임에 대하여 항상 게을리하여서는 안된다

---

16 같은 책, 95-96.

고 생각한다.[17]

조병옥의 말대로 한국인이 수용한 사회복음은 '사회악'을 제거하기 위한 노력에 초점을 맞추는 운동으로 나타났다. 이를 위해서는 민족해 방이 우선되어야 하는데 실력양성이 선제되어야 하는 것이었다.[18]

라우션부시의 사회복음은 1920년대 YMCA기관지 「청년」을 통해 서 그 사회관이 활발히 알려졌다. YMCA 사회복음이 추구하던 이상적 인 사회관은 '愛의 사회', '愛의 정신'이었다.[19] YMCA를 중심으로 사회 복음이 알려지는 가운데 미국에서 1916년에 출간된 라우션부시의 예 수의 사회적 원리(*Social Principles of Jesus*)[20]가 『야소의 사회훈(耶蘇의

---

17 같은 책, 98.
18 조병옥과 더불어 신흥우와 김창준도 사회복음 이론에 입각하여 활동을 벌였다는 주 장이 있다. 김상태는 그의 논문 "일제하 신흥우의 사회복음주의와 민족운동론"에서 신흥우의 사상적 배경을 논하면서 그는 미국 유학과 배재학당 그리고 감리교의 영향 을 받았으므로 사회복음주의 사상 형성되었을 것이라고 주장하고 있다. 그가 라우 션부시의 영향을 직접적으로 받았는지는 밝히고 있지는 않지만, 배재학당과 한성감 옥 시절에 신흥우에게 영향을 주었던 헐버트와 벙커의 신학사상에서 사회복음적인 요소가 있었을 것으로 파악하고 있다. 즉 당시 미국 기독교계는 그들의 모교인 유니 온 신학교를 중심으로 사회적 악을 외면한 채 회개와 내세의 삶만을 강조하는 신앙 노선을 비판하고 자본주의 사회의 폐단에 대해 일정정도 불만을 표시하면서 사회문 제 해결을 도모했는데, 헐버트와 벙커의 신학사상 역시 이러한 흐름의 연장선상에 있었다는 것이다. 김상태, "일제하 신흥우의 '사회복음주의'와 민족운동론," 「역사문 제연구」창간호 (1996), 163-207.
   오성주는 그의 논문 "사회복음주의 기독교 교육론, 김창준 연구"에서 1930년대 김창 준이 벌였던 기독교 교육이 사회복음주의에 입각한 것이었다고 주장하고 있다. 그 러나 김창준이 라우션부시의 사회복음의 영향을 직접적으로 받았는지는 밝히고 있 지 않다. 오성주, "사회복음주의 기독교 교육론, 김창준 연구," 「신학과 세계」 제61호 (2008), 186-214.
19 노치준, "일제하 한국 YMCA의 기독교 사회주의 사상 연구," 「한국사회사연구회논 문집」 제7집 (1987), 136.
20 Walter Rauschenbusch, *Social Principles of Jesus* (New York: Grosset & Dunla, 1916).

社會訓)』이라는 책으로 1930년에 번역되어 출간되었다.[21] 이 책은 *A Theology for The Social Gospel*[22]보다 1년 먼저 나온 책이다. 번역은 고영환(高永煥)이 했는데 번역자의 서문이 없어서 번역과 출간을 맡은 의미는 추적할 수 없다. 또 필자의 서문도 게재하지 않았다. 원문에 나타난 필자의 서문에 "인간의 사회윤리적 관계와 의무에 대하여 주님에 대한 신념을 바탕으로 간단히 제안하고자 한다"라고 집필 동기를 밝히고 있다. 대상(독자)은 젊은 대학생들로, 조직화된 사회에서 발생하는 심각한 문제들에 직면해 있으면서 자기 자신에게만 집중하지 말고 사회 인식을 갖도록 장려한다. 많은 사람이 사회를 구원하는 방법을 그리스도의 길에서 찾을 수 있다는 사실을 인지하고 있으면서도, 그가 어떤 방향을 제시했는지 제대로 알지 못하는 경우가 많다는 것이다. 따라서 애매하면서도 적당하게 알고 있었던 점들을 짚어 보고자 한다는 집필 의도를 적고 있다.[23] 이 책은 예수로부터 도덕적 광명과 영적 영감을 모색해야 한다는 이듬해(1917)에 나올 *A Theology for The Social Gospel*의 서언이었다. 사회주의의 심각한 도전에 직면한 한국교회는 문제의 대안을 사회복음에서 찾고 있었다.

1923년부터 내한 선교사들도 새로운 선교사업의 방향성에 대한 논의를 시작하면서부터 사회복음에 관심을 갖기 시작하였다. 더글라스(W. A. Douglas)는 *The Korea Mission Field* 1923년 2월호에 "교회와 사회의 관계"(The Church and Social Relation)라는 제목으로 글을 실었다. 헨리 조지(Henry George)의 이론을 토대로 캐나다 감리교 복음 사회사

---

21 우라우에스뿌,『耶蘇의 社會訓』, 고동환 역 (경성: 조선야소교서회, 1930).

22 Walter Rauschenbusch, *A Theology for The Social Gospel* (New York: The Macmillan company, 1917).

23 Walter Rauschenbusch, *Social Principles of Jesus* (New York: Grosset & Dunla, 1916), Introduction.

업부에서 논의된 내용이었다.[24] 이 글에서 더글라스는 사회복음의 의미를 개인 구원과 사회구원 두 가지 측면에서의 적용을 강조하고 있는데, 첫째, 종교는 개인으로 하여금 고귀한 이상을 위해 자신을 축성케한다는 것이고, 둘째, 종교는 사회적으로 정부에게 원리원칙을 제공한다는 것이다. 이것은 "사회 속의 개인"의 중요성을 일깨우고 있는 말이다. 그에 반해 복음주의사업은 개인에 집중하고 있어 위의 두 가지 관점이 결여되어 있다는 점을 더글러스는 지적하고 있다.[25]

> 복음주의 조직의 모든 노력들은 개인에게 치중되어있다. 교리에서 끊임없이 강조되는 것은, 개인이 올바른 길로 행하면 전체도 당연히 올바르게 된다는 것이다. 이는 부분의 선이 전체의 선으로 이어진다는 가정이다.… 사회도 마찬가지로, 개인의 단순한 총합보다 더 큰 의미를 지닌다. 잘못된 조합은 자재가 최고급이라 하더라도 건물을 망친다. 조직력의 결여는 사병의 능력이 뛰어나다 하더라도 패배를 불러온다. 마찬가지로, 우리가 아무리 종교의 숭고함을 부르짖는다 한들 사람들의 관계가 확립되지 않으면 인류 전체가 타락하게 된다. 잘못된 정의로부터 선함의 열매가 맺어질 수 없는 것이다.[26]

이러한 논의에 대해 호주 장로회의 맥라렌(C. I. McLaren)은 1925년

---

24 헨리 조지(Henry George, 1839. 9. 2~1897. 10. 29.)는 미국의 저술가, 정치가, 정치경제학자이다. 그는 단일세(Single tax)라고 불리는 토지가치세의 주창자였으며, 조지주의(Georgism, Geoism, Geonomics) 경제학파 형성에 영향을 끼쳤다(조지주의는 '지공주의'라는 우리말로 순화되어 사용되기도 한다). 헨리 조지의 부인은 모계의 영향으로 아일랜드 가톨릭 신앙을 갖고 있었고, 따라서 자연스럽게 그의 자녀들도 로마 가톨릭 신자가 된 것으로 보인다. 반면, 헨리 조지는 복음주의 개신교 신자로 남았다고 전해진다(http://ko.wikipedia.org/wiki).
25 W. A. Douglas, "The Church and Social Relation," *KMF* (1923), 41.
26 같은 글.

The Korea Mission Field 5월호에 연합선교회의 사회복지위원회(Social Service Committee) 사업을 보고하는 글에서 다음과 같이 주장하였다.

① 모든 인류가 산업, 경제적 불평등이 사라지고 풍요롭게 사는 일이 가능한가? ② 전 세계적으로 절제의 미덕이 세워질 수 있는가? ③ 악덕이 사라지고 청렴이 미덕이 되는 사회가 될 수 있는가? ④ 그리하여 정치가 깨끗해질 수 있을까? ⑤ 국가의 정책에서 정의가 우선이 되는 날이 올까? 평화적인 노력이 전쟁을 멈추게 하고, 이민과 이주가 영적으로 조화롭게 이루어지는 날이 올 것인가? ⑥ 그리고 이러한 문제를 위한 노력이 의미가 있을까? ⑦ 이러한 제반 사항에 대하여 교회가 해야 할 일과 나아갈 방향은 무엇일까? 이 모든 것이 교회가 직면한 과제라는 것이다. 맥라렌은 위와 같은 과제들에 대하여 세계는 비관적인 관점을 갖고 있지만, 기독교인의 관점은 이와 달리 더 넓고 깊어야 하며 희망을 가지고 세상의 악에 대항해야 한다는 것이다. 그는 또한 전쟁이 사라지건 사라지지 않건, 기독교인과 기독교 사회가 하나님 뜻에 순종하면 평화가 올 것임을 확신하였다. 이러한 의미에서 1924년 조직된 연합선교회의 사회복지위원회(Social Service Committee) 발족은 의미가 있는 것이라고 피력하였다.[27] 결국, 맥라렌의 주장은 사회복음의 흐름으로 가건, 아니면 또 다른 어떠한 사상이 등장하여 흐름을 주도하건 기독교인들은 이에 아랑곳하지 말고 하나님 뜻에 순종하여 희망을 버리지 말고 세상의 악에 대항해야 한다는 것이다. 이것이 세계교회 조직체가 가지고 있어야 할 개념이며, 연합선교회의 사회복지위원회 역시 바로 이러한 개념을 가지고 사업의 방향이 결정되어야 한다는 것이다. 피셔(J. Earnest Fisher) 역시 선교 활동은 "이성적인 방법을 동원하여 인간 사회에 하나님 나라에 합당한 여건을 조성하기 위한 노력"이라는 점

---

27 C. I. McLaren, 같은 글, 109.

을 강조하였다.[28]

II. 사회복지사업에 대한 인식의 변화와 사회복지위원회 조직

1. 사회복지사업에 대한 인식의 변화

1920년대 중반 이후 사회복음에 대한 관심이 높아지면서, 국내의 분위기는 점차 사회복음에 입각한 민족운동 내지는 실력양성운동의 필연성을 강조하는 방향으로 흘러가고 있었다. 반면, 선교사들은 사상의 흐름에 아랑곳하지 않고 한국 사회가 요구하는 새로운 선교사업 내용에 대하여 구체적으로 논의하기 시작하였다.

한국 사람들은 1885년 이래 선교사들과 교회가 벌인 사업을 단순히 구원자 예수의 은혜로 천국에 갈 수 있다는 복음의 메시지만을 전한 것으로 단편적으로 평가하는 경향이 있었다. 이러한 경향에 대하여 1934년 『한국선교의 역사』(History of the Korea Mission)를 쓴 로데즈(Harry A. Rhodes)는 오히려 1920년대 이전에 각 선교부와 교회가 벌인 사회복지사업이 널리 알려지지 않아서 생긴 인식의 문제라고 생각했다. 그 예로 1895년 콜레라 전염병이 발생했을 때 의료선교사 에비슨(Dr. O. R. Avison)은 조선정부의 강력한 요청으로 전염병과 사투를 벌였고, 1894년에 감리교 선교사 로제타 셔우드 홀은 평양 맹아학교를 세웠고, 그 후 장로회 엘리스 피시(Alice Fish Moffett, M.D)도 맹아학교를 세웠으며, 1909년 말에는 농아학교사업을 추가하였고, 1904년부터 1916년까지 나병환자사업위원회를 만들어 여러 선교사가 여기에 헌신한 일을

---

28 J. Earnest Fisher, "Mission and the Economic Development of Korea," *KMF* (1928), 200.

거론하였다. 그러면서도 "인간적인 삶을 개선하기 위한 행위가 그들이 원하는 복음인 것이다. 행위 없는 믿음만으로는 만족할 수 없다"며 한국 민중을 위한 사회복지사업이 충분하지 않았다고 평가하였다.[29] 스톡스(Charles D. Stokes) 역시 1920년 이전에 선교사들이 사회사업에 관심을 보이지 않았다고 하는 주장이 사실이 아니며 적절한 평가가 아니라고 보았다. 이후 시기에는 선교사들 간에 사회복지사업에 대하여 소홀했다는 자성이 일어나기 시작하여 관심이 증대되었다는 것이다. 그러나 사업에 장애물은 여전히 존재했는데, 스톡스는 기금 부족과 선교사들의 지식 부족 두 가지의 장애를 지적하였다.[30] 그럼에도 불구하고 선교사들은 "인간 삶을 개선하기 위한 행동"으로 선교회와 교회사업을 확장해야 한다는 공통인식을 갖게 되었다. 스톡스의 말대로 당시 선교 상황이 자금과 관련 지식이 충분하거나, 사회사업 전문 요원이 파송된 것도 아니었다. 그렇기에 선교 초기부터 사업을 진행해왔던 남북감리교 해외여성선교회 선교사들이 나설 수밖에 없는 실정이었다. 더욱이 의료사업이 선교사업으로서의 의미를 상실해가고 있는 마당에, 이러한 문제를 극복하기 위해서라도 새로운 사업을 모색해야 했다. 이에 따라 1920년대 여선교사들이 펼친 유아복지사업과 공중위생보건사업은 한국인들이 처한 위생 상태와 높은 유아사망률을 목격한 선교사들의 "인간 삶을 개선하기 위한 실천적 행동"이었다.

---

29 Harry A. Rhodes, ed. *History of the Korea Mission: Presbyterian church U. S. A: 1884~1934* (Seoul, Chosen: Publshed by the Chosen Mission Presbyterian Church, U.S.A, 1934), 513.

30 스톡스, 앞의 책, 308.

2. 사회복지위원회 조직

1) 연합선교회의 사회복지위원회(Social Service Committee)

"인간 삶을 개선하기 위한 행동"을 위해서 1924년 연합선교회의 사회복지위원회(Social Service Committee, 이하 사회복지위원회)가 발족되었다.[31] 맥라렌의 주장대로 연합선교회 사회복지위원회(Social Service Committee)는 사회가 어떠한 사상으로 흐르건 간에 "기독교인과 기독교 사회가 하나님 뜻에 순종하면 평화가 올 것이라는 확신"을 가지고 세상을 향하여 나아가야 한다는 조직체의 개념을 가지고 출범하였다. 사실상 이러한 개념은 선교 초기부터 선교사들 개개인이 가지고 있었던 기독교 덕목이었다. 하나님 뜻에 대한 믿음과 순종이 없었다면 선교사로서의 의미가 없을 것이다. 따라서 그들이 벌인 사업은 그 뜻에 순종하여 세상을 향하여 나아가는 모습이었다. 무엇보다 사회복지위원회가 출범하게 된 직접적인 이유는, 그동안 한국에서의 복음사역은 어느 정도 결실을 거두었으나 한국인들의 실질적인 삶은 별로 변화되지 않았다는 자숙에서 비롯되었다. 이에 사회복지 위원회는 지나온 선교사업을 점검하고 앞으로 어떤 사업을 할 것인지 여러 차례 논의했다.[32] 1925년에는 "사회적 양심 그리고 크리스천의 양심에 따라, 교육을 통한 확실한 계몽이 요구되며, 적극적인 연설과 신문 및 전단지사업을 통해 계몽이 이루어져야 할 것"을 결의하며 다음과 같이 실질적인 사업의 결속과 구체적인 실천을 다짐하였다.

· 서울 밖의 보건사업에 관심이 많은 간호원을 대상으로 단기과정 강좌와

---

31 "Report of social service committee," *ARKWC* (1924), 82.
32 같은 글.

방문교육을 제공하자.

· 그동안의 보건사업이 환영받았고 한국의 보건교육에 대한 필요를 충족해온 바, 관련 사업을 우리의 학교에서도 시행하자.

· 한국 학생들의 열악한 환경을 감안하여, 일본에서 자리 잡은 것과 같이 좋은 에티켓 관련 인쇄물을 제공하자.

· WCTU(Woman's Christian Temperance Union, 여성기독교절제연합)와 동행하던 회사를 최대한 지속하자.

· 상하층을 막론한 부인들의 교육에 대한 열망과 요리, 바느질 등의 살림 강좌에 대한 요청에 따라, 강의와 모임을 확대하고 최대한 많은 여성들을 가능할 때마다 교육하자.[33]

사회복지위원회는 우선 사업 자금을 융통하기 위해 총력을 기울이기로 하였다. 구세군에서는 구급진료소를 담당할 유능한 일꾼과 건물 세울 땅을 내어놓았고, 이에 따른 비용도 책정하여 본부에 건설비용 2000엔과 당장 필요한 500엔을 요청했다.[34]

연합선교회 사회복지위원회에서 주관하는 사업은 크게 일곱 가지였다. 첫째, '사회악에 대한 올바른 공론을 확립'하고자 하는 교육캠페인이었다. 그 내용은 성(性)과 기독교양심 교육이었다. 둘째는 정확한 위생교육이었다. 위생교육은 두 가지의 팸플릿을 적극 활용했는데, 닥터 게일이 번역한 팸플릿 "소녀에서 여인까지"(From Girlhood to Womanhood)와 "너와 나"(Just You and I) 그리고 "소녀들을 위한 충고"(Advice to Girls)였다. 세 번째는 건강 관리였다. 한국에서 건강지식이 가장 필요한 곳마다 학교에 개인 건강기록부를 사용할 것을 장려하여 위원회의 영향력하에 둘 것을 권했다. 넷째, 절제교육이었다. 한국의

---

33 "Report of Social Service Committee," *ARKWC* (1925), 97-99.
34 "Social service committee resolutions," *ARKWC* (1924), 80.

절제교육은 이미 절제회(WCTU)가 조직되면서 어느 정도 성과를 이루고 있었는데, 위원회와 연계하여 가능한 한 모든 방법을 동원하여 절제교육사업을 하기로 하였다. 다섯 번째 사업은, YWCA가 조직된 곳마다 세계협회(The World Association)와 세계기독학생총연맹(The World's Christian Student Federation)과 연합하여 그 단체들의 목표 안에서 한국 여성들을 위한 연합선교부 사회복지위원회의 공감을 달성하고자 하는 것이었다. 여섯 번째 사업은, 서울 등 대도시에서 기독교에 접하기 어려운 학생들을 위해 주일학교 특별반을 조직하여 한국인 혹은 외국인 교사를 통해 그들을 교육하고자 하는 것이었다. 일곱 번째 사업으로 전개한 것은, 가정주부들을 위한 교육이었다. 이들은 집안에만 지내는 경우가 많기에 교육을 받을 기회가 없었다. 그래서 밀람(Milam) 선교사가 제안한 바 있는, 중국 연경의 "공동발전 클럽"(Mutual Improvement Clubs)을 본 딴 조직을 만들 것을 고려하였다.[35]

2) 조선부인선교부의 사회복지위원회와 진료소 관리위원회 조직

연합선교회 사회복지위원회가 조직되자, 조선부인선교부에서도 1926년 사회복지위원회를 구성하였다. 미감리회 조선부인선교부는 1917년 이후부터 그 산하에 전도위원회(Evangelical Committee), 교육위원회(Educational Committee) 그리고 의료위원회(Medical Committee)를 두고 위원회별로 활동하였다. 여기에 더하여 1926년 사회복지위원회를 설치하였다. 위원은 베어(Blanche R. Bair, 배의례), 월터(A. J. Walter, 우백태), 보딩(Maren P. Bording, 보아진), 로버츠(ElizaBeth S. Roberts), 현덕신, 서은숙, 최헬렌, 파운드(Norman M. Found, 방은두), 게이로드(Edith F. Gaylord, 게

---

35 같은 글, 80-81.

일로) 등으로 선교사와 한국인을 적절하게 배치했다.[36]

또 의료위원회에서는 진료소, 복지센터 그리고 모든 공공사업에 대한 관심 증대와 연계성을 꾀하고 사업의 발전계획을 세우기 위해 공중보건사업을 하는 '진료소 관리위원회'(The Board of Managers of Dispensary)를 조직하고 조례를 마련하였다. 위원회는 6~8명의 위원으로 구성하였는데, 외국인과 한국인의 비율이 같도록 하였으며, 연합사업에서는 각 조직별로 같은 수의 대표자를 선정하도록 하였다. 선출된 위원의 임기는 2년이었다. 위원회를 조직할 때에, 감독과 자문위원회의 승인을 받아 반은 1년만, 나머지는 2년을 봉사하도록 하였다(연합사업의 경우, 이 법칙은 여성 외국 선교사 협회의 비율에만 적용되었다). 공석이 발생할 경우에는 그와 관련된 위원회 내에서 공석을 채우도록 하였고 위원들 가운데 3명 정도를 간부로 선발하여 회의 사이에 발생하는 만약의 사태를 대비하도록 하였다. 공중보건 진료소 관리위원회의 조례를 개정할 때는 2/3의 투표에 의해 개정될 수 있었다. 진료소 관리위원회의 직원은 회장과 부회장 그리고 비서로 한국인과 외국인 각 한명씩 두었다. 위원회의 정기적인 회의는 6개월에 한 번씩이며 위원의 과반수가 참석해야 회의가 진행될 수 있도록 하였다. 위원이 회의에 참석하지 못할 경우에는 대리인을 세울 수 있었다. 정기적인 회의 말고도 특별회의가 있었는데, 직무상의 구성원이나 세 명 이상의 구성원이 참석하면 회의가 가능했다. 진료소 관리위원회의 권리와 의무는 다음과 같다.

① 담당의사, 담당간호원, 회계담당자(진료소, 건강센터의), 일년 임기에 임명된 직위, 혹은 그에 준하는 직위 임명권이 있다.
② 부인 선교부의 규칙에 따르는 모든 자금을 감독한다. 실제 영수증과 지출

---

36 "Report of the Medical committee," *ARKWC* (1926), 5.

은 회계담당자에 의해 이루어져야 한다. 회계담당자는 매 회의마다 재정 성명을 제시해야 한다.

③ 봉급의 조정과 전 직원의 감독권

④ 매년 예산에 따른 해당 선교사 혹은 회계담당자의 재정 보고를 감사

⑤ 여성 선교컨퍼런스 자문위원회에 진료소와 그 밖의 요구사항 첨부하기

⑥ 기관사업에 영향을 주는 각종 문제에 대한 최종결정의 권한(해외 여성선 교회의 규칙에 준한)이 있다.[37]

이 진료소 위원회는 의료사업과 복지사업이 겹치는 부분이 많았기 때문에 사회복지위원회의 위원들이 곧 의료위원회의 위원이 되었다.[38]

연합선교부와 조선감리회부인선교부에 사회복지위원회가 조직됨에 따라, 각종 기독교 사회복지사업을 보다 효율적으로 전개될 수 있게 되었다.

---

37 같은 글, 12.

38 같은 글, *ARKWC* (1926), 11.

4장
공중보건위생사업과 유아복지사업

　3장에서는 1920년대 새로운 선교사업이 모색되는 배경과 구체적으로 사업을 진행하기 위한 연합선교부 사회복지위원회 조직과 사업 내용, 그에 따른 조선부인선교부의 사회복지위원회 및 진료소관리위원회 조직과 구성을 살펴보았다. 이 장에서는 조선감리회부인선교부의 사회복지위원회와 진료소 관리위원회를 중심으로 펼쳐진 유아복지사업과 공중보건위생사업에 대하여 살펴보고자 한다. 사실, 이 사업은 선교 초기부터 시작된 것이나 다름없다. 선교 초기부터 진행된 정동 보구여관, 동대문부인병원, 평양 광혜여원(후에 평양연합기독병원)의 진료 활동은 여성과 어린이를 위한 것이었고, 그것이 1920년대 중반에 이르러 공중보건위생사업과 유아복지사업으로 확장된 것이다. 반버스커크는 1912년 『영아양육론』(*The Care of Infants*)를 출간하여 건강한 영아 양육을 권장했다. 당시 영유아들은 영양결핍과 불결한 환경에 노출되기 쉬웠기 때문에 가정에서 필수적으로 지켜야 할 일들과 아이가 병들었을 때 간단히 처치할 수 있는 일들을 적어 놓았다.[1] 건강한 영유아

---

1 반복긔(James D. Van Buskirk), 『영아양육론』 (경성: 야소교서회, 1912). 이 책은 13쪽

양육에 있어서 유아복지사업과 공중보건위생사업은 밀접하게 연관된 사업이었다.

공중위생보건과 유아복지사업은 의사나 간호원 자격을 가진 여선교사들이 한국인의 위생 상태와 유아사망률의 심각성을 인식한 데서 비롯되었다. 1920년대부터 이 사업을 감당할 감리교 여성 선교사들이 내한하였다. 당시 공중위생학이 발달된 나라는 미국과 독일[2]이었는데, 내한 선교사들은 주로 미국 출신이었다. 해당 사업에 대해 스톡스는 "이 무렵까지도 구체적인 사회사업 프로그램이 없었다. 물론 이 분야에 대한 관심은 커지고 있었다. 선교사들은 가난한 사람들의 필요를 알고 있었다. 기부금이 남용되지 않도록 가난한 사람들에게 주는 일을 확대하였다"라고 적었다.[3] 같은 시기, 복음주의선교연합공의회(Federal Council of Protestant Evangelical Missions)에서도 고아원, 갱생의 집, 소년원, 정신병원, 나환자촌, 맹아와 농아 시설 등 사회사업을 서로 협력하자고 제안하였다.[4]

1920년대 서울에 연합사업으로 태화사회복지관이 개관되었고 북감리교회는 제물포, 평양, 공주, 해주, 원주 등 선교스테이션이 설치된 곳에 공중위생과 유아복지를 위한 복지관을 개설해 나갔다. 유아복지

의 얇은 소책자인데, 총 4장으로 구성되어 있으며 내용은 다음과 같다.

1장은 아기가 태어 날 때 할 일을 숨 쉬게 하는 것, 탯줄 동이는 법, 눈을 씻기는 법, 아기를 목욕시키는 법, 탯줄을 싸매는 법, 옷 입히는 법, 재우는 법 등을, 2장은 어린이 위생에 관한 것으로 날마다 목욕시킬 것, 아기를 편안하게 할 것, 맑은 공기를 유지할 것 등을, 3장은 아기 먹이는 법을, 어머니 젖을 조심해서 먹일 것, 어머니 젖을 먹지 않을 때 할 일, 음식을 먹이는 법, 유모의 젖을 먹이는 것, 소의 젖을 먹이는 법 등을 써놓았다. 4장은 집에서 병 고치는 법을, 눈병, 배 아프고 설사할 때, 아이 헛배, 태독과 태열, 귓병 등을 고치는 법을 써 놓았다.

2 「개벽」 신간 제2호 (1934년 12월 1일).

3 스톡스, 앞의 책, 253.

4 같은 책, 254.

사업과 공중보건위생사업 종류는 ① 건강아기 진료소, ② 산전사역, ③ 가정 방문, ④ 학교건강검진, ⑤ 위생 강연, ⑥ 자모회, ⑦ 무료 목욕소, ⑧ 우유급식사업, ⑨ 1년에 한 번 간호원들을 위한 건강 학원, ⑩ 예방 접종, ⑪ 가정 분만, ⑫ 육아법에 관한 간호와 교육, ⑬ 1년에 한 번 베이비 주일 등이 있었다5.

I. 한국인의 위생 상태와 공중보건위생사업

1. 한국인의 질병 대처 방법과 위생계몽 운동

1) 한국인의 위생 상태와 질병 대처 방법

1920년대 선교사들의 공중보건위생사업에 관해 더 알아보기 전에, 당시 한국의 위생 상태와 질병 상황에 대하여 살펴볼 필요가 있다. 박제가의 『북학의』 '분오칙'(糞五則)에 수레의 효용성을 주장하는 글에서 살펴볼 수 있다. 도시 안의 집이 더럽고 지저분한 것은 수레가 없어 쓰레기를 성 밖으로 버리지 못하기 때문이라는 것이다. 오줌을 날마다 뜰이나 거리에 버려 우물물은 모두 짜고, 개울에 있는 교량이나 석축에는 인분이 말라붙어서 큰 장마나 와야 씻기고 육축의 분뇨(糞尿)는 늘 버선을 더럽히고, 내버려 둔 거름과 재가 바람에 날려 눈을 뜰 수 없을 정도

---

5 이만열은 『한국기독교의료사』에서 1920년대 진행된 공중보건위생사업과 유아복지사업을 제 5기 토착화 모색기로 구분하고 있다. 그는 공중보건위생사업과 유아복지사업을 '특수의료사업의 확장'이라는 제목으로 으로 설명하고 있다. 그가 말하는 특수의료사업은 공중위생보건계몽운동과 유아건강사업, 나환자사업, 결핵퇴치사업, 농맹아사업이다. 그는 이 시기에 이르러 일반의료사업은 정체하거나 쇠퇴하는 반면, 특수의료사업은 더욱 확장되었다고 설명하고 있다. 이만열, 앞의 책, 733.

이며 집안의 음식물은 불결하다는 것이다.6 김옥균도 이런 위생 상태를 염려하였다.7 불결한 위생 때문에 해마다 여름이면 전염병이 찾아오고 당연히 유아사망률이 높을 수밖에 없었다. 1932년 6월 1일자 「기독신보」 '에비슨 박사 소전'에도 당시 한양 거리의 위생 상태가 적혀 있다.

> 길 좌우편 집에서는 소변을 창문으로 버려서 그 소변 버린 흔적이 길에서 다보이게 되었으며 또 이 밖에 모든 오예물(汚穢物)을 창문을 통하여 개천에 내다 버려 개천이 메이게 된 것이었다. 길가에 대변을 가득히 모아 놓아서 더운 날이면 그 썩는 냄새가 코를 찌르고 파리가 왕왕 들끓었다.8

에비슨은 옷을 잘 갈아입지 않고 물바가지를 방치해 놓고 있는 불결함을 지적하면서도 숭늉을 끓여 먹는 습관은 그나마 다행스럽다고 하였다.9 위생 상태가 좋지 않으니 한국인들이 말하는 '폐병', '속병'에 걸린 사람들이 흔하였는데 잘못된 의학지식으로 치료하다보니 더 악화되곤 하였다. 전근대 사회에서는 전염병이 발생하면 일단 전파차단하거나 무속적 대응으로 여제(厲祭)를 지내고 위정자를 견책하거나 토사광란 치료 같은 한방의학적 방법으로 대응했다.10 서구식 콜레라 관리방법이 도입된 것은 1879년 일본에서 창궐한 콜레라가 부산으로 옮겨왔

---

6 손정목, 『조선시대 도시사회사연구』 (서울: 일지사, 1977), 381. 재인용.

7 "수십년 이래로 괴질과 염병이 가을과 여름 사이에 성행해서 한사람이 병에 걸리면 그 병이 전염되어 백 명, 천명에 이르고 죽은 자가 계속 생기고, 죽는 사람은 대부분 장정들이다. 이것은 비단 거처가 깨끗지 못하고 음식물에 절제가 없는 것 뿐 아니라 쓰레기가 거리에 쌓여 독한 기운이 사람의 몸에 침입하는 까닭일 것이다." 김옥균, "치도약론", 『한국의 근대사상』, 이민수 외 21인 역 (서울: 삼성출판사, 1984), 88.

8 "40년 전 조선의 위생상태," 「기독신보」 (1932년 6월 1일).

9 Oliver, R. Avison, 『舊韓末秘錄(상)』 (대구대학교출판부, 1984), 116-117.

10 신동원, "조선말의 콜레라 유행, 1821~1910," 「한국과학사학회지」 제11권 (1989), 66-73.

을 때, 일본 관리가 부산에 살던 2,000여 명의 일본인을 보호하기 위해 소독소와 피병원 설립 허가를 조선 정부에 건의하면서부터였다. 그 후 1888년 개화파 박영효가 조선인을 위한 서구식 전염병관리대책 수용을 처음 주장했다. 유길준도 『서유견문』에서 전염병이 유행하면 소독약을 살포하고 병자가 피접(避接)할 때 정부가 환자 수송용 차로 호송할 것을 주장하였다. 조선 정부가 행정체계에 편입하여 피병원을 설립한 것은 갑오(1894)개혁과 을미개혁(1895)이 지난 후였다.[11]

1877년에 제정된 일본의 법령을 모방하여 일반인에게는 '호열자 소독규칙', 집행자에게는 '호열자예방과 청소집행규칙'을 내용으로 하는 '검역규칙'(檢疫規則)을 1895년에 공포하였다[12]. 그러나 두 규칙은 제대로 시행되지 않았다. 사체를 매장하고 발병자를 성 밖에 격리시키는

---

11 "활인서를 고쳐서 질려병원(疾癘病院)을 설립하고 그 규칙을 엄히 하여서 다른 사람에게 전염되지 않도록 하며 병자들을 삼가 조심히 치료토록 할 것" 박영효, "내정개혁에 관한 建白書": 신동원, "조선말의 콜레라 유행, 1821~1910," 「한국과학사학회지」 제11권 (1989), 74.

12 칙령(勅令) 제115호, 「검역 규칙(檢疫規則)과 칙령」 제116호, 관리와 기타 전염병 예방 사무에 종사하다가 그 병에 감염되었거나 혹은 그것 때문에 사망한 사람에게 지급하는 구제금에 관한 안건을 모두 재가(裁可)하여 반포(頒布)하였다. 『고종실록』 33권, 32년(1895) 을미.

檢疫規則 第一條 虎列剌病及其他傳染病의 蔓延을 防ᄒ기 爲ᄒ야 海陸必要의 地港에서 本規則에 揭ᄒᄂ 規程에 從ᄒ야 檢疫又停船을 施行ᄒ미 可홈.

第二條 檢疫停船을 施行ᄒᄂ 地港은 其必要에 依ᄒ야 內部大臣이 部令으로뼈 隨時指定ᄒ미 可홈.

第三條 流行地ᄂ 病勢의 實況에 依ᄒ야 內部大臣이 認定ᄒ야 告示ᄒ미 可홈.

第四條 本規則施行에 必要한 諸規程은 內部大臣이 部令으로뼈 定ᄒ미 可홈.

第五條 本規則幷本規則施行에 關ᄒᄂ 諸規程에 違ᄒᄂ 者ᄂ 二百元以內의 罰金이나 或一百八十日以內의 監禁에 處ᄒ며 又或罰金及監禁에 兼處ᄒ미 可홈.

第六條 本令은 頒布의 日로붓터 施行홈.

內部大臣錦陵尉 朴泳孝

法部大臣 徐光範 內閣總理大臣 朴定陽 閣下 開國五百四年閏五月十二日 五十七號 (「각사등록」, 근대편, 1895년 5월 12일.)

방법은 있었으나 전염병 발생 보고체계의 확립, 병자의 격리, 간병, 병가에 대한 소독, 우물과 오예물에 대한 소독, 피병원의 이송 처리 등은 하지 못했다.[13] 검역규칙이 마련된 1895년부터 대도시 또는 교통요충지에 검역소가 설치되었다. 검역소는 1895년 인천, 평양, 선혜청, 남대문 등에, 1902년 평양에, 1907년 경시청 안에 설치되었지만 관리들의 부정부패와 백성들의 무지로 인해 제대로 가동되지 못했다. 1899년 '병원세칙'에 따라 피병원도 1895년 6월 22일 모화관에, 1907년 9월 29일 장의문 밖에 세워졌고 심지어 감옥에도 설치되었지만 시설이 제대로 갖춰지지 않았고 운영도 부실했다.[14]

일제는 강력한 공권력과 혁신적인 신기술을 이용하여 콜레라를 관리하였다. 19세기 서구에서 확립된 환경위생사업과 검역사업은 '미생물병인설'에 근거한 것인데 전염원을 강력하게 차단하고 매개물인 오예물(汚穢物)을 쓸어내어 하천이나 우물물을 깨끗이 유지하는 방법이었다. 또 강력한 경찰력을 이용하여 병자를 찾아 차단하고 격리시키는 식으로 콜레라를 통제하였다. 기술적으로는 우물, 변소, 집수레 등을 화학약품으로 소독하고 규칙위반자에게는 벌금이나 체벌을 부과하였다.[15] 이런 노력에도 위생 상태는 나아지지 않았다. 전염병 사망자가 발생하면 일제의 공중위생관리자들이 사전협조나 양해 없이 들이닥쳐 환자들의 이불이나 기구들을 불태웠다. 이런 상황에서 경찰들이 무조건 환자를 화장하거나 아연으로 밀봉했기 때문에 정서적으로 받아들이기 어려운 환자의 가족들은 환자가 죽었다는 사실조차 숨기려 했다.[16] 총독부는 1920년 9월 각도의 도지사들에게 위생 상태의 개선을 지시

---

13 신동원, 앞의 글, 75.

14 신동원, 같은 글, 76-78.

15 신동원, 같은 글, 82-84.

16 플로렌스 J. 머레이, 김동열 역, 『내가 사랑한 조선』, (서울: 두란노, 2009), 83.

하여 위생기관의 개선, 의료기관의 확장, 공의(公醫)의 증원, 각도에 위생기술원 설치, 각 개항지에는 해항검역관 증치, 본부 위생과의 사무 확충 등을 강력하게 명령한 바 있다.[17] 이처럼 일제가 전염병관리와 환경위생사업을 강력히 시행한 것은 자국민 건강 보호와 제국주의를 유지하려는 것일 뿐 아니라 근대과학의 이름으로 탄압을 정당화하기 위한 것이었다.[18]

2) 한국인 의사 류홍종의 위생계몽 운동

1900년대 초부터 위생 상태의 심각성에 대해 「서북학회월보」, 「대한자강회월보」, 「기호흥학회월보」, 「태극학보」, 「대한흥학보」, 「대동학회월보」등 잡지에서도 관심 있게 다루었다.

한국인 의사 류홍종(劉洪鍾)[19]은 1920년 「개벽」 제1호에 "위생안으로 본 2대 해독"[20]을 게재하는 등 신문, 잡지를 통해 한국인의 위생개선을 위한 계몽활동을 폈다. 그는 1920년 9월 「개벽」 4호에서는 논설 "민세학상(民勢學上)으로 보는 조선민족"[21]이라는 글을 기고했다. 이 글에서는 그는 "지구상의 민세학 상으로 볼 때, 조선민족은 인구가 줄어들고 있는데, 그 원인이 위생 상태가 불결하여 사망률이 높기 때문"이라고 주장했다. 그는 인구증감 원인을 국민의 위생 사상과 시설에 있다고

---

17 「조선총독부관보」(1920년 9월 8일).

18 신동원, 앞의 글, 85.

19 서울의학전문학교 졸업, 일본경도제국대학의과선과 졸업, 일본동경조도전대학정치경제과 졸업, 서울자제원 원장, 공제병원 개업, 보성전문학교 교의(출전: 민국인사, 97).

20 류홍종, "衛生眼으로 본 二大害毒," 「개벽」 제1호 (1920년 6월 25일). 이 글에서 그는 위생 안으로 본 조선인의 해독 중 전염병보다 더 큰 것이 두 가지 있는데, 그것은 다름 아닌 酒色(주색)이라 하였다.

21 류홍종, "민세학상(民勢學上)으로 보는 조선민족," 「개벽」 제4호 (1920년 9월 25일).

하였다. "한 나라의 위생 상태, 사상, 행정시설, 통계는 그 국민의 강약 문야(强弱文野) 여하를 보는데 초점이 된다"라며 위생을 강조하였다. 그러면서 그는 1920년 한국의 위생 상태를 "암흑계를 벗어나지 못한 상태이며, 위생 상태를 보면 不言이라도 可知니, 實行은 思想에서 나오니, 思想이 零이면 그 實行도 零 이하를 免치 못할 것이다"라고 진단 하였다. 이렇듯 위생 사상과 상태가 "零"인 상황에서 사망률은 높을 수 밖에 없으며 당시 생사통계조차 신뢰할 수 없다고 하였다. 류홍종은 위 생개선 대책을 제안하면서 그 일에 대한 지식을 쌓아 속히 실행해야 한 다고 주장했다. 그는 "행정기관 중 위생행정을 보면, 그 정치의 선정악 정(善政惡政)이 어떠한지를 알 수가 있으니, 조선에도 가급적 완전한 위생행정을 베풀기를 바라는 바나 상론(詳論)치 아니하노라"라고 하면 서 위생행정뿐 아니라 의료기관으로 한방의(漢方醫)에 대한 정책과 피 병원(避病院) 설치를 강조하였다.[22]

심호섭(沈浩燮)과 곽응설(郭應卨) 역시 류홍종과 함께 1920년대 위 생계몽운동을 이끌었다. 1921년 7월 중앙기독교청년회주최 대강연회 에서 전염병관념(심호섭), 전염병예방에 취하여(류홍종), 피병설의 가 치(곽응설)등 위생강연을 하였으며,[23] 1921년 8월에는 동아일보 주최 로 '독도(뚝섬) 위생강연(纛島衛生講演)'을 진행했고[24], 1922년 1월 의 우구락부 기념강연회에서는 '민족과 위생'(류홍종), '건강과 질병'(심호 섭) 등 위생강연회를 통해 위생계몽운동을 벌였다.[25] 이후 류홍종은 공 제원 원장을 지내면서 해마다 신문, 잡지에 위생보건계몽 글을 올렸 다.[26] 1927년 7월에는 "임우기(霖雨期)와 위생 습기에 제일 주의하라,

---

22 같은 글, 66.
23 「동아일보」 (1921년 7월 2일).
24 「동아일보」 (1921년 8월 28일).
25 「동아일보」 (1922년 1월 25일).

비온 뒤에는 습기 많아 위장병에 걸리기가 쉽다"[27]는 제목으로, 1928
년 9월에는 "조선에 특수한 소아병간기의 원인, 예방과 치료법"[28]을 기
소하였다. 이러한 계몽노력에도 불구하고 당시 공중보건위생사업을 집
행할 여력에는 미치지 못하였다. 가장 큰 이유는 재정이 부족했기 때문
이다.

2. 내한 여선교사들의 공중보건위생사업[29]

1) 조선부인선교부 선교사들의 활동과 사회복지관 설립

미감리회 조선부인선교부 선교사들은 미감리교회 선교사들과 해외
여성선교회 선교사들이 초기에 설립한 서울, 인천, 해주, 평양, 영변,
공주 등 지역의 선교스테이션을 중심으로사업을 벌였다. 1912년 조선
부인선교부 선교사들의 활동 상황은 다음 표와 같다.[30]

---

26 「동아일보」 (1920년 7월 8일, 1921년 4월 15일. 1921년 7월 21일).

27 「동아일보」 (1925년 7월 12일).

28 「동아일보」 (1928년 9월 23일).

29 선교보고서에 "public health"라고 쓰여 있지만 '공중보건위생'이라 번역하여 쓰기
   로 한다. 왜냐하면 보건(保健)의 우리말 뜻은 '건강을 지키고 유지하는 일'이며, 위생
   (衛生)은 '건강에 유익하도록 조건을 갖추거나 대책을 세우는 것'이다. 보건과 위생
   둘 다 영어로 'hygiene'라 해석되기도 한다. 내한 여선교사들이 벌인 "public health"
   사업에는 두 가지의 뜻, 즉 건강을 지키고 유지하기 위하여 조건을 갖추거나 대책을
   세우는 일 모두를 뜻하므로 '공중보건위생'이라는 표현이 더 적절할 것이다. 계몽운
   동을 설명할 때는 '보건계몽운동'이라는 표현보다는 '위생계몽운동'이라는 표현이
   더 적절할 것이다.

30 "Appointment of the Woman's Foreign Missionary Society Workers," *ARKWC*
   (1912), 69-71. 그리고 안식년으로 현장에 없던 선교사들은 에스티(Ethel M. Estey),
   프라이(Lulu E. Frey), 알버트슨(Millie M. Albertson), 스네블리(Gertrud E. Snavely),
   홀맨(Sarah B. Hallman) 등이었다.

<표 3> 1912년 주한 미국감리교회 부인회 선교사들의 활동 상황

지역	구분	담당 선교사
서울	이화학당 당장 및 정동교회 전도사업 이화학당 교사 및 동대문교회 전도사업 이화학당 교사 및 상동교회 전도사업 이화학당 음악교사 릴리안 해리스기념병원과 볼드윈진료소 정동진료소 간호원양성학교 이화학당 초등학교 및 여자성경학원	마커(Jessie B. Marker) 해닝(Huldah A. Haening) 월터(Jeannette Walter) 하몬(Grace Hamon) 스튜어트(Mary S. Stewart, MD) 힐맨(Amanda F. Hillman, MD) 앤더슨(Naomi Anderson) 터틀(Ora M. Tuttle)
제물포	초등학교 및 전도사업 부평과 섬마을 초등학교 및 전도사업	힐맨(Mary R. Hillman) 밀러(Lula A. Miller) 샤프(Hanna Scharpff)
해주	초등학교와 구역 전도사업	베일러(Mary Beiler)
평양	평양 초등학교와 전도사업 연합학교 및 지역 전도사업 광혜여원과 맹인학교 광혜여원 담당 의사	로빈스(Henrietta P. Robbins) 헤인스(E. I. Haynes) 베네딕트(R. E. Benedict) 로제타 홀(Rosetta S. Hall, MD) 커틀러(Mary M. Cutler, MD)
영변	전도사업 초등학교	샤퍼(Olga P. Shaffer) 딜링햄(Grace L. Dillingham)
공주	초등학교와 전도사업	샤프(Alice H. Sharp)

남감리교회도 서울, 개성, 원산, 춘천 등지에 스테이션을 설립하여 선교 활동을 전개하였다. 개성에서는 이미 1897년 11월 콜리어(C. T. Collyer) 부인이 들어가 학교를 설립하려 했으나 건강 때문에 철수하였고, 1899년 11월에 캐롤(A. Carroll), 1900년 1월에 힌즈(F. Hinds)가 부임하여 본격적인 여성선교 활동을 하였다. 이들은 배화여학교처럼 기숙학교 형태로 개성에 여학교를 열었는데 1909년 '호수돈'(Holston)으로 명명하였다. 호수돈과 더불어 1904년 4월 크램(W. G. Cram) 부인은 불우한 처지의 기혼 여성들을 대상으로 '미리흠여학교'를 열었다. 원산에서는 1901년 여성개척선교사 캐롤과 노울즈(M. H. Knowles)가 부임하여 1903년 학생 10명의 기숙학교 형태로 '루씨여학교'를 열었다. 춘

천에서 남감리회 선교사업은 1904년에 시작되었는데, 여성사업은 1908년 무스(J. R. Moose) 부인이 남편과 함께 춘천에 정착하면서 시작되었다.[31]

사회복지사업을 벌이기 위한 사회복지관 설립은 1920년부터 시작되었다. 가장 먼저 설립된 곳은 1921년 4월 4일 월요일에 개관한 서울의 태화복지관이었다. 태화복지관은 남감리회 '선교백년기념사업회'가 전개한 모금운동으로 마련된 '선교백년기금'을 기초로 설립되었다.[32] 1906년 선교사 마이어스(Mary D. Myers)가 1915년 4월 뉴욕 선교본부에 사회복지관 설립을 요청하였고 1920년 봄 월터 램버드(Walter Lambuth) 감독이 내한하여 조사한 후 공사에 착수했다. 램버드 감독과 마이어 선교사는 서울 중앙과 변두리를 놓고 사회복지관 위치를 물색하던 중 서울 한복판을 태화복지관 자리로 정하여 1920년 9월 20일 매매계약을 체결하였는데 그 대지와 건물(순화궁)의 소유자는 이완용이었다.[33]

이곳에서 1919년에 북감리회와 남감리회 두 여성선교부가 사업을 시작하였는데, 첫 번째 관장은 마이어스였다. 태화복지관 설립은 순화궁궐이라는 역사적 위치로 관심을 받기 시작했지만 실질적인 사업에

---

31 이덕주, 『태화기독교사회복지관의 역사』 (서울: 태화기독교사회복지관, 1993), 40-42.

32 이덕주, 같은 책, 106.

33 태화기독교사회관, 『태화기독교사회관 50년사』 (서울: 태화기독교사회관, 1971), 4. 태화복지관은 종로구 인사동 194번지에 위치한 '순화궁' 자리였다. 선교사들 보고서에는 이곳을 'Seoul Social Evangelistic Center'라고 썼다. 센터 정원 안에는 8각형의 중심석이 있었는데, 1395년 조선왕조가 개창되었을 때, 태조 이성계에 의해 놓인 비석으로 지리적으로 한양 성곽의 중심임을 표시하는 것이었다. 태화복지관의 복지사업은 그곳에 남아 있던 건물에서 시작되었다. 복지관 건물은 고종이 1890년대에 순화공주에게 주었던 것으로 '순화궁궐'이었다. 그래서 복지관 명칭을 'Tai Wha Qwan' (태화복지관)이라 지었다. 선교사들은 영어로 'The Garden of Heavenly Peace'(하늘평화의 정원)라고 해석하였다.

들어가면서 한국 사회는 적지 않은 관심과 반응도 드러냈다.[34] 1921년 2월 27일자「동아일보」는 "남감리교는 예수교전도와 여자교육 및 여성운동을 위하여 명월관 지점 태화복지관을 구입하여 태화여자관을 설치하다."[35]라고 보도하였고, 1921년 3월 25일 자에는 태화여자관의 설립 목적에 대한 관장 마이어즈의 인터뷰 내용을 보도하였는데, 마이어즈는 "어두운 조선 여자사회를 위하여 새로운 빛을 주고자 각종 사업을 계획 중"[36]이라고 답변했다. 그리고 종교부, 의약부, 영아부, 사회부, 교육부, 도서부, 아동부 등 7개 부서로 나뉘어 진행될 구체적인 사업 내용을 밝혔다.[37]

태화복지관사업의 목적은 마이어즈가 밝힌 "어두운 조선 여자사회를 위하여 새로운 빛을 주고자"하는 것과 더불어 1928년 최헬렌의 보고서에 잘 나타나 있다. 태화복지관(Social Evangelistic Center)사업의 근본적 목적은 학원을 통하여 가정을 접촉하고 기독교로 접근할 수 있는 통로를 열고자 하는 것이었다. 이러한 목적을 가지고 크게 교육, 사회복지, 공중 위생사업 그리고 복음전파 4개 분야의 사업을 펼쳤다.[38] 태화여자관이 설립된 지 1년 만에 여자성경학원, 재봉과, 야학, 여학교 등 4개 교육과정이 운영되었다. 마이어즈는 무엇보다도 중요한 사업은 '가정을 개조하기 위한 교육'이라고 강조하였다.[39] 태화복지관 설립 이후 내한 여선교사들은 각 지역 스테이션에 복지관을 설립하여 사회복지사업을 펼쳐나갔다. 남감리회 여성 선교사들은 남감리회 선교 지역

---

34 WFMS, "The Seoul social Evangelistic Center," *Fifty Years of Light* (1938), 28-30.

35 「동아일보」(1921년 2월 27일).

36 「동아일보」(1921년 3월 25일).

37 이덕주, 앞의 책, 131.

38 Helen Choi, "Report of Social Service Work at The Social Evangelistic Center," *ARKWC* (1928), 46.

39 「동아일보」(1921년 3월 25일).

에 복지관을 설치하여 복지관을 중심으로 여성과 어린이를 위한 사업을 전개하였다. 개성의 고려여자관은 태화복지관 3대 관장이었던 와그너(Ellasue Wagner)에 의해 1922년 설립되었다. '춘천여자관'은 태화복지관의 1대 관장 마이어즈가 1923년 9월 관장직을 에드워즈(L. Edwards)에게 물려주고 춘천으로 가서 1925년 10월 개관하였다. 원산의 보혜여자관은 1926년에 개관되었다.[40] 북감리교회 여성 선교사들은 지역에 설치된 스테이션에서 의료사업과 결합하는 형태로 공중위생사업과 유아복지사업을 벌였다.

2) 공중보건위생사업

의사 류홍종 등이 한국인의 위생 계몽에 애쓰는 동안, 여성 선교사들은 실질적이고 구체적으로 공중보건위생사업을 전개해 나갔다. 공중보건위생사업은 의료사업이 개인에서 대중차원으로, 치료에서 예방차원으로 전환되면서 확장된 사업이라 할 수 있다. 그 내용은 계몽사업, 아동진찰소, 학교건강검진과 건강강의, 간호원 세미나, 목욕실 운영 등이었다. 초기 의료선교 시기에는 스스로 병원을 찾는 환자가 많았고 그들 중에는 생존가망성이 적은 만성환자나 불치병 환자들이 대부분이었다.[41] 갈수록 병원을 찾는 환자들 대부분이 위생의식 결여로 생기는 질병인 경우가 많았다. 선교사 에스텝은 "위생학(hygiene), 공중위생(public health), 위생(sanitation)은 수십 년간 논의되어 왔으며 앞으로도

---

40 이덕주, 앞의 책, 143-152.

41 "The Korean work of the Woman's Foreign Missionary Society of the M. E. C.," 1897~1898, *Report Presented to the fourteenth Annual Meeting of the Korea Mission of the M. E. C, held at Seoul, August 25 to September 1* (1898), 29-34: 옥성득, 앞의 책, 2011, 251-255).

수십 년간 중요한 위치를 분명히 차지할 것"이라고 공중보건위생사업의 중요성에 대하여 주장한 바 있다.[42]

공중보건위생사업은 1924년 1월 25일 태화복지관의 로젠버거(Elma Rosenberger)와 한국인 간호원 한신광에 의해 시작되었다. 로젠버거는 1921년 내한하여 동대문부인병원에서 간호원으로 사역하다가 1924년 태화여자관으로 부임하여 공중보건위생사업과 유아복지사업을 시작하였다. 그는 동대문 부인병원에서 여성과 어린이들을 위한 의료사업에 종사하면서 무엇보다 중요한 것은 위생 개선임을 인식하게 되었고, 그 사업은 간호원들만으로도 가능한 사업이었다. 사업이 시작될 무렵, 한국에서는 'Public Health'라는 개념조차 없어 실제 사업을 실행하는 것은 쉬운 일이 아니었다. 우선 좁은 방에 있는 잡동사니를 치우고 모자복지 장비를 채우는 일부터 했다.[43] 추운 겨울 아침부터 집집마다 방문하였는데, 처음엔 아무도 그 뜻을 이해하지 못했다. 얼마 후 네 가정이 설득되었고 그 중 한 엄마가 아이를 진찰소로 데려고 나왔다. 이후 신문들이 이 사업을 보도하기 시작하여 특별히 광고하지 않아도 부르는 데가 너무 많아 다 응할 수가 없을 정도가 되었다.[44] 에드워즈 태화복지관 관장은 이들의 활동에 대하여 다음과 같이 보고하였다.

로젠버거 양이 공중보건사업이라는 훌륭한 일을 시작했습니다. 그는 한국인
보조간호원과 함께 매일 아침 태화복지관 주변에 있는 가정들을 방문해서 관

---

42 C. M. Esteb, "Need of Public Health Instruction in Mission Schools," *KMF* (1928), 109.

43 "Public Heath and Child Welfare Work In Seoul," *Fifty Years of Light* (1938), 31-33.

44 "the First Attempt," *Fifty Years of Light* (1938), 31. 「동아일보」는 태화복지관사업에 대하여 적극적인 보도를 하였는데, 보도 날짜는 다음과 같다. 1925년 4월 6일, 1925년 5월 29일, 1926년 12월 3일, 1927년 5월 20일, 1927년 7월 2일, 1929년 5월 23일, 1929년 10월 8일 자 등이다.

심과 충고를 요청하는 어떤 사람이든 도움을 주고 있습니다. 매일 오후 두 시
간씩 진찰소를 여는데, 찾아오는 부인과 아이들이 날이 갈수록 늘어나고 있
습니다. 정도가 심한 환자들은 선교회 병원으로 보냅니다. 동대문부인병원
의 홀박사(로제타 셔우드 홀)가 매일 오후 두 시간씩 와서 돕고 있습니다.[45]

공중보건위생사업에 있어서 구체적인 계몽사업은 특히 중요했다.
이미 1900년대 초부터 미션스쿨에서의 공중위생 수업 필요성이 제기
되었는가 하면, 각종 잡지를 통하여 홍보가 진행되어 왔던 터였다. 여
선교사들은 우선, 각종 강습회를 통하여 위생의 중요성을 강조하였다.
태화복지관에서는 1929년 가을부터 월요일과 목요일 오후 2시부터 5
시까지 하는 아동진찰 외에, 한 달에 한 번씩 세 군데에서 개최되는 자
모회에 의사를 초청하여 가정위생과 학교위생 사회위생에 관한 강좌를
열었다. 또 예비 엄마가 될 사람들에게 육아법을 가르치는 모임도 조직
하였다. 당시 동아일보는 태화복지관의 활동을 적극적으로 홍보하였
다. 기독교계 학교순방 위생강연과 학생 건강검진도 공중보건위생사업
에서 중요한 일이었다. 서울 시내 사립보통학교인 동대문, 광화문, 상
동, 동명, 아현 등 다섯 곳에 일주일에 한 시간씩 태화진찰소의 의사가
출장하여 괘도(掛圖)를 사용하면서 위생과 기타 관련 과목을 규칙적으
로 가르쳤다.[46] 로젠버거는 1924년 1년 동안 500명의 학생을 검진했
고 매월 평균 8회 정도 학교를 방문하여 위생강연을 했다.[47] 그 후 3년
여 동안 1만 명의 학생들에게 강연과 건강진단 등 위생사업을 실시하였

---

45 Edwards, *"Letter to Howell,"* (Feb. 9, 1924): 『태화기독교사회복지관의 역사』, 179에
   서 재인용.
46 "태화녀자관의 활약개시 아동진찰 강연회, 콩 젓의 배급 등," 「동아일보」(1929년 10
   월 8일).
47 E. Rosenberger, "Seoul Social Evangelistic Center," *ARKWC* (1925), 60.

다. 보건위생 홍보 포스터를 그릴 정도로 학생들의 마음속엔 보건위생 의식이 뿌리를 내리고 있었다.[48]

또 건강의 날을 지정하고 건강 캠페인을 벌였다. 선교사들은 1928년 상하이보건위원회의 도움으로 서울에서 건강캠페인을 열려고 하였으나 우량아대회 때문에 무산되었고 이후 정부에 요청하여 1929년 5월을 '건강의 날'로 지정하게 되었다. 로젠버거는 "우리는 왜 이런 예방법들이 일찍 발견되지 못 했는지 의문이다. 하지만 과학과 의학의 힘으로 이루어진 것들을 생각하면 경이로움에 고개를 숙이게 된다"라고 했다. 건강의 날에는 거리에 많은 전단이 뿌려졌고 교회에서는 남녀노소에게 취지를 설명하였는데 이날 있었던 건강행진은 특별한 행사가 되었다.[49] 공중보건위생사업을 진행하는데 캠페인이나 특별 강연만으로는 부족했다. 선교사들이 삶과 건강의 질을 높이기 위해 사업을 벌이는 것도 한계가 있었다. 모든 마을에 보건소를 설치할 수 있는 것도 아니고 전국적으로 위생교육을 실시할 수도 없었다. 이 사업이 보다 더 유용할 수 있도록 촉진시키는 데는 학교가 가장 적절했다. 에스텝(C. M. Esteb)은 아예 미션스쿨에 가정과 공동체 위생, 개인위생, 학교 위생, 산업계 위생, 하수 처분, 식수와 음식, 파리와 해충, 환기, 응급 처치에 관한 강의와 시연 과목을 설치해야 한다고 주장했다. 에스텝은 기름이 끓고 있는 냄비에 손을 넣어서 심한 화상을 입은 아이의 사례를 예로 들었다. 그 아이는 민간요법으로 물집이 생긴 손에 진흙을 발라 더 악화된 상태로 무료진료소로 왔다. 그런데 그 아이의 아버지는 미션스쿨 출신이었다. 그가 학교에서 응급처치와 위생을 배웠다면 아이의 손은 회복할 수 있었을 것이다. 그는 한국인의 피부 질환 사례 대부분은 위생교육 결여가 원인이므로 다른 과목과 함께 아이들의 마음속에 위생분야에 관한

---

48 E. Rosenberger, "Seoul Social Evangelistic Center," *ARKWC* (1928), 59.
49 E. Rosenberger, "Public Health and Baby Welfare Work," *ARKWC* (1929), 59.

지식을 심어주어야 한다고 주장했다. 그렇게 되면 학교의 졸업생들이 자신의 고향으로 돌아가서 그곳 사람들의 삶의 질을 높이는데 힘쓸 수 있을 것이며, 그렇게 되면 인본주의적인 면에서 도움이 될 뿐만 아니라 선교사업을 위한 새로운 채널을 열어줄 것이라고 확신했다.[50]

II. 유아복지사업

1. 한국 유아들의 실태

선교사들은 한국 선교 기간이 35년이나 지났는데도 매우 높은 유아 사망률에 관심을 갖고 대책을 모색하기 시작했다. 1920년대 중반 신문들은 이 문제의 심각성을 집중적으로 보도하였다. 「동아일보」 1926년 8월 24일 자에 보도된 1921년부터 1925년까지 서울의 5세 미만 사망률은 다음과 같다.[51]

아래 통계에서 조선인 유아 사망률은 49.6%, 일본인 유아사망률은 35.9%인데 사망 원인 중 소화기 병이 가장 많고 그다음은 호흡기병, 신경계병 순으로 나타났다.[52] 당시 소아(小兒)들

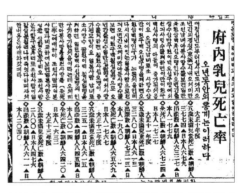

1920년대 서울의 유아사망률(「동아일보」 1926년 8월 24일자)

---

50 C. M. Esteb, "Need of Public Health Instruction in Mission Schools," *KMF* (1928), 109-110.

51 황미숙, "선교사 마렌 보딩의 공주·대전지역 유아복지와 우유급식소사업," 167.

의 병은 주로 영양 결핍 때문이었다. 1923년 선교사 맥래(F. J. L. Macrae) 는 *Korea Mission Field*에서 "신생아 10명 중 6명이 목숨을 잃는다"[53]라 고 했고, 감리교 선교사 아멘트(Amendt)는 유아사망률을 35%로 보고 하였다.[54]

<표 4> 1921년~1925년 경성부 5세 미만 사망률

(단위: 명)

분류 연도	조선인		일본인		전체 사망 수	
	사망 수	출산 수	사망 수	출산 수	조선인	일본인
1921	3,774	6,327	679	1,779	6,724	1,727
1922	3,280	7,313	613	1,980	6,569	1,767
1923	3,251	8,454	615	2,014	6,420	1,632
1924	2,800	8,611	476	2,040	6,139	1,506
1925	3,260	8,954	590	2,205	7,107	1,639
계	16,365	39,659	2,973	10,018	32,959	8,271
사망률	49.6%		35.9%			

선교사들은 —선교 초기 제중원의 에비슨 박사가 지적한 것처럼— 한국 유아사망률이 높은 원인은 불결한 위생 상태와 영양 결핍이라는 데 인식을 같이 하였다. 당시 흔했던 학질, 마마, 장질부사, 콜레라 등은 모두 불결한 위생 상태에 기인한 것이었다.[55] 한국인 전문가들[56]이나 총독부에서도 위생개선과 유아사망률 문제에 관심을 가지고 신문, 잡

---

52 "원산 유아사망률," 「동아일보」(1926년 1월 27일). 이외에도 비슷한 시기 유아사망 률에 대하여 다룬 기사로 "유아사망률, 고창(高敞)의 것," 「동아일보」(1925년 5월 25 일), "유아사망률, 昨年 中 慶南道," 「동아일보」(1928년 6월 26일) 등이 있다.

53 F. J. L. Macrae, "The Milk Goat," *KMF* (1923).

54 *The Korea Missions Year Book* (1928), 48.

55 "40년 전 조선의 위생상태," 「기독신보」(1932년 6월 1일).

56 류홍종은 한국인의 인구감소는 좋지 않은 위생 상태 때문이라고 밝힌 바 있다. 류흥 종, "민세학상(民勢學上)으로 보는 조선민족," 「개벽」 제4호 (1920년 9월 25일). 유 아 사망의 원인은 시간이 지나도 변함없이 영양결핍과 보건위생이 문제였다. 이는 1940년 당시 의학박사 최희영(崔羲楹)의 논설에서도 지적하고 있다. 최희영(崔羲 楹), "朝鮮住民의 生命表(Korean Life Tables)," 「삼천리」 제12권 제9호 (1940년 10 월 1일), 102-105.

지를 통해 위생계몽활동을 벌이는 한편 지방에 위생지사를 파견하는 등 힘을 쓰기도 하였다.[57] 태화사회복지관 로젠버거의 1930년 보고서에도 유아사망률의 원인이 영양결핍이라는 사실이 나타난다.

> 지난 7년간 아동사업을 해온 결과, 우리 아이들도 잘만 먹이면 6개월까지 완벽하게 성장함을 알 수 있었다. 한국에서 아동 사망률이 대단히 높은데 1~2살짜리 아기들이 특히 많다. 바로 그 시기가 아이 성장의 기초가 되는 때이다.… 또한 한국에서는 10살 미만 아이들이 조사율(早死率)이 50%에 이르고 있다. 그러니 어째서 이렇게 많이 죽는지 살펴봐야 하지 않겠는가? 미국과 비교하면, 한국에서는 무려 75%의 손실을 입고 있는 것이다. 이렇게 된 가장 큰 이유 중 하나는 아이들의 영양상태가 아주 심각하다는 것인데, 아이들이 우유로 양육되지 않는다는 것이다.[58]

공주·대전 지역에서 사업을 진행했던 마렌 보딩 역시 "3살 이하 아기에게 하루에 1~2병의 우유를 먹일 수 있다면, 그들을 질병으로부터 보호할 수 있을 것이다"[59]라고 하였다. 이렇듯 심각한 유아사망은 1920~1930년대 한국이 우선으로 극복해야 할 문제였다. 부인선교부의 선교사들은 공중보건위생사업과 우유급식사업을 비롯한 유아복지사업을 통해 위생 상태를 개선하고 유아사망률을 차츰 줄여나갔다.

---

57 총독부는 1921년 위생 상태의 개선을 위해 총독부령으로 각 도에 위생지사 1명, 동지사 2명을 두었고 경기도에는 각각 2명씩 4명을 두고 관리하였다. 「동아일보」(1921년 4월 14일).

58 E. Rosenberger, "Child Welfare and Public Health," *ARKWC* (1930~1931).

59 Maren Bording, "Kongju Infant Welfare and Public Health," *ARKWC* (1928).

2. 유아복지사업의 전개

실제 유아복지사업은 태화복지관보다 공주스테이션의 마렌 보딩이 먼저 시작하였다. 당시 공주 지역 감리사 아멘트는 1928년에 출간된 「한국선교연보」에서 "1924년 마렌 보딩이 공주에서 시작한 유아복지사업은 한국에서 이 방면으로 출발한 최초의 시도 중 하나이다. 1925년에 시작된 우유 보급소는 국내에서 최초인 것으로 이름이 나 있다"[60]라고 소개하고 있다. 마렌 보딩은 1935년 5월 *Korea Mission Field*에 공주 지역 유아복지사업을 1924년 1월 4일부터 시작한 것으로 보고하고 있다. 서울 태화사회복지관에서는 공주보다 약간 뒤에 시작한 것으로 보인다. 당시 「동아일보」 1924년 1월 25일자에 사업계획 추진구상이 소개되었고,[61] 태화사회복지관의 관장이었던 에드워즈(L. Edwards)도 1924년 2월 9일 자 편지에 로젠버거 양이 공중위생사업과 유아복지사업을 시작했다고 적고 있다.[62] 사업의 종류에는 산전산후 관리, 유아진료소, 산전 산후관리, 아기목욕사업, 베이비쇼, 우유급식사업 등 유아의 건강과 생명에 관한 거의 모든 것이 포함되어 있었다.

1) 유아진료소

다음은 태화복지관 유아진료소에 대한 「동아일보」 1924년 1월 25일 자 보도이다.

---

60 "The Infant Welfare work in Kongju, begun by Miss Bording in 1924, is among the first attempts in this line in Korea and the milk station, which was begun in 1925, has the distinction of being the first in the whole country," *The Korea Missions Year Book* (1928), 52.

61 「동아일보」 (1924년 1월 25일).

62 *Edwards' Letter to Howell* (1924), 9.

조선에는 아직 순전히 어린 아해들의 건강을 위하야 만들어 놓은 기관이 업서 매우 유감이든 바, 시내 인사동 태화여자관 안에 태화진찰소 사회봉사부가 생기어 일주일에 다섯 번씩 어린 아해의 건강진단을 하되 수요일에는 오전 열시부터 열두시까지, 월요일, 화요일, 목요일 금요일 오후 2시부터 4시 반까지 일반 가정의 다섯 살 미만의 어린 아해의 건강을 무료로 진찰하야 만일 병이 있으면 약값만 받고 고치어 주고, 병이 없으면 건강 진단한 성적을 기록하야 두어, 그 이듬해 참고하게 하고 오전에는 일반 가정을 방문하야 가정위생과 어린 아해 기르는 법을 이야기하야 어린 아해 건강에 힘을 쓸 터이라 하며, 이 일을 하기 위하야 의사가 두 사람이 있고 간호원이 한사람 있고 산파과 한 사람 있는 바….[63]

먼 곳에서 오는 어린이들의 편의를 위하여 남대문 밖 세브란스병원에서는 금요일 오후에, 동대문병원에서는 수요일 오후에 각각 의사와 간호원들이 출장하여 진찰을 해 주었다.[64] 위에서 말한 의사는 동대문부인병원의 로제타 셔우드 홀과 한국인 의사 현덕신(玄德信)이었는데, 이들은 동대문 부인병원에서 근무하면서 시간을 내어 태화진찰소에 나가 진료 활동을 벌였다. 간호원은 로젠버거와 한신광(韓晨光)이었다.[65] 1924년 1월부터 시작된 아기 진료는 1년 뒤인 1925년에는 거의 배로 증가하여 1925년 초에 205명의 아기가 등록했고, 하루 평균 35명의 아기들이 방문 진료를 받았다. 그중에 갓난아기가 25명이나 되었다. 1년 동안 태화진찰소를 방문한 2,352명 중 절반이 넘는 1,281명의 아기는 건강이 양호한 편이었다. 로젠버거와 한신광이 1년 동안 583개의

---

63 「동아일보」(1924년 1월 25일).

64 "태화녀자관의 활약개시 아동진찰 강연회, 콩 젓의 배급 등," 「동아일보」(1929년 10월 8일).

65 『태화기독교사회복지관의 역사』, 178.

가정을 방문 진료한 성과였다.[66]

2) 산전산후 관리

태화복지관의 유아복지사업은 동대문부인병원과 밀접한 관계 속에서 이루어졌다. 처음부터 여성병원으로 세워진 동대문부인병원의 의료선교사들은 병원에서 아이를 낳도록 산모들을 설득하는데 힘을 기울였다. 산모들을 설득하기 위해 여러 가지 병원 통계를 보여주기도 하였다. 한국 산모들이 병원에서 아이를 낳게 하는데 오랜 시간이 걸렸으므로 동대문병원에 산부인과를 설립하는 데에는 여러 해가 걸렸다. 특히 병원이 출산에 가장 적합한 곳이라는 사실을 설명하는 일이 가장 어려웠다. 그들을 설득하기 위해 병원에 데리고 있기보다 집에 데려다주는 일에 더 많은 시간과 인력을 투자했다. 또 돈이 없어 병원에 오지 못하는 사람들을 위해 부족한 가운데 무료 병실을 운영했다. 어느 날, 저녁 8시경에 어떤 젊은 산모가 동대문병원 언덕을 올라왔다. 친구들에게 이 병원의 소문을 듣고 먼 곳에서 찾아온 것이다. 그는 가족들이 반대했지만 꼭 병원으로 올 생각을 하고 있었던 것이다. 그녀에게는 병원비는 물론이고 돌아갈 여비조차 없었다. 돈이 없어도 진료를 해 준다는 소문에 먼 길을 왔던 것이다. 1924년 어떤 날은 동대문 부인병원에서 12시간 동안 8명의 아기가 태어나는 일이 있었다. 선교사들로서는 매우 기쁜 날이었다. 여러 해에 걸쳐 동대문부인 병원 산부인과가 발전해 온 결과였다.[67] 동대문부인병원에서 출산한 아기들은 태화여자관의 유아복지사업을 통해 건강하게 자랐다.

---

66 E. Rosenberger, "Seoul Social Evangelistic Center," *ARKWC* (1925), 60.
67 Mayme Rogers, "Eight Babies a day," *ARKWC* (1924), 51.

3) 목욕사업

로젠버거가 관심을 갖고 실시한 다른 유아복지사업은 목욕탕 (bathroom)사업이었다. 어린이 건강에 위생이 중요한 문제였으므로 로젠버거는 자주 목욕시켜야 함을 강조하였다. 1924년 1년 동안 직접 가정을 방문하여 아기 목욕을 290건이나 실시했다.[68] 1927년에는 아예 태화복지관 안에 목욕탕을 만들어 놓고 매주 이틀을 '목욕하는 날'로 정하여 엄마들이 복지관 목욕탕에 아기를 데리고 와서 목욕시키도록 하였다. '목욕하는 날'이 되면 평균 30~40명의 아이들이 목욕을 했는데 많을 때는 70명까지 몰려왔다.[69] 목욕탕은 원칙적으로 유료였으나 일주일에 하루는 '거리의 아이들'에게 무료로 목욕을 시켜주었다.[70]

4) 아기건강대회(Better Baby Contest)

1924년 5월 3일, 한국 최초의 아기건강회가 태화복지관에서 열렸다.[71] 다음은 로젠버거의 보고서이다.

우리는 5월 3일 아침 일찍 깼다. 왜냐하면, 우리의 'aga day'인 아기건강회가 서울에서 처음 열리는 날이었기 때문이다. 처음에는 우리는 많은 의구심을 가졌었다. 사업이 시작되었을 때, 엄마들은 아기들을 치료해주는 우리들의 노력에 아주 서서히 반응하면서 아기들을 데리고 왔다. 몇 주 동안 준비

---

68 E. Rosenberger, "Seoul Social Evangelistic Center," *ARKWC* (1925), 60.

69 Wagner, "The Center," *KMF* (1927), 60.

70 'The Center,' *KMF* (1927), 49.

71 일명 '우량아 대회'라고 할 수 있다. 아기건강대회를 신문지상에서는 '아동건강회'라고 하였다.

해왔던 '건강한 아기 대회'(Better Baby Contest) 때, 얼마나 올지 별로 기대하지 않았었다. 그런데 방들은 꽉 찼다. 대부분의 방들은 엄마와 아기들이 쉽게 면회할 수 있도록 꾸며졌다.[72]

아기건강대회는 건강한 아기를 선발 공개함으로써 아동보건사업에 대한 일반인들의 관심을 끌고 아기건강을 장려하려는 데 목적이 있었다. 이 대회는 1924년 태화진찰소가 설치되면서 진찰소를 찾는 아동들의 건강상태를 점수로 매겨 등급을 판정하는 것에서 비롯되었다. 이후 매년 치러지는 정기적인 대회로 자리를 잡아갔다. 1925년에는 이것을 아동건강 강조행사로 발전시켜 5월 15일, 16일 양일 동안 아동건강과 위생에 대한 강연회를 실시하고 아이들의 건강상태를 검진하여 등급을

영아건강진찰대회, 「동아일보」 1927년 5월 20일자

---

72 E. Rogenberger, "The Baby show at the Seoul Evangelistic Center," *ARKWC* (1924), 22.

매겼다. 마지막 날에는 마당에 천막을 치고 수백 명의 어머니와 아이들이 모인 가운데 시상식과 함께 예배를 드렸다.[73] 1926년에도 아기건강대회에 어린이 150명이 참가하여 97명이 건강하다는 판정을 받았다.[74] 「동아일보」는 1927년 6월 1~4일에 '아동건강회'를 다음과 같이 보도하였다.

> 시내 인사동 태화진찰소의 아동건강회 예비진단은 작 삼일 오전 아홉시부터 열렸는데, 진찰소 의사와 간호부 전부 총출동으로 구영숙(具永淑), 길정희(吉貞姬), 유영준(劉英俊) 세 의사의 후원으로 오전 중에 이십여명의 아동을 진찰하였는데, 진찰 성적의 만점은 오백점으로 다음과 같이 분배되었으며, 450점 이상 받은 아이들을 내일 다시 진찰하야 일, 이, 삼등을 뽑을 터이라 한다. 진단 점수 배분은 다음과 같다. 몸무게·키·가슴둘레·머리 크기 20점, 머리 20점, 머리털 10점, 정수리 10점, 숨구멍 10점 얼굴·눈·코·입 40점, 귀 10점, 목·편도선·임파선 20점, 가슴·폐·심장 70점, 척추 20점, 배·대소변 60점, 팔·손·손가락 20점, 다리·발 20점, 앉은 자세 20점, 음부 40점, 피부 30점, 영양 30점, 신경·근육 30점, 성품 10점, 다른 흠결 10점, 합계 500점[75]

엄마들은 아기에게 말끔한 옷을 입혀서 데려왔다. 수백 명의 아기와 엄마들이 저녁까지 찾아와 신체검사는 하루 종일 진행되었다. 일본 인형가게에서 팔고 있던 900여 개의 인형이 전부 팔렸다. 아기들에게 많은 선물들이 주어졌다. 사업은 파산일 정도였지만 반대로 광고효과는 아주 좋았다.[76] 1928년에 열린 제5회 아기건강대회는 유아복지사업의

73 『태화기독교사회복지관의 역사』, 184.
74 E. Rosenberger, "Peddling Health Through Sanatoria," *ARKWC* (1926), 70.
75 「동아일보」 (1927년 6월 4일).

태화복지관에서 시행된 우량아대회 심사 장면(1928)

많은 발전을 보여주는 역사적 증거이다. 더구나 '아기 주간'(Baby Week)
으로 자리매김하는 계기가 되었다. 보통 2일 동안 진행했던 것을 4일로
늘렸다. 이 모임은 기존의 성경공부와 관련한 행사였던 것을 육아와 관
련한 행사로 바꾸는 독특한 아이디어에서 출발했다. 이 행사는 대영성
서공회(British Foreign Bible Society for the occasion)의 지원을 받았는데
그전의 행사보다 더 많은 사람이 모였다.77

'아기건강대회'가 사회 각계의 많은 호응을 얻으면서 태화복지관은
1928년 1월부터 사업을 다양하게 확장하는 동시에 날짜를 정하여 진
료하던 아동진찰을 매일 진행하기로 결정하고 여러 명의 의사와 간호
원을 추가로 배치하였다. 진찰시간은 월, 수, 토요일은 오전 10시~12
시, 화, 목, 금요일은 오후 2~4시로 매일 2시간씩이었다.78 아동주간
에 종로 2가에 있는 대영성서공회에서는 행사를 축하하려고 각종 인형
과 장식물을 창문에 설치하기도 하였다. 1929년 아동주간 행사 때에는

76 "Baby Show, The Seoul social Evangelistic Center," *Fifty Years of Light* (1938), 31.
77 E. Rosenberger, "Public Welfare Work at The Social Evangelistic Center," *ARKWC*
     (1928), 60.
78 「동아일보」(1928년 1월 6일).

경성시에서도 적극 지원하여 5월을 아동건강의 날로 선포하고 아동건강관련 삐라를 공중에서 살포하였다.[79] 이후 아기건강대회는 전국 각지로 퍼져 우량아 선발대회로 정착하였다.[80]

5) 우유급식사업

우유급식사업은 마렌 보딩 선교사에 의해 공주 지역에서 처음 시작되었다.[81] 아멘트 선교사는 보고서에 1926년 6월 정식으로 문을 연 우유급식소사업을 통해 1~2년 만에 유아사망률이 5%로 낮아진 사실을 적시하고 있다.[82] 영양이 결핍된 상태에서는 당연히 병에 대한 저항력이 떨어질 수밖에 없었고, 게다가 불결한 위생 상태는 전염병이나 기타의 질병을 야기하는 원인이 되었다. 불결한 위생 상태는 유아들뿐 아니라

---

79 E. Rosenberger, "Public Health and Baby Welfare Work," *ARKWC* (1929), 59.

80 지방 우량아 대회는 1920년대 말에서 1930년대 초까지 군산(「동아일보」 1928년 1월 28일), 장연(長連)(「동아일보」 1928년 2월 2일), 포천(抱川)(「동아일보」 1928년 2월 5일), 마산(馬山)(「동아일보」 1930년 2월 16일)등지에서 개최되었다. 1930년 2월부터는 동아일보가 주최하여 전국적으로 우량아 대회를 개최하였다. 동아일보 주최 우량아 선발대회는 1961년 5월 5일 어린이날을 맞아 대구에서는 대한소아의협회와 공동주최로 개최하였고(「동아일보」 1961년 4월 29일), 같은 날, 수원 에서도 우량아를 선발하였다.(「동아일보」 1961년 5월 9일).

81 황미숙, "선교사 마렌 보딩의 공주·대전지역 유아복지와 우유급식소사업," 「한국기독교와 역사」 제34호, (2011).

82 이러한 사실은 감리사 아멘트의 1928년 「한국선교연보」 보고서에도 나타나있다. "Every baby over one year of age ought to have a bottle of milk daily, and the fact that the infant mortality rate for the country as whole is 35%, and for the babies of the infant welfare department is only 5%, speaks for itself," *The Korea Missions Year Book* (1928), 52.
유아사망률의 저하는 서울 태화복지관에서도 나타났다. 1927년 복지관을 찾은 150명이 넘는 아기들 중 7명의 아기만을 잃었을 뿐이었다. E. Rosenberger, "Public Welfare Work at The Social Evangelistic Center," *ARKWC* (1928).

어른들에게도 질병을 가져왔다. 태화복지관의 우유급식소(Milk Station, Feeding Station)사업은 1928년 10월부터 시작되었다. 이 사업은 한국 유아들의 영양 상태에 대한 과학적 분석의 결과에서 비롯된 오로지 유아(乳兒)들만을 위한사업이었다.[83]

> 최근 우리가 시작한 사업은 아기 급식소(Baby Feeding Station)다. 우리 선교회는 단지 5개의 급식소만을 가지고 있지만, 이의 혜택을 받는 가정은 매우 행복해 했다. 어떤 15개월 된 아기는 11파운드(5kg) 정도의 체중이었다. 그 엄마는 젖꼭지와 어떤 음식도 준비하지 못한다고 밝혔다. 우리가 따뜻한 우유병과 잘 마련된 우유를 처음 제공하기 시작하였을 때, 기도하여 주님께서 도와주신 것을 안다. 그것을 지속하는 것 뿐 만 아니라, 좋은 우유의 두 온스가 먹여질 때까지 결코 멈추지 않을 것이다. 두말할 것도 없이 우유를 먹은 아기가 건강해졌고 가족이 우리를 보러 왔다. 우리는 우리를 통하여 하시는 주님의 방법이 그들의 삶에 영향력을 줄 수 있도록 주님께 간구하고 있다.[84]

우유급식소를 열었을 때 한국인들은 처음에 짐승의 젖을 먹인다는 것을 받아들일 수 없었으나 죽어가던 아이가 우유를 먹고 회생하는 것을 보고 선입견을 버리기 시작했다. 그 결과 1928년에 우유 12,960병, 1929년에 14,780병이 소비되었다. 1928년 말부터 1929년까지 1년 동안 12명의 아기에게 하루 평균 48개 정도의 우유병을 사용하여 먹였다.[85]

우유가 필요한 아기 모두에게 급식하면 좋겠지만 조달 비용이 가장 큰 문제였다. 이 문제를 해결하기 위해서는 지혜가 필요했다. 그 방법

---

83 E. Rosenberger, "Public Health and Babt Welfare Work," *ARKWC* (1929), 60.

84 E. Rosenberger, "Seoul Social Evangelistic Center," *ARKWC* (1928), 60.

85 E. Rosenberger, "Public Health and Baby Welfare Work," *ARKWC* (1929), 60.

으로 본국(미국) 사람들이 한국 아기들과 한 명씩 입양 결연을 맺고 비용을 대주는 대안이 제시되었다. 여기에는 지방 경찰서와 고위관리들의 후원도 있었다. 따라서 부모들은 그 비용의 1/3만을 지불하고 나머지 2/3은 후원으로 들어오는 기금으로 충당하였다. 우유 비용 지불 문제도 중요했지만, 우유 공급량도 부족했다. 당시 우유를 생산하지 않던 한국에서 선교사들의 주된 양식이었던 우유가 이제 아기들의 주식이 된 것이다.[86] 선교사들 또한 한국에서 우유와 같은 자신들의 먹을거리를 구하기가 쉽지 않았다. 맥래(F. J. L. Macrae) 선교사는 1923년 8월 *The Korea Mission Field*에서 우유 공급을 위해 젖소 대신 염소를 키우게 하자고 제안하였다. 그 이유로서 첫째, 염소는 젖소와는 달리 결핵에 면역성이 있다는 점, 둘째, 염소는 젖소보다 싸고 쉽게 구할 수 있다는 점, 셋째, 우리를 따로 짓지 않고 방목해도 되므로 키우는 비용이 많이 들지 않는다는 점을 들었다.[87] 이처럼 우유 공급을 위해 염소를 이용하고자 했던 것은 한국의 높은 유아사망률이 심각한 사회문제이기 때문이었다. 이 주장대로 즉시 실행되었는지는 더 살펴보아야 하겠지만, 이후 공주 이외에 지역으로 우유 보급소(Milk Station)가 확대되어 그 혜택을 받는 아기들이 늘어난 것으로 미루어 볼 때 염소를 키우는 방법도 하나의 해결책이었을 것으로 추정된다. 또 다른 해결책은 두유를 만드는 것이었다. 1920년대 말, 당시 숭실전문학교 농과 교수로 있던 루츠 (D.N. Lutz)의 고안으로 두유(soy-bean milk)가 만들어졌다. 이것은 메주 콩을 갈아서 가루로 만들고 거기에 물과 설탕 및 다른 영양분을 섞어 만든 영양식이었다.[88] 태화복지관의 로젠버거는 다음과 같이 보고하고 있다.

---

86 황미숙, "선교사 마렌 보딩의 공주·대전지역 유아복지와 우유급식소사업," 173-174.
87 F. J. .L. Macrae, "The Milk Goat," *KMF* (August, 1923).
88 E. Wagner, "The Center," *KMF* (1930), 259.

의사들의 자원 봉사로 '건강아기클리닉'과 '밀크스테이션'이 시작되었다. 액체와 분말 두유(Soya Bean milk)를 도입하는 데 꽤 많은 시간이 걸렸고, 특히 가난한 아이들에게 주기 위해서 노력했다. 현재 분말 두유는 한국 전 지역에서 널리 쓰이고 있다.[89]

선교사들은 콩우유 만드는 방법을 시연하고 직접 시음도 하여 해롭지 않다는 것을 보여주었다.[90] 1929년 10월 8일자「동아일보」에서도 "직업부인과 젖이 부족한 엄마들에게 콩젖이라는 양이 풍부하고 아이 소화에 적당한 이상적 젖을 실비로 배당"한다고 보도하였다.[91]

III. 사업의 지역적 확대

유아복지사업과 공중보건위생사업을 진행하는 데 있어서, 특히 북감리교회 여성 선교사들의 활동이 지배적이었다. 남감리회와 북감리회 여성 선교사들의 사업 방식에는 약간의 차이가 있었다. 남감리회는 선교 지역에 사회복지관을 설치하여 한국 여성들의 삶의 질 향상을 위해 일상생활에 꼭 필요한 것들을 제공했고, 북감리회 여성 선교사들은 진료소를 중심으로 의료사업을 벌이다가 한국인들, 특히 여성과 어린이에게 가장 절실한 것을 찾아서 사업을 진행하는 방식을 취했다. 그것이 공

---

89 "Doctors gave free time to help out, well-baby clinics were started, and milk stations. Quite a bit of time went into the adapting of the Soya Bean milk, to be used both in liquid and powder form, especially for the poorer children. Now the powder is widely used all over Korea." ("Public Health and Child Welfare work in Seoul," *Fifty years of Light* (1938), 32.

90 E. Rosenberger, "Seoul Social Evangelistic Center," *ARKWC* (1930~1931), 226.

91 「동아일보」 (1929년 10월 8일).

중보건위생과 유아복지사업이었던 것이다. 예컨대 로젠버거도 동대문 병원에서 진료활동을 벌이다가 이 사업의 필요성을 절감하여 태화복지 관으로 자리를 옮겨 본격적으로 사업을 벌였다. 서울 이외 지역의 경우 마찬가지로 의료활동을 벌이던 여성의료선교사들이 여성과 어린이를 진료하던 중에 별도로 센터를 마련하여 공중위생과 유아사업을 벌였다.

이 절에서는 북감리교회 여성 선교사들의 사업을 중심으로 살펴보기로 한다. 사업의 내용은 서울과 마찬가지로 아기 진료소, 산전클리닉, 가정방문, 학교 건강검진, 위생강연, 자모회, 무료목욕소, 우유-급식소, 1년에 한 번 간호원들을 위한 건강학원, 예방접종, 방문조산, 육아법에 관한 간호와 교육, 1년에 한 번 베이비주일 등 다양했다. 선교초기에는 의료활동이 질병에 걸린 환자를 치료하는 것에 우선하였다면, 공중보건위생과 유아복지사업은 1920년대의 새롭게 모색된 사업으로, 삶의 질을 한층 높이는 사회복지사업이었던 것이다.

1. 북감리회 선교 지역의 사업

1) 공주·대전 지역

공주·대전 지역의 유아복지사업은 1923년 내한한 감리교 여선교사 마렌 보딩에 의해 시작되었다.[92] 1923년 공주에 파송된 마렌 보딩은 진료소 일과 더불어 부녀자와 어린이를 위한 방문진료 과정에서 아기들의 건강상태가 심각한 수준에 있는 것을 목격하고 특별한 지원조직 없이 개인적으로 유아복지사업을 시작하였다. 마렌 보딩은 이미 보고

---

92 공주·대전 지역의 유아복지사업은 황미숙, "선교사 마렌 보딩(Maren Bording)의 공주·대전 지역 유아(乳兒)복지와 우유 급식소(Milk station)사업,"「한국기독교와 역사」제34호(2011)를 근거로 작성하였다.

서를 통해서 100명당 42명의 아기가 2살 전에 죽어가는 상황을 알고 있었기 때문에 우선 진료소 건물 방 한 칸에서 '유아진료'(Baby Clinic)를 시작하였다.

우리의 유아복지사업은 1924년 1월 매우 추운 어느 월요일에 시작되었다. 우리는 기독교 진료소와 연계하여 유아들을 위한 일들을 시작할 것이라고 발표했다. 엄마들에게 아기를 데려오라고 초청하였다. 이 때 8명의 엄마들이 편견 없이 응했다. 그들 모두는 간호원(한나 샤프)에게 관심이 있는 것처럼 보였다. 그는 한국에서 1년밖에 지내지 않았지만 유아들을 위해서 뭔가를 하려는 열망이 무엇보다 큰 사람이었다. 아기들은 4×8피트인 내방에서 모두 검진을 받고, 몸무게를 재고, 등록을 하였다. 매주 월요일은 우리의 진료 일이었다. 첫해에 나는 약 80명의 아이들을 병적에 올리고 진찰을 했다. 매주 정기적으로 진료를 받으러 오는 사람은 평균 25명이었다. 엄마들은 감격해하며 감사를 표시하였다. 그들 중 많은 엄마들이 내게 더 가르쳐 줄 것을 부탁하였지만, 4×8피트의 방에서 진료가 이루어졌기 때문에 엄마들이 따로 모일 수 있는 공간이 없었다.[93]

마렌 보딩이 아기 진료소와 더불어 특히 관심과 열정을 가지고 벌인 사업은 우유급식사업이었다. 1925년부터 아기들에게 우유 급식이 시작되었다. 1926년 6월에는 유아복지사업을 위해 마련된 별도의 건물에 개설된 '밀크스테이션'을 통해 우유 급식을 할 수 있었다. 그 성과는 놀라울 정도였다.

이곳에 120명의 사랑스러운 아기들이 등록되어 있다. 30명에서 40명 사이

93 Maren Bording, "Kongju Infant Welfare and Public Health," *ARKWC* (1928).

의 아기들이 클리닉을 방문하고 있다. 우리의 우유급식소 아기들은 일주일에 한두 번 정도 방문을 한다. 한 달 동안 클리닉에 오기 어려운 경우 나와 동료 간호원의 방문 진료를 받는다. 지난 해 동안 한국의 전체 사망률 35%와 비교해 볼 때, 우리의 복지를 받는 유아 사망률은 5%였다. 우리의 사업이 빛을 본 것이 아닐까? 우리의 아기들은 사회계층을 막론하고 0~4세까지 있다. 엄마들은 아기들을 데리고 도움과 조언을 받기 위해 온다. 어떤 엄마는 아기가 아파서, 어떤 엄마는 앞을 멀리 보기 위해서, 어떤 엄마는 아기를 잘 키우기 위한 조언을 위해서….[94]

마렌 보딩은 1927년 보고서에 1924년 1월에 시작한 유아복지사업과, 1926년 6월 정식으로 문을 연 우유 급식소사업을 통해 1~2년 만에 유아사망율이 5%로 낮아진 사실을 제시하고 있다. 이러한 사실은 감리사 아멘트의 1928년 「한국선교연보」에도 나타나 있다.[95] 1926년 공주의 유아복지사업을 위한 1년 예산은 6,000엔이었는데, 1/3은 선

마렌 보딩에 의해 시작된 공주중앙영아원의 원아들(1920년대)

94 Maren Bording, "Kongju Infant Welfare and Public Health," *ARKWC* (1927), 24.
95 *The Korea Missions Year Book* (1928), 52.

교회, 1/3은 본처, 나머지는 특별 기부금에 의해 조달되었다.[96]

1930년 안식년을 마치고 돌아온 마렌 보딩은 유아복지사업을 대전으로 확장하였다. 공주에 있던 1932년 도청소재지가 철도가 놓인 대전으로 이전하면서 많은 인구가 이동하였고 센터에 다니거나 우유를 타가던 많은 어머니가 대전으로 이사하였다. 결국 1932년 대전에서도 같은 사업을 시작하게 되었다. 대전에 사업을 착수하기 전 한동안은 자동차로 매일 우유를 보냈다. 그 일은 우유를 배달해야 하는 센터뿐 아니라 어머니들에게도 불편한 일이었다. 대전으로 이사한 부모들 또는 관리들은 공주와 같은 유형의 사업을 대전에서 시작하기 원했다. 당장 사업공간이 확보된 것은 아니었으나 공주에서 유아복지 혜택을 받았던 사람들에 의해 자연스럽게 사업공간을 마련할 수 있었다.[97] 마렌 보딩은 한국인 간호원 한명과 함께 공주와 대전을 분주히 오가며 진료소 업무와 전반적인 감독을 수행했다. 마침 그녀에게는 1926년 본국 친구로부터 선물로 받은 선교사업용 자동차가 한 대 있었다. 처음엔 수리와 연료 걱정이 앞서 여러 달 차고에 그냥 두고 의약상자를 채워놓거나 가끔 공주 지역 사역 회의 때 운행하곤 했었으나 대전을 오가는데 요긴한 교통수단이 되었다.[98] 1934년「조선감리교연회록」공주와 대전 영아관 보고에 나타난 통계를 보면 다음과 같다.[99]

---

96 Noman Found, *Official Minutes of The korea Annual Conference of The M. E. C.* (1926), 250.

97 Maren Bording, "Infant Welfare Work," *KMF* (1935), 264.

98 Maren Bording, "Kongju Infant welfare and Public Health work," *ARKWC* (1927), 25.

99 "공주·대전 중앙영아관 보고,"「조선감리회연회록」(1934), 123.

어린아의 건강진찰일 수	128일
계속적으로 나온 영아 수	2,064명
치료 영아 수	661명
약 공급처방	423회
위생강연 회수	423회
목욕시킨 회수	75회
대소변검사 회수	2,628회
우유공급	129회
우유준비병 수	64,666개
임산부진료 수	67회
산파의 조산 수	52명
방문회 수	1,622회
학교 위생강연	17회
학교 건강진찰	125회
종두(種痘)	57회
일년간 실습생 수	3명

공주·대전 지역 유아복지센터에서 진행된 사업은 매일 보육학교(Day Nursery School, 탁아소), 산전(産前) 클리닉과 조산(prenatal and mid-wifery care), 출산 후 섭생과 신생아 돌보는 일, 아기엄마들을 위한 위생교육, 두유를 추출하는 방법 교육 등 다양했다. 또 1927년 봄에는 공주유아복지센터에 공중위생간호 학원(Post-Graduate Course)을 열었다. 교사는 한국 의사들과 외국인 간호원들이었다.[100] 공주와 대전에 세워진 유아복지센터를 보딩은 "유아생명 구조본부"(Baby Life Saving Stations)라고 칭했을 만큼 그 사업을 높이 평가했다.

2) 제물포 지역

1922년 당시 제물포 지방감리사 김찬흥(金燦興)의 보고에 의하면,

---

100 Maren Bording, "Kongju Infant welfare and Public Health work," *ARKWC* (1927), 23.

감리교가 관리하고 있던 제물포지방은 길이가 340리이고 폭이 160리에 달했다. 이외에 14개의 섬에도 교회가 세워졌다. 총 29,700가구 중에서 1,486가구가 신자의 가정으로 20명 중 1명이 교인이었다. 총 13개 구역에 65개의 교회당과 11개의 목사관을 가지고 있었다.[101] 제물포의 첫 유아진료와 공중보건위생사업은 1924년 봄, 코스트럽(Alfrida Kostrup)[102]선교사에 의해 시작되었다.[103] 코스트럽은 닥터 천과 간호원 한씨, 성경부인 백씨와 함께 동역했다.[104] 제물포의 유아복지사업 역시 다른 지역처럼 '의료사업'(Medical Work)으로부터 확장된 것이었다.

새로운 곳에서 공공보건사업을 막 시작했는데, 부끄럽게도 이 편지는 적은 성과와 많은 필요를 전하려 합니다. 그렇지만 몇몇 부인들을 만나면서 더 많은 부인들과 연결될 수 있다면 지금까지의 시작이 헛된 것은 아니겠지요. 여성 병원과 연계하여 병원에서도 일하고 가정에 방문하기도 하면서 사업을 착수했습니다.… 제물포에서의 아기 진료는 한 달의 한 번 두 군데에서 시작되었습니다. 다양한 계층의 많은 아이 엄마들이 와서 월요일 오후에 클리닉을 가질 수 있기를 소망합니다. 이곳에서는 다양한 서비스가 제공되고 있고, 부인들은 내가 그들을 도우러 왔다는 걸 알자 아이를 어떻게 먹여야 할 지 묻는 등 많은 것을 배우고 싶어 했습니다. 한 살 가량이 된 아기의 수유는 중요한 문제이고 충분한 조언과 도움이 제공되어야 할 문제입니다.[105]

---

101 김찬홍 1922년 연회보고, "제물포 구역," (홍석창 편저, 『제물포지방 교회사 자료집』), 237.

102 한국명: 고수도(高壽道), 덴마크 출신 미감리회해외선교회 여선교사로 1916년 필리핀 선교사로 파송되었다가 1922년 한국으로 전임해 들어왔다. 인천 부인병원 간호원으로 시무하면서 1924년부터 유아복지사업을 전개하였다. 1936년 고향인 덴마크로 안식년을 다녀온 후 다시 들어와 활동하다가 1940년 귀국하여 미국 캘리포니아에 거주하였다.

103 "Chemulpo," *Fifty Years of Light* (1938), 38.

104 *The Korea Missions Year Book* (1928), 43-44.

제물포역은 강화도를 비롯한 크고 작은 섬을 포괄하고 있어서 선교사들의 순회 진료는 배나 차의 이용 외에도 인력거를 타거나 걸어야 하는 고난의 여정이었다. 더구나 한곳에 오래 머무는 경우에는 충분한 식량과 잠자리까지 챙겨야 했다. 그렇지만 가정방문은 사람들에게 보건위생 지식을 알려주고 환자들을 직접 만날 좋은 기회였다. 어느 날 한 소년이 눈병을 치료하려고 진료소에 왔는데 치료가 끝나고 코스트럽은 어머니에게 매일 그를 데려오라고 일렀다. 그런데 며칠이 지나도 다시 오지 않아 코스트럽은 직접 집을 찾아 나섰다. 소년의 집에 가보니 온 가족이 한 방에 살고 있었다. 천장이 낮아 고개를 숙이고 방에 들어가니 아이가 눈이 아파 신음하며 누워 있었다. 아이를 진찰하니 치료를 하면 나을 것 같아 병원으로 데리고 갔다. 하루 이틀만 늦었어도 장님이 될 뻔한 아이는 다행히 나았고 시력에도 문제가 생기지 않았다.[106] 순회진료를 다닐 때 미국에서 보내준 옷가지나 생필품 등 선물을 싣고 다니면서 가난한 사람들에게 나누어 주기도 했다.[107]

1924년 봄에 시작한 사업이 기쁨의 결실을 얻자, 코스트럽은 1924년 가을 강화도에서 일반인을 위한 진료소와 아기진료소를 열고 한 달에 한 번 체류하면서 닥터 김과 함께 2~3일간 진료 활동을 했다.[108] 1925년에 들어 제물포의 유아복지사업은 더욱 확장되었다. 아기 진료소가 제물포에 두 군데, 강화도 한 군데로 빠르게 늘어났다. 강화도 아기진료소에서는 짬이 나는 대로 사람들을 만나기 좋은 외래 진료가 시작되었다. 대략 75명 정도의 아기들이 등록했는데, 많지는 않지만 새로운 아기들과 연을 맺었다. 1925년에는 35명의 아기가 아기건강대회에

105 Alfrida Kostrup, "Public nursing by Land and Sea," *ARKWC* (1924), 61.

106 Alfrida Kostrup, 같은 글, 62.

107 "Chemulpo," *Fifty Years of Light* (1938), 38.

108 Alfrida Kostrup, 앞의 글, 63.

참가했다. 선교사들과 간호원들은 아기들 모두 너무 건강하고 사랑스러워 최고의 아기를 선발하는데 애먹었다. 그날, 몸무게와 체온을 재기 싫어하는 아기들 외에 모두가 즐거워했다. 1924년 봄부터는 부녀성경반의 부녀자들에게 유아식 만드는 법에 대해 가르쳤는데, 직접 부엌에서 조리법을 보여주기도 했다. 이런 일을 통해 부녀자들은 자기들이 만드는 아기 음식이 부적합한 것을 알게 되면서 더 배우기를 원했다. 코스트럽은 유아복지사업 외에 각급 학교에 진료소를 마련하였다. 1924년 가을 학기에 1,000명이 넘는 아이들이 소소한 질병 처방을 받았는데, 그중에 약이 필요한 아이들을 진료하면서 그들의 가정과도 연결되었다.

이렇듯 빠르게 사업이 확장되면서 모든 클리닉을 수용할 수 있는 새 건물이 절실하게 필요했다. 동절기에는 방이 너무 추워 진료를 할 수 없는 것을 코스트럽은 안타까워했다. 그래도 코스트럽 선교사는 "나는 작은 일이라도 할 수 있는 것을 감사하고 있습니다. 그리고 앞으로, 제물포와 주변 섬사람들을 위해 더 큰 봉사를 할 수 있으리라는 희망이 있습니다"라고 1925년 보고서를 마무리하였다.[109] 아기 진료소 혜택을 받으려는 사람들은 점점 늘어났지만 겨울철에는 난방비 문제로 세 달이나 문을 닫아야 했다. 또 부인들을 모아 강의와 회합을 할 공간이 없었다. 사업을 지속하기 위한 새 건물이 필요했지만 여의치가 않았다. 그런 상황에서도 강화도 진료소는 눈에 띄게 확대되어 많은 엄마가 육아법을 배우려고 찾아왔다. 사실상 어디든 질병으로부터 아이를 구할 방법을 배우고자 하는 사람이 가득했다. 코스트럽은 오랫동안 무지의 상태로 방치되었던 시간을 안타깝게 생각하며 "건강한 육체에 건강한 정신이 깃든다"는 사실을 알리기 위하여 육아교육의 의지를 확고히 다졌다. 코스트럽을 비롯한 의사, 간호원들 모두가 주어진 일에 최선을

---

109 Alfrida Kostrup, "Chemulpo Dispensary report," *ARKWC*. (1925), 10-11.

다한 결과, 제물포 공중보건위생사업과 유아복지사업은 널리 알려졌다. 하지만 1926년 들어서도 많은 재정이 필요했던 우유급식소사업은 여전히 지연되는 실정이었다.

> 어느 날, 입안과 온몸에 심하게 염증이 생긴 가엾은 아기가 찾아왔다. 아기는 5개월임에도 불구하고 7(3.1kg 정도)파운드밖에 나가지 않았다. 아기 엄마는 먹일 음식을 살 돈이 없어 애를 잘 돌볼 형편이 아니었다. 아기의 목숨을 살리기 위해 우린 뭐라도 해봐야 했다. 이게 두 달 전 일이고 지금 아기 '오목희'는 9(4kg 정도)파운드로 아주 건강해졌다. 아주 예쁜 얼굴로 우리에게 웃어 주고 있다.[110]

코스트럽은 이런 글을 통해 우유 급식소사업이 얼마나 시급하고 중요한지를 후원자들에게 알리고자 하였다. 건물 공간이 부족하고 재정은 궁핍했지만 사업을 중단할 수는 없었다. 코스트럽의 과업 중 가장 중요한 일은 제물포, 강화도와 주변 섬 지역 교회를 돌며 병자를 돌보고 위생 교육을 하는 것이었다. 1925년 한 해 만든 세 곳의 시골을 방문하여 150명 이상의 환자를 진료했고 부인과 소년·소녀 200~300명에게 위생에 대해 가르쳤다. 강의에 사용되는 차트 하나하나에 반짝이는 눈으로 집중하면서 서툰 한국말로 물어보면 성의껏 대답하는 그들에게 선교사들은 감동했다. 한번은 선교사 일행이 말라리아에 걸린 한 아이의 집에 머무른 적이 있었는데, 아이의 누나가 어머니에게 모기장을 달아야 한다고 했다. 배운 것을 바로 이해하고 적용했다. 선교사 일행이 온다는 소문이 퍼지면 그 동네 환자들이 교회로 모이고 일행은 그들을 진료하고 치료 후 관리 방법을 일러주었다. 환자는 많은데 약품은 부족

---

110 Alfrida Kostrup, "A Letter from Chemupo," *ARKWC* (1926), 11-14.

해서 아무리 많이 챙겨 가져가도 금방 떨어졌다. 강화도 삼산 순회진료 중 한 여인은 의료진이 온다는 소문을 듣고 아이를 업은 채 산을 넘어 Tolmoro(돌모루, 필자 주: 강화군 강화읍 대산리)까지 몇 마일이나 되는 길을 걸어왔다. 아기엄마는 침 맞은 자국으로 덧나 있는 아기의 무릎을 보여주며 아기를 살려달라고 애원했다. 코스트럽은 아이의 무릎이 심각한 상태여서 서울 세브란스병원에 데려가야 한다고 했다. 그는 "그럴 돈이 없으니 절름발이가 되고 말겠군요"라고 말하며 울었다. 그냥 약만 달라고 하여 일단 연고를 주어 보냈다. 코스트럽은 그곳 교회 목사에게 아이의 집이 어딘지 알아봐 달라 부탁했다. 다행히 그 후 아이의 몸이 좋아졌다는 소식을 들었다. 이런 사례가 자주 일어났다. 코스트럽은 재정 때문에 많은 사람을 도울 수 없는 현실이 안타까웠다. 지속하여 환자를 진료하지 못하고 떠나야 하는 것이 마음에 걸렸지만, 순회진료진이 거쳐 가는 곳에는 그리스도의 손길이 더해져 많은 사람이 치유되었다는 소식이 끊이지 않았다. 강화의 한 마을에서는 이러한 진료사역으로 치료받은 사람들이 하나님을 받아들이기도 했다. 1926년 사업의 성과를 코스트럽은 다음과 같이 적고 있다.

지난 한 해 2,079명의 환자가 진료를 받았고, 165건의 왕진이 이루어졌습니다. 아이들은 학교내 진료소에서 치료를 받았습니다. 지역 전체에서 진료 받은 환자가 3,163명입니다. 의료 활동의 절반 이상은 무료로 진행했습니다. 돈이 어디서 나오는지는 모르겠으나, 주님께서 필요할 때마다 채워주십니다. 한 가지 큰 힘이 되었던 것은 우리가 운영하는 여학교의 학부모회에서 50엔을 기부해 준 것입니다. 자녀들의 몸과 마음이 건강해지는 것에 대한 가치를 알아본 것입니다. 지난 한 해 너무도 감사할 일이 많았고, 앞으로도 제물포 여성 병원에서 주님의 가호 아래 더 큰 일이 이뤄질 것이라 믿어 의심치 않습니다.[111]

1927년, 제물포 유아복지사업 3주년 기념식이 거행되었다. 100여 명의 엄마와 아기들이 참석했다. 유아복지사업이 처음 시작되었을 때부터 혜택을 받은 대부분의 어린이는 건강했다. 이날 세브란스병원의 소아전문의인 닥터 구(Koo)는 엄마들을 위해 실생활에 필요한 내용으로 강연을 해주었다. 그 행사장에서 미국 북서부 어린이들이 보내준 새 축음기로 배경음악을 틀어주기도 했다.[112] 그날 가장 시끌벅적했던 시간은 클리닉에 정기적으로 출석했던 아이 18명에게 상을 주는 시간이었다. 개근 세 명, 한 달만 빠진 아이 4명, 두 달 빠진 아이 11명이었다. 비교적 좋은 성적을 거둔 이 아이들에게는 기념사진과 미국에서 보내 온 아기 옷, 앞치마 등 옷가지가 상으로 주어졌다.

코스트럽은 3년 동안의 유아복지사업과 공중보건위생사업을 세 가지 계몽주제로 정리했다. 첫째, 깨끗한 몸과 깨끗한 옷, 둘째, 병에 걸렸을 때 의사를 찾을 것, 셋째, 질병에 대한 올바른 이해이다. 유아복지사업으로 많은 엄마의 육아법이 달라졌는데, 수유와 위생 강의가 있던 날, 누군가 아이를 얼마나 자주 먹여야 하느냐는 질문을 했다. 복지 클리닉 회원인 한 엄마가 아기를 안아 들고 "이 아이는 세 시간마다 먹이면서 키웠습니다." 대답하자 엄마들은 놀라면서 "아이가 울면 어쩌냐고" 물었다. 그러자 그는 그럴 때는 따뜻한 물을 준다고 하였다. 그리고 아기를 번쩍 들어 보이며 "정말 건강해 보이지 않습니까?"라고 말했다. 1927년 보고서를 마무리하면서 코스트럽 선교사는 데이튼(Dayton)이라는 사람의 기부로 필요한 물품과 기자재를 구입할 수 있었던 것을 무엇보다도 감사하게 생각하였다. 이로 인하여 시험을 이겨낼 수 있었으며 용기와 희망을 갖게 되었다고 한다.[113]

111 Alfrida Kostrup, "A Letter from Chemupo," *ARKWC* (1926), 11-14.

112 Alfrida Kostrup, "Chemulpo public welfare work," *ARKWC* (1927), 12-15.

113 Alfrida Kostrup, 같은 글.

1928년 제물포의 유아복지사업과 공중보건위생사업은 어느 정도 안정적인 모습을 찾아가고 있었다. 동역자 헤스(Margaret I. Hess) 양은 코스트럽이 1928년 5월 안식년 휴가를 떠난 후 그녀의 사역에 대하여 다음과 같이 적었다.

아동 진료소는 코스트럽(Kostrup) 양의 즐거움입니다. 그는 등록된 213명 아이들 모두의 이름을 외웠으며 아이들이 건강해지는 모습을 보며 행복을 느꼈습니다. 어떤 아이든 목숨을 잃으면 너무도 슬퍼합니다. 매주 월요일 오후면 진료소는 깨끗하고 사랑스러운 아이들로 가득 찬 정원이 됩니다. 아기들은 검진을 받으며 체중과 키를 재고 병을 검사받습니다. 아기들은 어떨 땐 울고 어떨 땐 웃으며 코스트럽의 마음을 따뜻하게 합니다. 많은 시간 동안 그는 아기들에게 먹이기 적합한 음식을 찾기 위해 노력해왔습니다. 매 분기마다 어머니들이 파티나 육아 교육에 참석합니다. 크리스마스에는 진료소에 찾아오는 모든 아기들에게 선물을 주고 파티를 열었습니다. 5월에 코스트럽양이 휴가를 떠나기 전 작별 파티가 열렸습니다. 덴마크와 미국의 친구들이 옷가지 등 좋은 선물들을 보내주었습니다. 우리의 새로운 의사 김해태(Hattie Kim) 부인은 어머니들에게 유익한 조언을 해 주었습니다. 나중에 어머니들은 코스트럽에게 예쁜 은접시와 은수저, 젓가락을 감사의 표시로 주었습니다.[114]

1931년, 드디어 제물포에도 그토록 바라던 새 건물에 유아복지센터가 마련되었다. 코스트럽과 그녀의 동료들은 "부녀자들과 아이들을 위해 더 훌륭한 봉사가 이루어질 것"임을 확신하였다.[115] 그녀의 생각

114 Margaret I. Hess, "Medical Work Chemulpo District, Baby Clinic," *ARKWC* (1928), 11-12.
115 Alfrida Kostrup, "Chemuilpo Public Welfare Work," *ARKWC* (1931), 81.

은 적중했다. 1938년 유아복지센터에 등록된 아기들이 300명이나 되었다. 아기 엄마들은 유아복지사업을 통하여 더 나은 청결 관념과 아기를 어떻게 잘 키울 것인가에 대한 인식하게 되었다. 또 학교 아이들을 위한 클리닉도 열었다. 센터의 사역이 커짐에 따라 코스트럽은 더이상 시골 순회진료활동을 지속하기가 어렵게 되었다. 자연스럽게 복지센터를 중심으로 사업이 이루어졌다. 직원은 코스트럽과 두 명의 여자 의사, 두 명의 간호원, 한 명의 전도부인(유니스 김)으로 이루어져 있었다. 전도부인은 진료소의 대기실에서 개인적 전도를 하거나 심방을 했다.[116]

3) 평양 지역

평양 지역의 유아복지와 공중보건위생사업은 1924년 게이로드(Edith F. Gaylord)에 의해 시작되었다. 1923년까지만 해도 자금 마련이 어려웠기에 사업을 시작하지 못하고 있었다. 겨울을 지나 1924년 봄을 맞이하면서 사람들은 우유 급식소, 아기 돌보는 방법을 알려줄 간호원의 도움 그리고 최소한 주 3회 정도의 아기 진료소를 열 것을 요청했다. 그리고 보건에 관한 책을 볼 수 있는 도서실과 야간 성경학교에서도 위생 강좌를 열어줄 것을 원했다. 도서에 관한 요청은 8개월 만에 이루어졌다. 2,578부의 건강과 보건에 관한 전단지와 100부의 종교잡지, 600부 정도의 육아 정보지, 850권의 질병 치료 관련 책과 팜플렛 등 총 4,026부 정도 보건 관련 문헌이 무료로 배포되었다. 어머니 모임에서 질병과 육아에 대한 강의도 매주 2회씩 이루어졌다. 유아진료소와 도서실, 우유급식사업은 아쉬운 대로 길거리에 판자를 세워놓고 시작하였다. 이렇게 사업을 시작할 수 있었던 것은 평양의 연합기독병원 간호원

---

116 *Fifty Years of Light* (1938), 38.

들의 협력이 있었기에 가능했다.[117] 게이로드는 재정이 충분하지 못하여 더 많은 아기가 혜택을 받지 못하고 있음을 아쉬워했다.[118]

게이로드는 어렵사리 방을 얻어 공중위생학습반(Public Health classes)을 시작했다. 4명의 선교사가 이를 도왔다. 성과가 좋았으나 얼마 지나지 않아 방을 포기해야 했다.[119] 방 수리와 청소 때문에 5월 첫날은 학습반을 진행할 수 없었고, 5월 단오 날 작은 방에서 학습반 등록을 받았다. 첫 학습반에 33명이 등록했다. 엄마들은 아기와 함께 열성적으로 참석했다. 비가 억수같이 쏟아져 참여가 어려웠음에도 많은 인원이 참석했다. 그 결과 두 번째 달 마지막까지 빠지지 않고 참석한 7~8명의 엄마와 아기들이 학습반과 클리닉에 정기회원으로 등록되었다. 그들 모두 학습에 필요한 인쇄비와 등록비용을 기꺼이 지불했다. 1925년 연회 컨퍼런스가 진행되고 있던 두 달 동안 12차례의 엄마 모임이 있었고, 아기 진료는 매주 진행되었다. 일주일에 2회 열리는 학습반에서는 해부학과 일반건강학 강의가 진행되었다. 또 질병관리에 대한 정기적인 지도와 아이 음식 준비반이 개설되었다. 건강과 위생에 관한 강의뿐 아니라 자모들을 위한 성경학습반도 개설되었다.[120]

게이로드는 1926년 컨퍼런스가 끝나갈 무렵, 드디어 공중위생보건사업이 시작되었다고 보고하였다. 여전히 공간 확보에 어려움이 있었다. 1925년에 마련되었던 두 개의 방은 계약이 만료되었고 재정도 어려웠다. 이듬해인 1926년에는 건물을 얻지 못했다. 사업을 위해 따로 정해진 건물이 없어 여러 차례 옮겨야 했지만, 사람들의 관심은 점점

---

117 Edith Gaylord, "Pyeng Yang Mothers plead for Infant welfare work," *ARKWC* (1924), 57-58.

118 Edith Gaylord, 같은 글, 89.

119 같은 글.

120 Edith Gaylord, "Public health welfare work, Pyengyang," *ARKWC* (1925), 40-41.

커졌다. 공중보건위생사업과 아동복지 교육은 방과 후 유치원 교실에서 진행되었다. 1926년에는 28명 정도가 일주일에 두 번 모였다. 1927년에는 인원이 더 늘어나 43명씩 세 개의 반으로 나뉘어 평양 시내 세 곳의 유치원 교실에서 교육이 진행되었다. 어떤 날은 한 반에 최대 68명이 온 적도 있었다. 그마저도 겨울에는 유치원이 문을 닫았으므로 교육을 할 수 없어 봄이 오기를 기다려야 했다.

게이로드 일행은 1927년 초봄, 영변으로 보건교육을 갔다. 영변에서 성경교육을 하고 있던 밀러 선교사가 부녀자들을 위한 보건교육을 요청했기 때문이었다. 그곳에서 100명 정도를 교육했는데 매일 평균 87명 정도가 참석하였다. 예상보다 큰 관심이 몰렸다. 교육을 마치고 참석했던 사람들 모두에게 건강검진을 해주었다. 영변 사람들도 아이와 가정을 잘 돌보고 싶은 마음이 컸다. 교육과 더불어 보건 전단지를 배포했다. 5월 초에는 공주 유아복지센터에서 간호원들을 위해 공중 보건교육이 진행되었다. 많은 보건 간호원이 각 지역에서 와 참여했다. 유아복지사업과 공중보건위생교육을 진행하는 데 있어서 성경부인들은 소중한 존재였다. 보수가 없는데도 진심으로 사업을 도왔다. 그들은 수업에 참석하면서 부녀자들을 불러 모으는 일을 도맡아 하였다. 1927년 가을 위생교육은 시내 세브란스 유치원 교실을 얻어 진행하였다. 일주일에 3회 정도 오후에 교육을 시행했고, 나머지 시간에는 유치원과 학교 아이들의 건강검진을 했다. 이로써 1927년 약 8개월 동안 1,641회에 걸쳐 검진했고, 응급 처치는 309회, 보건·아동복지에 관한 교육은 1,194회 정도 이루어졌다. 그리고 자모들과 유치원 교사들에게 공중 보건에 관한 전단지를 배포하였다. 아기 진료는 마련되어 있지 않았으므로 한국인 간호원이 매일 유치원을 방문하여 자상과 눈병 응급 처치를 해주면서 유치원 교사와 자모들에게 처치에 관한 조언을 해 주었고, 이때 병원에 가야 했던 7명 정도의 아이가 도움을 받았다.121

자모회는 평양 시내 세 곳에서 매주 열렸다. 평균 10명에서 20명 정도의 엄마들이 모였다. 게이로드가 안식년을 떠나기 전까지 이들에게 진행했던 강좌는 모리스(Harriet P. Morris)의 "아기 엄마에게"와 노블의 "엄마들을 위한 조언", 반 버스커크(J. D. Van Buskirk)의 "건강이란" 등이었다. 게이로드는 목욕과 드레싱 방법을 전해줌으로써 가정위생과 응급처치에 대한 인식의 폭을 넓혔다.[122] 학습반에 등록한 자모들은 1년 내내 예전에 복지센터 건물마련을 위하여 포기했던 아동진료소를 다시 열 것을 요청했다. 아기진료소사업은 확실한 기반 없이는 효과적일 수 없는 사업이었다. 매번 거처를 옮겨서야 사업이 체계화될 수 없었다. 게이로드는 보고서에서 물질과 기도로 동역해줄 것을 호소했다. 그는 하루속히 장소를 마련하여 보건 문헌과 기록 보관, 수업과 진료에서 더 나아가 도시 전역을 돌아보는 사업을 하고자 하는 소망을 가졌다. 그러나 이러한 것들이 충족되지 못한 채로 1927년 한 해가 저물어 가고 있었다.[123]

1927년 말, 게이로드는 본국으로 안식년을 떠났다. 그녀가 하던 일은 새사람이 나타날 때까지 임시로 앤더슨(A. G. Anderson)이 한국인 간호원을 도와 일하기로 했다. 간호원은 매주 평양 시내에 있는 다섯 군데의 교회 어린이집을 돌면서 감기에 걸린 아이들과 튼 손, 타박상, 눈병, 인후염을 앓고 있는 아이들을 돌봤다. 정도가 심한 편도염이나 충치, 중이염에 걸린 어린이들은 병원으로 보내 치료를 받게 하였는데, 이 경우 아이의 부모들은 여러 가지 이유로 병원에 데려가기를 망설였다. 간호원들은 병원을 함께 가주거나 직접 아이를 데리고 갔다.

1928년 앤더슨은 자모회 사업과 더불어 우유급식사업을 진행하였다.

121 Edith Gaylord, "Public health welfare work, Pyeng Yang," *ARKWC* (1927), 45-48.
122 A. G. Anderson, "Public Health and Child welfare," *ARKWC* (1928), 34-36.
123 Edith Gaylord, 앞의 글.

이 사업과 우유급식을 연계해 시행하려 합니다. 지난 가을에 젊은 엄마가 셋째 아이를 데리고 찾아와 우유를 팔아달라고 했습니다. 그는 아이를 어찌 먹일지 몰라 이미 두 아이를 잃은 상태였습니다. 그는 이번 딸아이만큼은 잃고 싶지 않다고 했습니다. 가난해서 우유를 차게 보관할 얼음이 없었으므로 그는 매일 세 번 먼 길을 걸어와 우유를 받아갔습니다. 지금 아기는 매우 건강하고 부모의 기쁨이 되고 있습니다. 애가 왜 저렇게 잘 먹고 잘 자는지 알지 못하던 아기의 할머니도 아기를 매우 아끼고 있습니다. 최근에 아기 엄마는 위생 용기를 부탁해왔습니다. 비위생의 위험성을 깨닫고 아기를 깨끗하게 유지하기 위한 노력인 것입니다. 그녀의 남편은 한 달에 10달러 정도를 버는데, 그 중 반이나 우유 값에 들어갑니다. 우리는 기꺼이 우유를 반값에 제공하게 되었습니다. 이 작은 도움의 기쁨이 배가 될 수 있다면 좋겠습니다.[124]

공중보건위생사업에도 활기가 넘쳤다. 간호원은 의사를 도와 초등학교와 고등학교, 맹인학교, 성경학교 여학생들의 건강 검진을 실시하였고, 시간이 나는 대로 가정집을 방문하여 산전, 산후에 충분한 관리가 필요하다는 점을 강조하면서 부인들에게 강의를 듣도록 설득하였다. 어떤 부인은 온몸에 두드러기가 난 아기를 데리고 강의를 들으러 왔다. 선교사들은 놀라 전염의 위험성을 일러주면서 아기가 다 나을 때까지 집에 있어야 한다고 설득하기도 하였다. 게이로드도 그랬듯이 앤더슨 부인 역시 아기들이 건진을 받을 수 있는 별도의 진료소 건물이 가장 시급하다고 주장했다. 그곳이야말로 아기 진료뿐 아니라 엄마들이 우유를 사갈 수 있고 아기에게 맞는 음식을 조리하는 법과 아기 옷 만드는 법을 배울 수 있는, 즉 아기들을 위한 모든 것을 도모할 수 있는 공간이었기 때문이다.

---

124 A. G. Anderson, 앞의 글, 34-36.

우리의 젊은 한국인 간호원이 여러 일을 맡아 봉사하며 믿음을 보여주고 있습니다. 그러나 더 많은 사람들의 도움이 우리에게 닿기를 바랍니다. 우리의 자매들이 "어린 아이들이 내게로 오는 것을 막지 말라, 천국이 그들의 것이다"라는 말을 기억하길 바랍니다.[125]

1929년에도 여전히 간호원들의 바쁜 사역은 계속되었다. 아침 시간을 이용해 시내의 유치원 아이들을 돌봤고, 자모회에서도 마찬가지로 위생강좌와 산전, 산후 섭생, 육아 등의 학습이 이루어졌다. 엄마들의 관심과 열정이 대단했다.[126] 1929년 건강검진은 유아들에서 초등학교와 고등학교 소녀들에게까지 확대하였다. 1928년 내한한 닥터 리드 비터(S. Evelyn Lead Beater)[127]가 그 일을 맡았다. 이들 전원에게 예방접종을 했으며 병원치료가 필요한 소녀들은 병원으로 보내어졌다. 매주 금요일에는 리드 비터의 산전교육이 있었다.

앤더슨이 주목한 것은 우유 급식을 통해 많은 어린이가 살아나고 있다는 것이었다. 우유급식소사업은 우유를 사려는 엄마들이 쇄도하고 있음에도 1929년에도 여전히 계획단계였다. 병원 건물이 새로 지어지면 방 하나를 얻어 'milk station'으로 사용할 계획이었다. 1929년 유아복지사업에서 새로이 진행되는 사역은 간호원들이 가정을 방문하여 아기 목욕시키는 법을 시범으로 보여주고 가르치는 일이었다. 그리고 아기가 아프면 바로 병원 의사에게 데리고 갈 것을 권유하였다. 앤더슨 부인은 1929년 보고서에서 시간과 재정과 용기가 있다면, 많은 일을 해낼 수 있으리라고 확신하였다.[128]

---

125 A. G. Anderson, 앞의 글, 36.

126 A. G. Anderson, "Public Health and Child welfare," *ARKWC* (1929), 36-37.

127 미감리교회 여선교사. 의사. 1928년 내한. 평양기독병원에서 근무하다 1936년 귀국하였다.

4) 해주 지역

해주 지역의 유아복지사업은 1924년 룬드(Pearl B. Lund)에 의해 시작되었다. 진료소의 환자들은 대부분 아기였는데, 1924년 겨울 룬드 선교사가 한 아기엄마에게 아기 돌보는 법을 가르친 것이 좋은 계기가 되었다. 그 후 매일 아침 두세 명의 엄마들이 찾아와 아기 목욕시키는 걸 구경했다. 그 집 아이가 4개월이 되었을 때, 아이 엄마는 경험자로서 6개월 동안 자모회(Cradle Roll Club)에서 다른 엄마를 가르쳤다.[129] 공간은 충분하지 않았지만 1925년에도 자모회는 계속되었다. 매달 정기적 모임에 75명이 등록되어 있었다. 멤버들의 노력으로 자모회는 여러 개의 소모임으로 나누어졌다. 모임은 주로 병원 안에서 이루어지다가 유치원을 담당하고 있던 오버맨 선교사(Belle Overman)가 주말 오후에 유치원 건물을 사용할 수 있도록 배려해 주었다. 룬드와 동역자 닥터 김은 그곳에서 한 달에 한 번 정도 아기엄마들과 모임을 했다. 모임에서 주로 진행되었던 강의 주제는 "아기와 육아"(Baby and Its Care)였다. 특히 엄마들의 관심을 끌었던 강의가 있었는데, "파리의 해로움"이었다. 중국에서 가져온 차트를 가지고 강의를 진행했는데 사람들이 아주 흥미로워했다. 학생들과 진료소 환자들에게도 차트를 보여주면서 파리의 해로움에 대하여 설명해주었다. 그리고 시골로 순회 진료여행을 갈 때마다 가지고 다녔다. 어떤 남자는 색칠된 커다란 파리그림을 보면서 "저것들이 저렇게 크다면 외국인들이 파리를 두려워하는 것이 당연하다"고 말하기도 했다. 차트는 어디를 가든지 호기심을 끄는 교육 자료였다. 룬드 선교사는 특히 어린이들에게 파리가 죽음의 원인이 될 수 있으므로 아주 위험한 적이라고 가르쳐 마음에 강한 인상을 심어주고자 하였

---

128 A. G. Anderson, 앞의 글.

129 Pearl B. Lund, "Echoes from Haiju Hospital," *ARKWC* (1924). 59.

다.[130] 이렇게 진행된 육아교육사업은 여러모로 성과가 좋았다. 간호학교 졸업생들에게는 위생과 육아에 대한 지식을 전해줄 수 있었고, 어머니들에게는 자녀들의 특성이 무엇보다도 중요하다는 인식을 주었다. 1926년의 교육 주제는 순수, 진실, 온유, 순종 그리고 사랑에 관한 것이었다. 엄마들 스스로가 모임을 이끄는 경우도 있었다. 이들을 위해 한국말로 강의를 준비하는 일은 룬드 선교사로서도 소중한 일이었다. 그는 사업을 진행하면서 "앞으로 새로운 리더가 일구어낼 미래를 기대합니다. 어떤 풍파에도 담대히 버텨낼 수 있을 것이라 믿습니다"[131]라는 소망을 가지게 되었다.

우유급식소사업의 절실함은 해주 지역에서도 마찬가지였다. 룬드는 1927년 보고서에서 험준한 길을 마다하지 않고 이틀 걸려 우유 급식소로 우유를 타러 오던 어떤 아기 엄마에 대한 이야기를 적었다.

우유급식소사업 자금은 환자들의 관심 속에서 그 목적을 향해 잘 쓰이고 있습니다. 우유 급식을 받은 마지막 아이는 엄마의 등에 업혀 50마일(200여 리)을 온 아이였습니다. 험준한 길을 이틀을 꼬박 걸어왔습니다. 오는 길에 도적을 만나 가지고 있던 5엔을 빼앗길 뻔했습니다. 다행히 아픈 아이를 업은 그녀의 간청으로 도적들이 오히려 동정을 베풀었다고 합니다. 아기엄마는 주일날에 도착했습니다. 다음날 아침밥을 주었더니 오직 아이를 위한 마음으로 가진 돈을 다 내놓는 것이었습니다. 돈을 다시 돌려주었지만 한사코 받으려 하지 않아 우리의 설득 끝에 돈을 받아갔습니다. 우리는 원한다면 나중에 삯을 내라고 하며 아이를 무료로 돌봐 주려 했습니다. 그런데 우리의 호의에 근심하다가 자기 머리장식(비녀)을 내게 주었습니다.[132]

130 Pearl B. Lund, "Report of Haiju Norton Memorial Hospital," *ARKWC* (1925), 28.
131 Pearl B. Lund, "Haiju medical work," *ARKWC* (1926), 33.
132 Pearl B. Lund, "Norton Memorial Hospital Report, Haiju," *ARKWC* (1927). 33.

마지막 우유 급식을 받기 위해 위험을 무릅 쓰고 급식소를 찾아온 아기 엄마 이야기를 적으면서 룬드 선교사는 "내가 하는 사업의 첫 단추가 기쁨으로 끼워졌고 주님이 많은 길로 나를 돕고 있다는 사실을 덧붙이고 싶습니다"라고 보고서를 마무리하였다.

1928년 5월 1일부터는 진료소 확장사업의 일환으로 마리안 홀(Marian B. Hall, 로제타 셔우드 홀의 며느리)에 의해 '토요 모자(母子)복지클럽'이 시작되었다. 첫 모임에 80명의 엄마가 아기를 데려와 건강검진을 받았다. 검진 결과, 80명 중 세 명의 아이가 백일해에 걸려 있었고, 한 아이가 수두에 걸려 있었다. 룬드 선교사는 자칫 잘못하면 좋지 않은 결과가 나오지 않을까 걱정이 되어 병원으로 데려가도록 하였다. 다른 아기들은 엄마들에 의해 아침부터 진료소에 순서대로 등록하고 무료로 검진을 받았다. 룬드 선교사가 아파서 검진을 못하는 경우에는 한국인 여의사가 복지클럽사업을 도맡았다. 룬드에 의하면 그녀가 너무나 잘 해 주었기 때문에 그녀가 계속 일할 수 있도록 사업의 재정을 채워달라고 기도하게 되었다고 한다. 여의사는 특히 모자복지클럽에서 열정적인 활동을 하였다. 일단 같은 한국인이라 언어장벽이 없었기에 사람들과 깊이 교감할 수 있었던 게 큰 장점이었다. 모자복지클럽은 매주 평균적으로 35명의 엄마가 아기를 데리고 왔다. 그리고 1928년에는 적지만 가지고 있던 여유자금으로 영양결핍 아동을 위한 우유 무료배급을 계획하였다. 모자복지클럽에 참여한 아기 엄마들은 눈에 띄게 변화되었다. 가르친 대로 목욕을 시키는 엄마들을 보고 그 방법을 어디서 배웠냐고 물으면 모자복지클럽에서 배웠다고 대답했다. 모자복지클럽의 교육이 비옥한 토양에 뿌리를 내리고 있었다. 어떤 부인은 의 난소낭종을 기증해주어 유리병에 보관해 두었다. 부인의 친구들도 자신들의 것도 기증하길 원했지만, 모두 같은 진단을 받은 것은 아니었으므로 받을 수가 없었다. 그들 대부분이 병원에 있는 동안 기독교인이 되었다. 이들이 기독교인이 된 데에는 '태희'라는 성경부인의 헌신이 컸다. 그녀의 활동으로 많은 사람들이 주님을 영접하고 구원받게 되었다.[133]

1928년 해주 결핵병원이 셔우드 홀(로제타 셔우드 홀의 아들)에 의해 개원되면서 해주 의료사역팀의 행보는 더욱 바빠졌다. 셔우드 홀은 주민들에게 영사기를 이용해서 공중위생과 결핵에 대한 강의를 실시했고, 1929년 해주의 유아복지사업은 그의 부인인 마리안 홀(Marian B. Hall)에 의해 계속되었다. 앰블런스로 사용할 수 있는 자동차가 생겨 기동성이 더해진 덕분에 사업은 더욱 활기를 띠었다. 1년 전 시작된 모자복지클럽은 한국인 동역자인 닥터 천의 도움으로 계속되었다. 1928년 크리스마스 파티에는 엄동설한에도 불구하고 90명의 엄마가 아기들을 데리고 교회로 왔다. 아기들의 선물과 함께 아기를 건강하게 키운 엄마들과 출석을 잘한 엄마들 그리고 1년 동안 진행된 보건학습에서 높은 점수를 받은 엄마들에게 상이 주어졌다. 이 클럽과 함께 목사 부인들에 의해 뜨개질 클럽도 조직되었는데, 아기들을 위해 따뜻한 털옷을 만들어 주려는 엄마들에게 실과 뜨개질바늘을 전달했다.[134]

5) 원주 지역

원주에는 원래 서미감병원(The Swedish Memorial Hospital)이 있었는데, 4년 동안의 휴업 끝에 1925년 2월 23일 맥매니스(S. E. McManis)에 의해 다시 개원되었다. 개원초기에는 간호원 채용문제로 진료소만 운영했다가 한국인 의사 안 박사(Dr. Ahn)가 오면서 안정되었다. 1927년에는 세브란스를 졸업한 이은주(李殷柱) 의사와 구성서(具聖書) 목사가 오면서 안정적으로 병원 업무와 전도사역을 병행하게 되

---

133 Marian B. Hall, "Haiju Medical Work," *ARKWC* (1928), 25.

134 Marian B. Hall, "Medical Report Haiju," *ARKWC* (1929), 26.

었다.[135]

칼슨(C. F. Carlson) 부인의 보고서에 의하면, 원주에서도 1926년 봄
자모회가 조직되었다. 자모회와 연계하여 유치원 아이들을 검진했다.
한 명의 한국인 의사와 두 명의 간호원이 이 일에 협력하였다. 그러나
이들은 의료활동만 해도 벅찼기 때문에 생각만큼 자모회를 자주 갖지는
못하는 상황이었다.[136] 그렇지만 사경회 때 한국인 의사를 중심으로 가
정위생과 자녀양육법 강의가 진행되었다. 간호원들은 산모의 위생과 영
아양육에 필요한 청결법과 위생방법을 가르쳤다. 또 병원에서 아기를
출산한 산모들에게는 10일 이상 산모의 가정을 방문하여 산모와 아기
의 보건관리를 해주었다. 이러한 공중보건위생사업으로 지역민들은 보
건위생관념이 생겨 예방건강검진을 받는 사람들이 생겨났다.[137]

2. 각 교파의 사업

미국 남감리회의 의료사업과 공중보건위생사업 역시 같은 시기에
지역을 달리하여 여자관을 설립하여 사업을 벌였다. 남감리교회에 의
해 세워진 지역 사회관은 개성의 고려여자관(1922)을 비롯하여 철원여
자관(1924), 춘천여자관(1925) 그리고 원산의 보혜여자관(1926)이다. 개
성에서는 남성병원(南星病院)을 중심으로 진료활동, 간호원 양성, 공중
보건위생사업이 진행되었다. 공중보건위생사업과 유아복지사업은 개
성 남대문 진료소에서 1925년부터 시작되었다. 1923년과 1924년에
우량아대회를 개최하였다. 공중위생사업은 로더가 책임을 맡아 진행했
다. 여기에 보닝 부인이 보조하였고, 공중위생 담당간호원을 따로 세워

135 이만열, 앞의 책, 705.
136 C. F. Carlson, "Notes on work in Wonju," *ARKWC* (1926), 78.
137 「조선감리회연회록」(1929), 83-84.

사업을 진행하였다. 이들은 농촌 지역 진료소 운영과 개성 기독교학교 학생들의 검진, 유아 진료소 운영, 자모회, 우유급식소사업을 전개하였다.[138] 유아진료소는 매월 3회의 진료일을 정하여 진료사업을 펼쳤다. 1935년의 경우, 770명을 검진하였고 목욕은 2,078회, 왕진은 2,257회를 진행했다. 우유는 매일 50병에서 100병을 만들어 방문 공급하였다.[139]

원산에서는 구세원을 중심으로 의료사업이 진행되었는데, 공중보건위생사업보다는 주로 고주 분원 진료소, 격리 병동, 간호학교사업 등이 이루어졌다.[140]

호주 장로회는 선교 분할 지역인 남부지방 모든 지부에서 모자보건상담소와 유아복지센터를 설립하여 운영하였다. 1914년에 거창, 1922년에 구마산, 1928년에 통영, 1929년에 진주, 1938년에 부산에 상담소를 개설하였다. 거창은 진주병원의 딕슨(Dixon) 간호원이 매주 방문하면서 운영을 하였는데, 1936년에는 1,099명을 진료하였고, 1,042명을 왕진했다. 또 진주병원의 맥라렌 의사와 테일러 의사도 일주일에 한 번씩 방문하여 남자들을 진료했다. 1940년 4월 17일에 새 건물이 마련되면서 아기건강대회도 개최하였다. 1922년 간호원 투르딩거(Trudinger) 부인이 설립한 구마산 모자진료소는 진주병원 간호원의 도움으로 맥래 부인이 정기적인 방문을 이어가면서 사업이 진행되었다. 통영 역시 투르딩거 부인이 건강상담소를 설치하면서 모자건강을 위한 사업이 시작되었다. 투르딩거 부인이 1938년 부산으로 이동하면서 레인(H. Lane) 부인이 맡아 사업을 계속하였다. 진주에서는 1929년 내피어(G. Napier)에 의해 유아복지과가 마련되었고 1938년 래잉(L.

---

138 이만열, 앞의 책, 708-709.
139 *KMF* (1939), 105.
140 이만열, 앞의 책, 710.

J. Laing) 간호선교사가 사업을 계속하였다. 부산진은 켄지 부인과 앤더슨(G. Anderson) 부인에 의해 운영되다가 1938년 통영에서 이동해온 투르딩거 부인이 부산 건강센터를 설립하여 유아복지사업을 이어 나갔다. 이들 복지센터 역시 우유급식사업을 펼쳤는데, 유아들에 대한 우유급식이 늘어나면서 우유 공급이 큰 문제로 부각되었다. 이는 콩우유로 대체품을 만들어 해결했다. 호주 선교부의 유아복지사업은 1940년 선교부가 철수하는 바람에 계속되지 못하였다.[141]

그 밖에 미국 북장로회도 1939년 안동에 유아진료소와 무료 유치원을 개설하여 운영하였다. 캐나다연합교회도 선교 지역에 유아복지센터를 운영하였고, 번즈 간호선교사에 의해 1932년에서 1939년까지 회령에서 공중보건사업이 진행되었다. 1930년대 말에 이르자 모든 교단에서 선교지부에 유아시설을 운영하였다.[142]

---

141 같은 책, 739.
142 같은 책, 752.

5장
사회복지사업의 확대

공중보건위생사업과 유아복지사업은 의료선교 정책에도 변화를 가져왔다. 의료진들은 예방의학, 즉 공중보건위생사업이 중요한 과제라고 인식하기 시작하였고. 유아복지사업도 강고한 조직을 만들어 보다 광범위한 내용을 가지고 사업을 벌였다. 결과적으로 보건위생에 관한 국민적 인식이 달라져 삶의 질이 향상되었을 뿐 아니라 보육사업과 보육교사 양성사업의 발전을 가져왔다.

I. 의료선교 정책의 변화와 '서울연합영아보건회' 결성

1. 의료선교 정책의 변화

1928년 13개 기독교 병원 책임자인 선교사들에게 의료사업에 관한 제안사항을 조사하였는데, 4명은 기독교 병원의 한국 측 이관, 2명은 전도기관으로서 기독교병원의 계속 운영, 2명은 무료진료 강화, 1명은 수준 높은 의료와 예방의학(공중보건교육) 진흥을 제안하였다.[1] 세브란스의 이용설은 예방의학, 즉 공중보건위생사업이 중요한 과제라고 생각하였다.

> 보건운동이라는 것은 일반민중의 건강을 증진케 하는 민중운동을 의미함이다. 우리의 고대미술적 유물이라든지 역사와 전설을 통하여 선조들의 체격은 지금보다 퍽 장대하였으며 수명도 길었던 모양이다. 이로 보아 우리의 문화만 퇴보된 것이 아니라 육체까지 퇴화 된 것이 명확하다. 무너진 성터를 다시 쌓으며 잃었던 문물을 부흥시키는 이때 보건운동은 무엇보다도 급히 일으켜야 할 것이다. 건강은 인생생활의 제1 행복이요, 사업성취의 제1 조건임은 누구나 다 잘 아는 사실이다. 더구나 여러 가지 난관을 가로놓은 민중에게는 무엇보다 굳은 마음, 높은 정신, 튼튼한 몸이 필요하다. 고상한 정신은 건강한 마음에서 발견할 수 잇다는 것이 경험자의 사실담이라면 건강은 우리에게 무엇보다도 귀한 것이라 아니할 수 없다. 우리 청년들 중에 쓸만한 수양을 받고 장차 사회에 나가 오랫동안 생각하든 포부를 실제화해 보려고 하다가 병마에 정복되어 불귀객이 되는 일은 너무 흔한 사실이다. 인물이 많지 못하고 경제가 극도로 곤란한 우리 사회에서 겨우 길러놓은 인물들이 이렇게 무의미하게 없어지는 수효가 많다면 이는 중대한 일이다. 이런 여러 가지 점으로 보아 보건운동은 속히 전국적으로 일어나야 하겠다.[2]

이용설은 또한 개인 공중보건위생사업을 위한 순회진료차량 운행과 특히, 결핵, 성병, 기생충, 영아복지 등의 긴급한 문제들을 체계적이고 과학적으로 하나씩 해결해 나갈 것 그리고 공중보건향상을 위해 더욱 많이 연구할 것을 제안하였다. 이용설 박사뿐 아니라 버코비츠(Z.

---

1 같은 책, 555-556.
2 이용설, "보건운동의 필요," 「동광」 제27호 (1931년 11월 10일), 92.

Bercovize)의사도 1928년에 선교지부의 보건교육 역할을 제안하였다. 의사 데모리(E. W. Demaree)는 이 사업에서 한국인들에게 더 많은 역할을 부여할 것을 제안하였다. 즉, 1934년 공중보건교육 방법론으로 선교회의 전 자원을 통합하여 한국인 의사와 간호원을 중심으로 한 협력사업을 제안하였다. 또 한국인 지도자를 양성하여 주도적으로 공중보건교육과 사업을 진행하도록 해야 하며, 재정부분도 감당할 수 있도록 해야 한다고 주장하였다. 그 대안으로 의료선교사들이 한국인 의료진들에게 민족 건강에 대한 책임의식과 기독교적 정신을 고취시키고, 공중보건사업 참여 동기를 부여하기 위해 의과대와 인턴, 레지던트 교육과정에 '시범순회사업'을 포함시키자는 제안이 나왔다.[3]

2. 서울연합영아보건회(The Seoul Child Welfare Union) 결성

의료선교정책이 예방의학(공중보건교육)에 역점을 두는 가운데, 아동복지사업도 강고한 조직이 필요해졌다. 1929년 동대문부인병원, 세브란스 병원, 태화복지관 진찰소 이 세 기관이 합동하여 '서울연합영아보건회'(The Seoul Child Welfare Union, 이하 '영아보건회'라 함)를 결성하였다.[4] 그동안 공중보건위생사업의 일환으로 진행되던 사업이 이제는 '어린이'들만을 위한 독립적 사업 기구로 설치된 것이다.

---

3 이만열, 앞의 책, 558-562.
4 'The Seoul Child Welfare Union'을 로젠버거의 1931년 6월, 「조선감리회연회록」보고서에는 '서울영아건강연합회'라고 썼고, 1934년 6월 3일자 「동아일보」에서는 '연합아동보건회'라고 썼다. 1935년 5월 4일자에는 '경성연합영아보건회', '연합아동보건회'라는 명칭을 사용하였다. 자료마다 용어가 통일되어 있지 않다. 이덕주 교수는 '서울연합소아건강구제회'라고 번역하였다. 여기서는 동아일보에서 사용한 '연합영아보건회'라는 명칭을 사용하기로 한다.

서울에서 잘 짜여진 아동복지사업은 우리의 오랜 꿈이었습니다. 그것은 공중보건위생에 뜻을 두고 있는 졸업 전의 간호원과 의사 교육의 중심이 될 것입니다. 다른 교육기관이 지금껏 바빠서 이 사업을 할 수 없었습니다. 세브란스 병원이 사업을 열기를 원했고 동대문병원도 마찬가지였습니다. 그들은 위원회를 만들어 기꺼이 힘을 실어주었습니다. 그리하여 '서울영아건강연합회'(The Seoul Child Welfare Union)가 조직되었습니다.[5]

영아보건회의 사업은 시내 전역에 여러 개의 진료소를 둘 것, 이들 진료소를 의사나 간호원들의 훈련장소로 활용할 것, 세브란스병원, 동대문부인병원 및 태화진찰소를 3대 거점으로 삼고 이곳을 중심으로 인근 지역에서 활동할 것 등 세 가지 방향을 갖고 출발했다.[6] 진료활동에 종사할 중심인물은 에비슨, 로젠버거, 블록, 피터스, 길영희 박사, 미국에서 공중위생학을 공부한 이금전, 이렇게 두 명의 한국인이 참여했다.[7] 이 연합기구가 결성되게 된 데는 로젠버거의 강력한 의지와 서울의 기독교계 병원 소아과 의사들이 아동보건사업을 목적으로 하는 초교파 연합운동체가 필요하다는 인식을 같이 했기 때문이다. 「동아일보」 1935년 5월 4일 자에 그 목적이 잘 나타나 있다.

태화여자관 안에 사무소를 두고 있는 경성연합 영아보건회는 동대문 영아부, 세브란스 영아부, 태화영아부를 합하야 연합영아보건회라 하는 것인데, 어찌하면 체질이 약한 애기를 튼튼하게 기를 수 있고 합리적으로 좋은 애기를 맨들 수 있느냐는 것이 이 보건회가 생긴 목적이라 하겠습니다.[8]

---

5 E. Rosenberger, "Public Health and Baby Welfare Work," *ARKWC* (1929), 59.

6 같은 글, 60.

7 E. Rosenberger, "The Seoul Child Welfare Union, Social Evangelistic Center," *ARKWC* (1930), 45.

즉 "어찌하면 체질이 약한 아기를 튼튼하게 기를 수 있고 합리적으로 좋은 아기를 만들 수 있느냐는 것"이었다. 영아보건회 결성 이후 사업은 더욱 발전하였다. 1년 동안 나타난 기록을 보면 다음과 같다.

입회한 영아 수	687명
진찰일 수	175일
진찰소에 다니는 아이	2,283명
진찰소에 온 영아의 어머니와 보호자 수	4,718명
병원으로 보낸 아동 수	150명
가정방문	3,653회
사망한 영아 수	11명
가정위생 상태	1등 1,483가정, 2등 1,601가정, 3등 429가정
집에서 치료한 수	512회
우유와 영아보육에 대하여 교수 받은 어머니 수	1,400명
집에서 해산한 여자 수	13명
산모와 영아를 간호하기 위해 심방한 수	91명
임부진찰한 수	160회
학교심방 수	75회
예방치료 받은 학생 수	567명
건강진단 학생 수	1,149명
열기 있어서 집으로 보낸 학생 수	5명
학교에서 위생 강연한 수	152회
청강한 학생 수	9,838명
모친회 집회 수	34회
모친회 참석자 수	1236명
목욕시킨 아동 수	1,691명
1년간 목욕한 영아 수	76명
영아에게 공급한 우유병 수	15,780개
새로 믿게 된 신자 수	17명[9]

8 「동아일보」(1935년 5월 4일).
9 「조선감리교 연회록」(1931년 6월 10~19일).

연합영아보건회에는 4명의 한국인 간호원과 1명의 실습간호원이 근무하였다. 어느 날 다섯 개의 목욕탕에서 41명의 아기를 목욕시키는 장면을 3,000명이나 되는 군중이 유리창 밖에서 구경한 적도 있었다. 열심히 다닌 아기들에게는 진찰소 세 군데에서 보건회 기념일에 상이 주어졌다. 1등이 45명, 2등이 32명, 3등 44명이었다. 특별히 민규식이 첫 번째로 영아들을 위하여 상급을 주었는데 이를 '민상급'이라고 불렀다.[10] 1930년대 말에는 사업이 확대되어 서울 시내 여섯 군데에서 진행되었다.[11]

영아보건회는 1934년 6월 2일 동아일보와 협력하여 우량아대회(아기건강대회)를 열었다. 130명의 우량아동과 특등 15명에게 상이 주어졌다. 우량아는 진찰받는 것을 한 번도 빠지지 않았거나 발육상태 등을 보아 선발하였다. 이때부터 동아일보사는 "장래 조선의 일꾼에게 씩씩하고 튼튼하고 또 명랑한 체질과 지력을 갖도록 장려"하려는 목적으로 '동아상'을 마련하여 우량아들에게 시상하고 1935년부터는 시상행사를 전적으로 주관하였다. '동아상'의 의미는 "민중의 아동보건사상이 두터워 가는 것", "사회의 활동범위가 넓어지는 것", "우리의 일은 우리가 해야겠다"는 뜻에서 이루어진 상이었다. 처음 '동아상'을 받은 어린이는 만 1세에서 5세까지의 어린이 16명으로, 동대문 영아부 5명, 태화 영아부 5명, 남대문 영아부 6명 등이었다. 이 우량아 엄마들은 어떻게 아기를 키웠냐는 질문에 대하여 주로 우유를 먹여 키움, 아침에는 오트밀 먹임, 방안 온도를 적절하게 유지함, 아기를 낳은 뒤에는 일체의 화장을 하지 않음, 과실과 밥을 끓여 먹임, 열 달 만에 젖을 뗌, 6개월부터 목장우유를 먹임, 넉 달 만에 밥을 먹임 등으로 응답하였다.[12] 1935년

---

10 「조선감리교 연회록」 (1931년 6월 10~19일).

11 "The Seoul social Evangelistic Center," *Fifty Years of Light* (1938), 28-30.

12 「동아일보」 (1934년 6월 3일).

5월에도 '애기 잘 기르는 법 지도회'를 개최하였고 5월 6일부터 8일까지 세 개의 영아부가 연합하여 동아일보 후원으로 우량아 대회를 열었다. 당시 동아일보는 서울연합영아보건회 사업성과에 대하여 "해마다 건강상이 늘어가고 우량아가 매진하야 많아진다는 것을 보아도 우리 제2세 국민이 얼마나 튼튼하고 씩씩하게 자라고 있는지를 알겠습니다"라고 평가했다.[13]

한편, '영아보건회'의 사업과 별도로, 태화복지관에서는 여전히 공중보건위생사업과 유아복지사업이 다양하게 펼쳐졌다. 또한 사업분야마다 '구락부'(Clubs)을 두어 계층을 막론하고 많은 사람들이 참여하는 형태로 지속되었다.[14]

〈표 5〉 1930년대 태화복지관의 사업 현황

부서	인원
아동보건부(Public Health department)	200
유치원	30
아동구락부	100
소녀구락부	50
자모회	60
부인영어반	10
음악구락부	18
합창대	25
사교구락부	25
운동구락부	25
성경구락부	30
영어예배	20
영어강습	45

---

13 「동아일보」(1935년 5월 4일).
14 이덕주, 『태화기독교사회관의 역사』, 1993, 261쪽의 표.

3. 사업의 성과

교회가 사회사업을 벌이며 적지 않은 일제 간섭과 압박이 있었다. 총독부는 각종 사회사업을 통제하기 위하여 1929년 4월부터 정무총감을 회장으로 하는 '조선사회사업협회'를 조직하였다.[15] 총독부 범위를 벗어나 있는 사회사업에 대한 감시를 강화하기 위한 조치였다. '조선사회사업협회'는 일제 말기인 1941년 '국민총동원'을 위하여 개조되었다. '국민총동원'을 위하여 사회사업기관 통제를 더욱 강화하는 한편, 조선사회사업협회를 전국사회사업 연락통제기관으로 개조하였다. 조선사회사업협회 각도 지부를 해소하고 각도에 사회사업협회를 독립된 기관으로 두었다. 도(道)사회사업협회의 총재에는 국민총력조선연맹장을, 회장에는 후생국장을 추대하였다.[16]

일제의 각종 사회사업 통제 속에서도, 기독교 사회복지사업의 성과는 곳곳에서 나타났다. 사회복지사업은 교회가 사회의식을 가지고 실천해야 할 사회운동이라고 인식하기에 이르렀다. 1931년 12월 9일자 「기독신보」에 실린 '교회와 사회운동'이라는 사설은 그런 상황을 잘 말해준다.

우리 그리스도교의 사회봉사는 영적으로나 육적으로나 요구하는 모든 것을 다 수용하는 것이다. 주께서 세상에 오시어서 인류에게 대하여 선언하신 말삼은 '주의 성신에 내게 임하사 가난한 자에게 복음을 전하게 하시려고 내

---

15 「일제조선침략일지」 (1929년 4월 1일):
   http://db.history.go.kr/id/tcmd_1929_04_01_0090.
16 「매일신보」 (1941년 12월 5일), (1949년 5월 28일), 반민특위조사기록 피의자 현준호에 대한 신문조서에서 현준호는 조선사회사업협회는 무엇을 하는 곳인가? 라는 심문에 고아원원조, 효자열부포상, 篤行者(사회에 대하여 공로가 많은 자) 포상, 일제전쟁을 협력하는 기관이라고 진술하였다.

게 기름을 부으시고 나를 보내사 사로잡힌 자를 다시 놓아주고 눈먼 자를 다시 보게 하며 눌린 자를 자유하게 하고 주의 복된 해를 전파하게 하셨다'고 외치셨다. 이렇게 선언하신 것 뿐 만 아니라 이를 온전히 실천하시어 십자가까지 이름을 우리는 잘 안다. 그런즉 그리스도와 같이 사회를 위하여 목숨을 버려 속죄하려는 것이 우리의 사명이다. 그런데 우리교회로서는 이 사명을 등한히 여기거나 또는 돈연히 관계하지 않고 영만 구원하려 노력하는 것 같다. 우리가 한편으로만 치우치는 것이 그리스도교의 사명이 아니고 본의가 아닌 이상 지금 나아가는 그 길에서 오래 주저할 것이 아니라 단연히 떨치어 바른 길로 달음질하여야 하겠다. 그런즉 우리의 사회는 어떠한가? 이것을 살펴 볼 때에 눈물겨운 문제가 하나둘이 아니다. 예를 들건대 소위 자본가와 노동자와 사이에 충돌되는 계급투쟁, 술, 공창, 결혼과 이혼, 유년노동, 무식문맹, 범죄, 빈궁, 미신전장들이다.[17]

1934년 8월 22일 에프워스 동맹은 '사회적 기독교'를 주장하면서 하나님과 함께하는 사회 건설사업을 주창하기도 하였다.[18] 감리교에서는 구체적인 사업으로 3개 분과―절제부, 농촌부, 도시사회사업연맹부―를 둔 사회사업부를 설치하여 여러 가지 사업을 벌였다.[19] 이 사회사업부에서는 1934년 3월 3일부터 말일까지 '농촌 부녀 지도자 수양소'를 설치하여 아동을 위한 폭넓은 교육을 무료로 실시하였다. 이에 대하여 「기독신보」는 다음과 같이 보도하였다.

우리의 유일한 희망은 어린 사람에게 있다. 물을 쥐어 먹어가면서라도 어린 사람을 잘 교양하기만 하면 반드시 그들이 자라서 우리의 가정을 빛내고 우

---

17 「기독신보」(1931년 12월 9일).
18 「기독신보」(1934년 8월 22일).
19 「조선감리회 연회록」(1931년 6월 10~19일).

리의 사회를 빛내리라. 그러나 이제 큰 문제는 어린 사람을 교양하는 그가 어떠한 사람인가? 대다수가 무식 미신에 잡히어 있는 어머니들이 아닌가? 사람의 인격은 어머니의 무릎 위에서 빗어진다. 프로이드 일파의 심리학자들도 사람의 성격을 형성하는 것은 1세로부터 6세까지라고 하였다. 이 의미에서 먼저 부녀들을 무식에서 해탈시키고 미신에서 끄집어내어 참된 신앙으로 인도하는 것이 급선무다. 이에 농촌부녀 지도자 수양소의 소식을 듣고 쌍수를 들어 치하하는 동시에 이를 천하에 소개하는 바이다.[20]

그 취지는 "농촌 부녀로 하여금 정신을 수양케 하며 일반가정 상식을 넓혀 자기 농촌에 돌아가 다른 모든 부인과 힘을 같이 하야 이왕에 잘못된 것을 고침으로써 정신적으로 또는 경제적으로 일반 농민의 생활을 향상 발전케 하고자 함"이었고, 목적은 "모르는 것을 배워 알고, 미신을 버리고 옳게 살고자 하며, 쓸데없는 예식이나 형식을 버려 경제적 여유를 도모하고, 아름답고 재미있고 간단하게 살고자 하는 것"이었다. 입소자격은 18세에서 40세까지의 농민들이었다. 수양소 강사는 당시 사회적으로 명망이 있던 김활란, 황애덕, 홍애시덕, 리은경, 서은숙, 최마리아, 최이권, 모윤숙, 장정심, 신흥우, 박인덕, 홍병선 등이었다. 강좌 과목은 수양 강좌, 가정강좌, 농촌 상식강좌, 요리, 재봉, 세탁, 염색, 육아, 가정위생, 가정부기, 역사, 지리, 동요, 동화, 유희, 가정 부업 등이었다.[21]

1938년 초에는 각계 전문가들이 아동보건위생을 위한 사회적시설의 긴급한 설치에 대해 논의했다. 논의내용은 아동공원시설과 농촌 보건상담소 설치(중앙보육 독고선), 계절별로 산간, 해변으로 이동하면서 상담 진행(중앙보육 차사백), 탁아소, 영아원의 긴급한 설치(세브란스專

---

20 「기독신보」(1934년 2월 10일).
21 「기독신보」(1934년 2월 10일).

조동수), 육아상담소의 설치 필요성(소아과의사 이선근), 의식주결함 개선(경성제대 최희영), 학교 의료의 확충, 색맹 결핵 문제(성신여교 이숙종), 충분한 일광욕을 위한 동기(冬期) 유희장의 필요(의사 류홍종) 등 다양한 의견들을 제안하였다.[22] 이처럼 1920년대부터 새로이 시작된 공중보건위생과 유아복지사업이 1930년대에 이르러 각계각층에서 중요성을 인식하게 된 것과, 한국인 스스로 국민적 계몽과 구체적인 실천을 해나가게 된 것은 중요한 성과라 하겠다.

앞에서 언급했듯이, 감리교 감리사 아멘트는 유아복지사업 성과에 대하여 유아 사망률이 한국 전체 35%인데 비하여 유아복지의 혜택을 받은 유아 사망률은 5%에 불과하다는 것은 놀랄만한 일이라고 보고한 바 있다.[23] 공중보건위생사업의 성과도 눈에 띄게 나타났다. 1931년 10월 14일자「기독신보」는 마마와 호열자로 죽는 50세 전후의 사람들이 현저하게 줄고 있을 정도로 질병이 감소하였다고 보도하였는데, 치료방법과 예방법 실천 결과라고 하였다.[24] 잡지나 신문에 위생과 육아에 관한 내용이 전면에 장식될 정도가 되었고, 정기적인 건강 프로그램이 라디오를 타고 흘렀다.[25] 기독교 사회복지사업의 성과가 다각적으로 나타나면서 반기독교적인 분위기를 전환시켜 기독교 사회사업의 중요성을 강조할 수 있는 근거가 되었다.

감리교 류형기는 이러한 사회복지사업 성과를 "세계에 어디를 가나 병원, 학교, 교화기관, 사회사업, 고아원, 양로원, 기타 자선사업 기관들을 누가 먼저 시작하였으며 누가 꾸준히 계속하여 나아가는가 하면, 누구나 '예수교회'라고 내답하지 않을 이가 없을 것이다."[26]라고 평가하

---

22 「동아일보」(1938년 1월 1일).

23 *The Korea Missions Year Book* (1928), 48.

24 「기독신보」(1931년 10월 14일).

25 "Public Heath and Child Welfare Work In Seoul," *Fifty Years of Light* (1938), 31-33.

였다. 매티 노블은 조선의 기독교 가정에 일어난 변화와 그 가정이 발산하는 영향력에 대하여 여성 지위의 향상, 아동 건강복지와 도덕성 발달, 남녀 교제의 장, 노비 해방, 조혼율 저하, 청결, 미용, 자족, 장애인에 대한 보호 등으로 평가하였다.[27] 김활란은 1935년 감리교 선교 50주년을 기념하는 보고서에서 유아복지사업과 공중보건위생사업을 '새 운동'이라고 하면서 한국의 여성들을 변화시키는데 중요한 공헌을 했다고 평가하였다. 또한 대다수 여성이 이 사업을 중요하게 인식하여 훌륭한 어머니가 되기 위해 유아진료소, 우유 급식소, 주간보육시설, 무료진료소, 가정방문 등 구체적인 도움을 받았으며, 지역마다 연례행사로 열리고 있는 우량아대회(baby show)에 참여한 어머니와 아이들 모두 자부심을 갖게 되었다고 평가하였다.[28]

이상에서와 같이 정동 보구여관에서 시작된 여성과 어린이를 위한 사업은 1920년대에 이르러 공중보건위생사업과 유아복지사업으로 열매를 맺고 있었다. 내한 여선교사들이 선교초기에 시작한 의료사업이 위축되면서 새롭게 전개된 사업이었지만, 오히려 많은 사람이 이 사업의 혜택을 받아 위생 상태 개선, 질병에 대한 대응 방법 개선, 유아의 건강상태 개선 등의 성과를 낳았다. 이 사업은 그야말로 '새 운동'이었다. 특히 유아복지사업은 가정에서의 육아를 넘어서 국가 차원, 혹은 사회적으로 어린이를 양육해야 한다는 인식의 확장을 가져와 보육교육 사업으로 발전하였다.

---

26 「감리회보」 제2호 (1933년 2월).
27 매티 노블, 『매티 노블의 조선회상』, 손현선 역 (서울: 좋은 씨앗, 2010), 631-635.
28 사우어, 앞의 책, 110-111.

II. 보육사업의 발전

1. 보육사업

1) 유치원사업

근대적 유치원은 개항과 더불어 서구의 영향으로 설립되었다. 1907
년부터 유치원에 관한 법제화가 이루어지면서 많은 유치원이 설립되었
다.[29] 1914년 선교목적의 이화유치원 설립을 시작으로 1913년부터
1926년까지 기독교계 유치원 101개가 설립되었는데, 이 중에 37개 유
치원이 선교사에 의해 설립되었다. 이화유치원은 브라운리(Charlott
Georgia Brownlee, 富來雲)가 설립하였다. 당시 이화학당장이었던 프라
이(E. Frey)가 1912년 휴가차 미국에 갔을 때 신시내티 유치원 훈련학
교에 다니고 있던 브라운리를 만나 한국에 와서 유치원 교사로 근무해
줄 것을 부탁하면서 시작되었다. 브라운리는 1914년 보구여관 자리에
서 유아 16명을 데리고 교육을 시작하였다.[30] 이후 인천(1917), 개성
(1919), 강릉(1919), 원주(1918), 회령(1919), 영변 등에 지역 선교부 담당
선교사들이 유치원을 설립하였다. 1920년대부터는 교파를 초월하여
개신교 유치원의 수가 급속하게 증가하였다.[31]

---

29 그 설립 유형을 보면, 조선인에 의한 설립, 일본인 의한 설립, 기독교계에 의한 설립
으로 나눌 수 있다. 조선인에 의한 유치원은 중앙유치원(1916년 9월 20일), 조양유치
원(1922년 3월), 불교계에 의해 설립된 산청 유치원(1924년 10월), 동래유치원(1928
년 1월), 대자유치원(1929년 9월) 등이 있었다. 그리고 일제에 동화시키기 위한 조선
인 설립 유치원이 있었는데, 경성유치원(1913년 4월)이 그것이다.

30 최한수, "일제에 의한 민족적 저항기의 유치원 교육," 「한국교육사학」16집 (1994),
51.

31 1920년대 개신교 유치원이 증가한 이유에 대하여, 이윤진은 1915년에 발표된 「개정
사립학교규칙」과 개신교 신도 수의 증가로 해석하고 있다. 또 1930년대~일제 말기

개신교유치원은 여러 해 동안 거의 선교사들이 운영했다. 그러다가 1930년대에 들어서면서 보육학교에서 온 학생들이 유치원 보조 교사로 활동하기 시작하였다. 1940년 통계에 의하면 감리교에서 운영하는 유치원만 전국적으로 100여 개에 달하였다.[32] 선교의 목적으로 시작된 개신교의 유치원설립은 일제시기 일제의 식민지 정책에 대응하는 구국적 차원에서 조선인만을 위한 조기교육의 필요성에서 더욱 강조되었다.[33] 유치원 교육 방식은 서구식 근대적 유치원 교육, 즉 기독교 정신을 토대로 한 것이었다.

2) 탁아소사업

일제시대의 탁아소는 순수하게 빈민구제 목적으로 설치되었는데,[34] 1920년대부터 그 필요성이 논의되면서 소규모로 설치되기 시작했다.[35] 선교사들에 의한 탁아소 설립은 유아복지사업의 일환으로 시

에는 선교본부의 지원금 삭감으로 유치원이 대거 폐쇄되는 경우가 많았는데, 이후에는 한국인 독지가나 유지들이 인수하거나 계를 조직해서 부활시켜 나갔다고 한다. 그리하여 1933년 272개의 유치원이 10년 후인 1943년에 343개로 71개 증가했고, 원아 수는 한국인에 한해서 10,268명에서 21,471명으로 11,203명이 증가했다고 한다. 이윤진, 앞의 책, 79-97. 유치원 폐쇄에 관한 기사는 「조선중앙일보」 1935년 3월 27일, 1934년 9월 22일, 1935년 7월 7일, 1936년 8월 8일 자에 나타난다. 1925~1932년 개신교 유치원 수의 변화 현황은 다음 표와 같다.

연도	1925	1926	1927	1928	1930	1932
개신교유치원	122	148	177	217	138	310

* (김양선, 『한국기독교사연구』(서울: 기독교문사, 1971), 부록 편)

32 「감리회보」(1953년 6월 1일).
33 최한수, 앞의 글, 61.
34 강정숙, "일제 말(1937~1945) 조선여성정책-탁아정책을 중심으로-," 「아시아문화」 9권 (한림대 아시아문화연구소, 1933), 4.
35 「동아일보」(1921년 8월 5일).

작되었다. 1923년 마렌 보딩에 의해서 공주에서 시작되었는데, 영양결핍 아동을 위한 것으로 명칭을 '주간 돌봄 학교'(Day Nursery School)라고 하였다. 선교사들은 아이들이 잘 먹고 잘 자고 잘 노는 좋은 습관을 지닐 수 있도록 돌보고 가르쳤으며, 평균 10명에서 12명을 수용하고 있었다.[36] 1920년대 사회주의자들은 탁아소를 단순한 빈민구제가 아니라 여성해방 즉 여성의 경제적 자립을 위해 반드시 필요한 것으로 보았다.[37] 어떤 목적이든 탁아소는 전국적으로 늘어나 1929년 3월 통계에 의하면, 공영(公營) 탁아소 99개, 각종 단체경영 탁아소 409개, 사영(私營) 224개였다.[38]

1930년대부터는 농촌계몽운동의 일환으로 가정부인들의 노동을 장려하기 위하여 농번기 탁아소가 설치되었다.[39] 농번기 탁아소는 한동안 근우회(槿友會)의 정칠성(丁七星), 정종명(鄭鍾鳴) 등이 주장하여 1933년 초에는 수 개소에 불과했던 것이 가을부터 급속하게 늘어나 110개소에 달했다. 게다가 총독부에서 보조금을 주어 확대 방침이 내려지면서 더욱 늘어나게 되었다.[40] 한편, 총독부 역시 탁아소 설치를 더욱 독려하기 위해 1941년 11월 각도에 '탁아소설치장려통첩'을 보냈다.[41] 일제의 탁아소 설치 정책은 여성 농민의 노동력을 수탈하려는 의도였으며,[42] 여성농촌운동가들이 설립한 농촌탁아소가 일제의 탁아소

---

36 "Public Health and Infant welfare Centers Kongju," *Fifty years of Light* (1938), 72-74.

37 강정숙, 앞의 글, 5.

38 신영숙, "일제하 한국여성사회시 연구," (이화여자대학교 사학과 박사학위논문, 1989), 146.

39 "家庭婦女의 勞動을 獎勵하기 爲하여 新設되는 農繁期 託兒所 설치 成績이 良好하다고 報道되다," 「동아일보」 (1933년 6월 15일).

40 「삼천리」 제5권 제9호 (1933년 9월 1일), 37.

41 조선총독부, 「조선농회보」 (1941년 11월), 166.

42 강정숙, 앞의 글, 21.

정책과 맞물려 이용되기도 하였다.[43]

1930년대 농촌을 중심으로 탁아소 설립이 확대되는 가운데, 기독교 편에서도 1932년부터 여름 동안 농촌을 위한 탁아소 설치가 무엇보다도 급한 일이라며 '탁아소 운동'을 벌였다. 기독교 편에서의 '탁아소 운동'은 "근본 문제는 인간 신생(新生)에 있는 것을 철두철미하게 부르짖는바"라 하며 '근본운동'이라는 입장을 가지고 아이를 돌봐주는 일에 우선으로 관심을 기울일 것을 독려하였다.[44]

서울에서는 로젠버거와 이금전(李金田)이 동대문 부인병원 안에 경성탁아소를 1937년 12월 10일에 개설하였다.[45] 개설 당시 탁아 대상은 엄마가 죽거나 병든 아이, 직업을 가지고 있는 바쁜 엄마를 둔 아이들이었다.[46] 탁아소의 운영은 주간반과 밤낮으로 맡아서 돌보는 두 가지 방식으로 진행되었다. 주간반은 8시에서 9시까지 맡기고 5시부터 6시까지 아이를 찾는 식이었다. 주간반의 아이들은 1층 커다란 방에서 지내도록 하였다. 1938년 당시 탁아소 운영의 모습을 보면 주간반 아이는 거의 없었고 주로 밤낮으로 맡겨진 —태어난 지 3개월에서 막 돌 지난— 아이 7명 정도가 2층에서 지냈다. 당시 야구선수 이영민(李榮敏)의 딸도 엄마가 직업을 가지고 있기에 맡겨진 적이 있었고, 잡지 '아이생활사' 주간(主幹)이었던 최봉칙(崔鳳則)의 아들도 엄마가 세상을 떠난 뒤 맡겨졌었다.[47] 탁아소의 한 달 비용은 주간 탁아는 15원, 주·야간

---

43 김성은, "박인덕의 사회의식과 사회활동: 1920년대 말~1930년대를 중심으로," 「역사와 경계」 76호 (부산경남사학회, 2010년 9월), 215.

44 「기독신보」 (1932년 7월 13일).

45 "京城托兒所차저, 서울의 고마운 施設들," 「삼천리」 제10권 제1호 (1938년 1월 1일), 32.

46 이윤진은 경성탁아소를 '귀족형 탁아소'라고 했는데(이윤진, 앞의 책, 157), 삼천리 제10권 제1호 탁아소 설립에 대한 기사를 보면, '귀족형 탁아소'라 일반화하기에는 무리가 따른다.

47 "京城托兒所차저, 서울의 고마운 施設들," 33.

탁아는 25원, 일주일 탁아는 주간 1원, 주·야간 1원 50전이었다. 또 주간반 아이가 점심을 싸서 종일 노는 경우는 20전이었다. 아이들이 먹는 음식은 우유, 두유, 미국에 보내오는 간유(乾油), 보리죽, 밀감, 시금칫국 등이었는데 매월 철 따라 영양별로 음식 종류를 달리하였다. 당시 동아일보사는 경성탁아소를 대상으로 튼튼한 아동에게 표창과 상품을 주는 행사를 했다.[48]

2. 보육교사 양성사업

1921년 보육교사의 사명에 대하여 김창준(金昌俊)은 다음과 같이 그 중요성을 언급하였다.

> 국민교육의 제일보와 국민성, 안이 그의 일생을 통하는 감정의 선오(善誤)의 첫 책임은 유치원 보모가 가져야 할 것 입니다. 학박사(學博士)가 대학에서 학술을 강의하는 이상에 어려운 교육자는 이 보모일 것입니다. 그럼으로 이 보모로서 충분한 자격을 가즈랴면 대단히 어렵슴니다. 적어도 전문학교 이상의 학식과 아동교육에 관한 모든 것의 지식이 잇서야 할 것은 물론이고….[49]

1930년대에 들어서면서 보육교육사업이 더욱 발전하였다. 아동교육에 대한 인식이 확산되면서 보육교육은 더욱 사회의 이슈가 되었는데, 잡지를 통해 유아보육사상이 소개되었고,[50] 1931닌에는 유아보육연구지인 「보육시대」가 창간되었다.[51] 대표적인 유아보육교육기관은

---

48 「동아일보」 (1939년 5월 5일).
49 「동아일보」 (1921년 10월 11일).
50 조동식, "교육이상의 사적변천," 「동광」 제15호 (1927년 7월 5일).

이화보육학교(1928년 3월 14일 인가), 중앙보육학교(1928년 9월 5일 인가), 경성보육학교(1927년 8월 20일 인가)였다. 이들 세 보육학교 중 이화보육학교와 중앙보육학교는 기독교 정신에 입각한 교육을 시행하였는데, 당시 신문은 이 학교 출신 교사들이 "언제나 실천적인 인물들로 전국의 농촌 등지로 가서 한 두 명의 아이라도 모아 놓고 정성껏 돌보려는 희생 정신이 풍부했으며, 인생관이 경박하지 않고 깊었으며, 무엇이든지 연구하는 태도와 추구하는 힘을 풍부하게 가지고 있다"[52]고 보도하였다.

1) 이화보육학교

이화유치원은 1915년부터 유치원 사범과를 설치하여 교육을 시작하였는데 1회 1명, 2회 1명, 3회 7명에서 4회에는 30명이 졸업했다. 사범과의 교육과정은 주로 수공, 은물, 유희, 교육학, 아동심리, 성경, 한문 등이었으며 여선교사 브라운 리가 직접 교육을 담당하였다. 브라운리는 프뢰벨(Fröbel)의 저서인 인지교육, 어머니의 노래와 유희 및 어린이의 세계, 어린이의 낙원, 어린이 동산 등을 번역 소개하였다. 1921년에는 정동에 새로 건물을 지었으며, 1928년 3월 14일 '이화보육학교'로 이름을 바꾸었다. 교육 내용은 성경, 교육학, 심리학, 보육학, 유희, 음악, 일어 및 한문, 영어, 자연과학, 도화, 수공, 동화, 실습 등이었다.[53] 1933년 1월에는 아동교육 교과서인 『아동교육법』을 출간하였는데, 내용은 아동교육의 원칙과 방법 및 조직, 교재의 주요활동과 그 훈련으로 생기는 사고, 아동의 감정과 행동의 유망한 변화 등에 대하여

---

51 "유아보육연구지 「保育時代」창간, 京城保育綠會에서," 「동아일보」(1931년 12월 22일).
52 「조선중앙일보」(1935년 2월 23일).
53 최한수, 앞의 글, 57.

다루었다.[54] 매년 30명 정도를 모집하여 교육을 하였다.[55] 1935년 5월 31일, 이화보육학교 신교사 봉헌식이 신촌에서 있었으며,[56] 정동에 있던 이화보육학교는 1936년 5월 말 신촌에 체육관, 기숙사 가사 실습소, 영어실습소를 갖춘 교사가 신축되어 이화전문학교와 함께 이전하였다.[57] 1939년 4월 11일에는 김활란이 이화여자전문학교와 이화보육학교의 교장으로 취임하였다.[58] 1954년 대전보육학교를 설립한 하워드(Clara Howard, 허길래) 역시 1946년부터 1950년까지 이곳에서 후학을 양성하였으며, 한국전쟁 후에는 농촌 유치원 교사 양성을 위해 제자들과 함께 대전에 보육학교를 설립하였다.[59]

2) 중앙보육학교

1923년 4월 창설된 중앙유치원 사범과는 1928년 9월 5일, 중앙보육학교로 독립 인가를 받은 후에 본격적인 보육교육을 시작하였다. 설립자는 박희도(朴熙道), 장두현(張斗鉉), 신태화(申泰和), 김상돈(金相敦)이었다.[60] 그러나 얼마 지나지 않아 중앙보육학교장이며 협성실업학교 부교장인 박희도가 불미스러운 사건으로 피검되자[61], 보육교육이 제대로 이루어지지 않다가 1934년 5월 9일 중앙보육학교 새로운 설립

---

54 「동아일보」 (1933년 1월 19일).
55 「동아일보」 (1930년 2월 13일).
56 「동아일보」 (1936년 5월 31일).
57 「동아일보」 (1936년 5월 31일).
58 「동아일보」 (1939년 4월 12일).
59 허길래 선생님을 사랑하는 사람들의 모임 편, 『한국유아교육의 선구자 허길래』 (양서원, 1996), 109-110.
60 「동아일보」 (1928년 9월 9일).
61 「동아일보」 (1928년 10월 19일).

자가 황애시덕(黃愛施德), 황신덕(黃信德), 황보배 등으로 변경되었다.[62]

이어 미국유학을 마치고 돌아온 임영신(任永信)이 중앙보육학교 교장을 맡으면서 보육교육의 틀을 잡아가기 시작했다. 1936년 2월 명수태로 이전하기 직전인, 서대문정에서의 학생모집 지침을 보면, 수업연한은 2년이었고 모집인원은 40명이었다. 교장은 임영신, 부교장은 차사백이었다. 시험과목은 구두시험과 체격시험이었다.[63] 1935년 2월 중앙보육학교 졸업생들에 대하여 조선중앙일보는 다음과 같이 보도하였다.

이번 졸업생들로 말하면 위로는 의지할 곳 없는 서울, 아래로 부모 없는 동생들을 거두고 어루만져주느라고 이중삼중의 쓰라림을 맛보며 비바람을 헤치고 피어난 이 강산의 귀한 곳입니다. 따라서 앞으로 그들이 맺어주는 인연 역시 크고 소중한 것을 우리는 의심치 않습니다.… "너는 언제나 가난한 이 땅의 딸이란 것을 잊지 말아라"하는 이 말을 이 학교에 발을 들려 놓는 날부터 교문을 나서는 날까지 귀가 아프게 들어온 중앙보육과 학생들의 마음의 각오란 다른데서 보기 어렵다고 합니다. 그들은 어디까지나 실천적인 인물들로 농촌에 가서 한두 아이를 모아 놓고라도 그들을 위해 정성을 쏟으라는 희생정신이 풍부하야 경박한 점을 찾을 수 없이 인생관이 깊고 무엇에나 연구적 태도와 추구 힘이 풍부합니다.[64]

---

62 「동아일보」(1934년 5월 18일). 1936년 자료에는 창설자와 공로자 이름에 박희도가 빠지고 김상돈, 장두현, 임영신, 차사백, 이인(李仁)만 적고 있다. 「삼천리」 제8권 제2호 (1936년 2월 1일).
63 「삼천리」 제8권 제2호 (1936년 2월 1일).
64 「조선중앙일보」(1935년 2월 23일).

1935년 1월 1일자 「동아일보」 기사에서 이화보육학교, 중앙보육학교, 경성보육학교 졸업생들은 장래 조선의 주인공이 될 어린이들의 '제2의 어머니'로서의 직책과 의무를 다하기 위해 조선 방방곡곡에 흩어져 활동하고 있다고 보도하였다.[65] 이들을 중심으로 탁아소사업과 유치원사업이 발전해갔다.

---

65 「동아일보」 (1935년 1월 1일).

6장
1930년대 사회복지사업의 한국인 이관

　1920년대 중반부터 유아복지사업과 공중위생보건사업이 점차 확대되면서 이에 종사할 한국인 여성인력의 수급이 절실해졌다. 게다가 당시 대공황으로 미국 선교본부의 선교보조금이 중단되고 1940년부터 내한선교사들이 귀국하면서 선교사들 주축으로 진행하던 각종 선교사업에 보조적인 역할에 머물렀던 한국의 전문여성들이 사업을 주도하기 시작했다. 여기에 종사하는 전문 인력들은 이전 시기부터 외국 유학과 국내 교육기관을 통하여 배출되었다. 이 장에서는 한국인 여성 전문 인력의 성장 과정과 그들이 1930년대 이후 선교목적으로 진행되었던 각종 사회복지사업을 주도적으로 수행하는 모습을 살펴보기로 한다. 왜냐면 이들이 향후 한국이 사회복지 국가로 나아가는 데 있어서 중요한 토대가 되었기 때문이다.

I. 선교사업비 감축과 사업비 마련 대책

1. 선교사업비 감축

1) 조선감리회 중앙협의회와 직무

남·북 두 감리회 소속 한국인들은 1930년 합동총회를 갖고 최고지도자를 선출하였다. 미국보다 먼저 이루어진 감리회 합동은 한국 감리교회의 자치시대를 열었다는 데 의의가 있었다. 그럼에도 불구하고 경제적 원조를 계속 받을 수밖에 없었다. 따라서 통합 추진과정에서 사전에 미국 교회의 허락을 받거나 조직 명칭을 미국 교회의 위상보다 낮게 정하는 등, 미국 감리교회의 관할 범위 내에서 이루어졌다. 통합 후 1931년 2월에는 한국교회, 외국교회 및 선교사 간의 연락기구로 중앙협의회(Central Council of the Korean Methodist Church)가 새롭게 만들어졌다. 이 협의회는 선교사 16명, 한국인 16명, 남북 감독 2명 그리고 총리사 모두 35명으로 구성되었다. 조선연회의 전도비 보조금과 각 선교기관의 예산, 기타 선교회 특별사업 예산을 심의하여 각 소관 선교국에 전달하는 선교비 집행 실무기구였다. 중앙협의회의 직무는 다음과 같다.

① 조선연회들의 전도비 보조금 예산과 각 선교기관의 예산과 기타 선교회 특별사업의 예산을 심사 통과하여 각기 소관 선교국에 전달함.
② 이상 선교국의 송금을 받아 중앙협의회 회계를 통하여 각 사업에 분배하여 소관 선교국의 지정을 준수함.
③ 각 기관사업에 선교사 송금에 대한 전충위원을 선정하여 조선감리

회 총리사와 또 할 수 있는 경우에는 모교회가 정식 파송한 감독들과 상의케 함.

④ 재래 연회나 선교회가 임명하여오던 각 선교기관의 이사부나 혹 관리부의 부원들을 임명하며 이 부서 등에 신헌장을 제정도 하고 승인도 함.

⑤ 새로이 요구되는 선교사의 자격과 수효를 결정하여 미국 선교국들을 통하여 청구함.

⑥ 선교사의 적응성과 안식년 후에 귀임 여부를 매 안식기 초에 사정함.

⑦ 교육, 의료, 사회전도의 모든 선교기관사업을 가급적 조선감리교회 대방계에 통합되도록 함.

⑧ 중앙협의회 회계를 선택하여 미국 선교국들의 확인을 받되 협의회 외의 사람이라도 선택함을 득함.

⑨ 매 연중 중앙협의회 사업보고를 작성하여 조선감리교 연회와 삼교회의 총회에, 조선감리회 총리사와 모 교회 대표되는 두 감독에게 각 선교국에 전달함.[1]

중앙협의회의 가장 큰 직무는 1항에서 보듯이, 조선연회들의 전도비 보조금 예산과 각 선교기관의 예산 그리고 기타 선교회 특별사업 예산을 심사 통과하여 각기 소관 선교국에 전달하는 일이었다. 미감리회 여선교부도 중앙협의회의 예산심사를 거쳐 선교비를 받았다. 1931년 6월 6일, 제2회 중앙협의회의 회계 보고를 보면, 감리회 남선교부에서 50,000불, 미감리어신교부에서 65,000불, 남감리여선교부에서 127,400불 총 242,450불의 수입이 있었다. 같은 해 9월 18일에는 노블 박사가 제안하여 제3회 중앙협의회(1931년 9월 18일)에서 각 연합기관에 이사

---

1 「감리회보」(1931년 2월).

를 파송하는 안건을 가결하여, 동대문부인병원 이사로 로젠버거, 코스트럽, 홍애시덕, 김합라 등을 파송한 일도 있다. 남감리회 여선교부의 1932년과 1933년 예산안은 제5회 중앙협의회의 재정위원회에서 통과되었는데, 미감리회 여성선교부가 건의한 내용을 심의하여 공주여학교 30불, 협성여자신학교 2,620불, 인천사경회관 4,000불, 태화여자관 50,000불, 평양유치원 6,000불, 평양사회사업관 2,600불이 배정되었다.

기독교계 학교와 병원의 운영비, 지방 교회 개척비 등 외국의 원조에 의존해야 했던 1930년대의 한국교회는 중앙협의회의 결정에 따를 수밖에 없는 한계를 가지고 있었다. 사회복지사업비는 주로 미국감리교 선교부의 세계사업비를 사용하였는데, 선교부에 청구하면 선교사협회에서 예산을 편성하였고, 이를 중앙협의회 재정위원회에서 심의하였다.[2]

2) 선교사업비 감축

1932년부터 불어닥친 미국의 경제적 불황으로 미국의 무역수지는 적자로 돌아섰다. 이러한 경제적 불황은 외국 선교사업에도 영향을 미쳤다. 1931년 11월부터 1932년 10월 31일까지 미감리교회가 지원한 세계사업비는 4,119,107불로 이는 전년 대비 27%에 해당하는 1,524,352불이 감소된 것이었다.[3] 이 중 한국에 배정한 미국북감리회 외국선교부 보조금은 1932년 19,422불이었던 것이 1933년에는 4,881불로 급격히 줄었다.[4] 그나마 한 달 미리 받던 보조금마저 1933년 4월부터는 한 달 늦게 받아야 하는 상황에 이르렀다.[5] 미감리회 해외여성선교회 예산도 7

---

2 「감리회보」 제7호 (1933년 7월 10일), 5.

3 「감리회보」 제2호 (1933년 2월 10일), 2.

4 「감리회보」 제2호 (1933년 2월 10일), 9.

5 「감리회보」 제4호 (1933년 4월 10일), 20.

월부터 12월까지 6개월 동안 15%가 삭감되어 총사업비 중 63,038원이 줄었다.[6] 미국 남감리회선교부도 1933년 7월부터 기존에 송금했던 선교비 중 30%만 보내고 나머지는 여건이 되면 보낸다는 통지를 해왔다.[7] 남감리교 여선교부도 총리원에 1933년 7월부터 재정긴축을 통보했다.[8]

2. 조선감리회의 사업비 마련 대책

선교사업비가 줄어드는 상황이라도 교회사업과 선교사업을 중단할 수는 없는 일이었다. 감리교 총리원은 선교사업비 감소에 대한 대책을 마련해야 했다. 조선감리회의 류형기는 "선교사업이란 자기 교회에서 할 일 다 하고 쓸 돈 다 쓰고 남는 것으로 하는 사업이 아니다. 선교의 사업은 우리의 교회의 정신생활을 위한 영양물이다. 선교사업이 그칠 때면 우리 개체의 교회도 죽는 때다…"[9]라며 선교사업비를 줄일 수 없다고 강조했다. 따라서 선교 본국에 강하게 호소할 것을 주장하였다. 남북감리교 선교사들도 1933년 11월 22일 '재조선감리교회선교사협회'를 조직하여 선교사에 관한 모든 사항을 토의하여 선교부에 청구하기로 하였다.[10] 그러나 본국에서 벌어지고 있는 경제 불황은 어찌할 도리가 없는 일이었다.

양주삼은 이런 대책에 대하여 "미국교회의 재정형편이 완화된다 하더라도 확장되는 기관사업에 대한 간접적 지원만 있을 뿐, 이미 조직된

---

6 「감리회보」 제7호 (1933년 7월 10일), 5.

7 「감리회보」 제7호 (1933년 7월 10일), 4.

8 「감리회보」 제5호 (1933년 5월 10일), 3.

9 「감리회보」 제2호 (1933년 2월 10일), 9.

10 「감리회보」 제12호 (1933년 12월 3일), 3.

교회에는 보조금을 다시는 주지 않을 것"이라며 비관적이었다. 따라서 그러한 사태를 각오하고 교회를 유지하며 발전시키려는 계획을 세워야 한다고 주장하였다.[11] 양주삼은 자급적인 기독교조선감리회사업에 대해 감리교 교우들과 고민을 나누었는데, 그 내용 중에는 "우리가 어떻게 하여야 남의 보조를 받지 않고도 남녀교역자를 유지할 수 있을까?", "우리가 무슨 방법을 채용하여야 우리 교회에 의연금이 증가될까?"라는 고민이 포함되어 있다.[12] 1933년에 양주삼은 조선감리회에 다음과 같이 당부했다.

> 우리 조선교회는 미국 선교부의 힘으로 설립되었고, 또 유지하는 힘도 거기서 많이 받아왔으나, 지금부터는 형편이 크게 변하였을 뿐더러 우리의 할 일은 우리가 하여야 될 때가 왔습니다. 그런즉 우리는 우리 교회를 유지하고 발전시킬 방침을 위하야 연구도 많이 하며 기도도 많이 하여야 되겠습니다.[13]

긴축재정은 불가피했다. 그동안 감리교 중앙협의회의 모든 경비와 이사회 비용까지도 각 선교부에서 감당하였으나, 1933년부터는 국내 각 연회의 부담금으로 총리사비, 총리원 사회비용, 중앙협의회 이사회 비용, 총회경비, 인쇄비로 사용하였고, 감리사비, 교역자 은급비, 연합 공의회비, 주일학교연합회비, 일본선교비, 만주선교비 등으로 사용하기로 하였다. 1934년부터는 조선 대표의 경비는 스스로 부담하기로 결정하는 한편, 일본선교비 50원, 만주선교비 800원을 줄였다. [14]
또 다른 대책으로 후원회를 조직하였다. 이화여전의 경우, 1933년

---

11 「감리회보」 제5호 (1933년 5월 10일), 2.
12 「감리회보」 제2호 (1933년 2월 10일), 5.
13 「감리회보」 제1호 (1933년 1월 10일), 4.
14 「감리회보」 제2호 (1933년 2월 10일), 4.

2월 18일 신축 교사 마련을 위한 후원회를 조직하여[15] 40만 원의 후원금으로 1933년 6월 10일 정초식을 가질 수 있었다.[16] 총리원은 1933년 4월부터 10월까지 정춘수를 각 지방회에 파견하여 자급 장려와 진흥사업을 독려하였고 후원회를 조직하여 기금을 늘려나갔다.[17] 이렇듯 재정확보를 위해 노력한 결과, 총 교회의 경비가 증가하는 지방회가 생겨나기 시작하였다.[18] 교회소속 유치원의 경우는 교회여선교회에서 맡아 경영하는 곳도 생겨났다.[19] 개성서지방 풍덕구역 망포교회당 망포유치원의 경우, 교인 이정호, 김연식 등이 하워드 선교사(Clara Howard, 허길래)를 도와 자립적으로 설립하였다. [20]

교회와 기관의 기부금 수입이 늘어나자, 조선총독부는 1933년(소화 8년) 8월에 1909년 8월 발포했던 '기부금품모집취체규칙'(寄附金品募集取締規則)을 개정하여 화재구제와 의연금을 포함한 모든 기부금에 대해 허가를 받도록 하였고, 위반시 종전보다 더 엄벌하도록 조치하였다.[21] 교회 기부금은 교회 자급을 위한 추수감사절 헌금, 성탄절 헌금, 연료비(석탄) 등 교회 유지 경비 외에 사업을 위한 기부금품은 모두 총독부의 허가를 받아야 했다. 당시 감리교 총리원은 관례상 묵인되는 것

---

15 「감리회보」 제3호 (1933년 3월 10일), 3.
16 「감리회보」 제7호 (1933년 7월 10일), 6.
17 「감리회보」 제4호 (1933년 4월 10일), 11.
18 홍성지방의 경우 자급이 407원이 증가하였고, 교회의 총경비는 1,847원이 증가하였다. 「감리회보」 제2호 (1933년 3월 10일), 10.
19 「감리회보」 제3호 (1933년 3월 10일), 13.
20 "개성서지방 풍덕구역 망포교회당 망포유치원은 1932년 4월에 설립하였는데, 설립자 허길래 목사가 열심히 도와주시며 본교회 내 이정호, 김연식 양씨가 뜻을 같이 하야 일하는 중 원아를 위하야 동리 유지 유석우씨가 1년분 시탄을 자담하였으므로 감사함을 마지 아니한다하며 동 유치원을 위하야 후원회까지 조직하였는데, 회장 김연복, 부회장 이정호, 총무 유석우, 서기 유기일, 회계 김연식 제씨가 피선되었다." 「감리회보」 제3호 (1933년 3월), 8.
21 「동아일보」 (1933년 8월 6일).

까지 웬만하면 사업의 편리를 도모하려고 총독부경무국의 허가를 받도록 하였다.[22]

II. 선교사업의 한국인 이관

선교사업비 감축으로 인한 한국인 스스로 사업비 재정확보에 힘을 기울이는 한편, 각종 사회복지사업에 필요한 인력 역시 한국인으로 자연스럽게 이관되어 갔다. 재정적인 측면뿐 아니라 인력 면에서도 선교적 입장의 사업이라기보다는 한국 기독교 사회복지사업으로 모습을 갖추기 시작한 것이다. 이 절에서는 선교사업의 한국인 이관을 살펴보기로 하는데, 무엇보다도 중요한 것은 기독교 사회복지사업에 종사할 한국인 전문 여성인력이 어떠한 과정을 통하여 형성되었는지를 살펴볼 필요가 있을 것이다.

1. 한국인 여성 전문인력의 등장과 활동

1) 유학을 통한 인력 형성

한국 여성의 미국 유학은 1920년대 중반부터 급증하였는데, 1920~1929년간 도미 여성 유학생은 총 83명이었고, 그중 하와이 출신은 17

---

22 "우리교회는 자선사업기관인 만큼 모든 비용은 신도(혹은 불신도)들의 의연금을 가지고 쓰는 터인데, 지나간 8월 5일부로 총독부에서 기부금품모집취체규칙이 발포된 바 각 교회와 학교 당국자가 해당 규칙에 대하야 종종 문의하야 옴이 많기로 본 총리원에서는 조선총독부 경무국의 의견을 들은 후 여좌한 대답을 동시에 취체규칙전부를 게재하야 우리 사역자들로 하여금 참고케 한다." 「감리회보」 제10호 (1933년 11월), 23-26.

명이었다.23 당시 미국 유학생들은 공학, 경제, 경영, 교육, 신학, 의학 등 5개 분야를 주로 전공하였는데, 선교사들과 선배들의 강력한 권고로 학위나 명예보다는 당시 한국 사회가 필요로 하던 실용적이며 전문적인 분야를 전공하였다. 유학 선배인 윤치호는 「우라키」를 통해 모든 사정이나 개성 같은 것을 희생하여서라도 농업, 목축, 공업, 상업(그 중에도 농공업) 분야에 대해 공부할 것을 권유하였다.24 도미 여성 유학생의 전공 분포는 다음과 같다.

〈표 6〉 도미 여성유학생의 전공 분야

전공	인원	이름
음악	23명	고봉경, 김메리, 김명애, 김애경, 김애식, 김영의, 박원정, 박화숙, 손진실, 송경신, 안플로렌스, 위덕실, 유부용, 윤성덕, 이순갑, 이은라, 이춘자, 임아영, 임캐스린, 정애영, 조은경, 천옥분, 추애경, 한경순
교육	19명	김마리아, 김신실, 김필례, 민덕순, 박인덕(종교), 손진실(교육), 윤종선, 이선행, 이유경, 배세(음악), 정애경, 정엘렌, 최마르다, 최세문, 최순희, 최예순, 최직순(종교), 한경순(종교), 황에스더
신학	17명	길진주, 김기춘, 김마리아. 김보배, 김애신, 김필례, 박은혜, 박필연, 신형식, 위덕실, 이보배, 이인애, 조득란, 차경신, 차미리사, 홍메리, 홍에스더
문학	10명	김동준, 김상순, 김활란, 민덕순, 박마리아, 서은숙(유치원), 신형숙, 최마르다, 최순희, 최정림, 하란사
종교	8명	김활란, 민덕순, 박인덕, 윤종순, 임영신, 최예순, 최직순, 한경순,
간호	6명	김봉순, 안노라, 안플로렌스, 이금춘, 이정애, 이프란시스
의학	5명	김애희, 박에스더, 송복신, 이레베카, 한소제
가정·가사	4명	김분옥, 김합라, 송낙균, 최이순
역사·정치	3명	고황경, 김노디, 임영신
미술	2명	김란혜, 박영애

* 정병준, "일제하 한국여성의 미국유학과 근대 경험," 「이대사학연구」 39집, 2009, 48의 표.

---

23 정병준, "일제하 한국여성의 미국유학과 근대 경험," 「이대사학연구」 39집 (2009), 39.
24 김여식, "미국대학과 유학대비에 대하여," 「우라키」 1호 (1925), 11.

당시 한국 여성들의 미국 유학은 대부분 선교사 추천 선발로 가는 경우가 많았는데, 예를 들어 1922년 유학길에 오른 김활란은 자신의 유학은 "선교사 선생님들에 의해 제의되어온 문제"였다고 하였다.25 1923년 유학길에 오른 손진실은 학교 졸업 전 상해에서 만난 코넬대학 교수로부터 이야기를 듣고 미국 유학을 꿈꿔왔으며, YMCA의 협조로 코넬대학 전액 장학금을 받아 유학길에 오를 수 있었다. 한국 학생들은 선교사 내지는 선교본부와 인연이 깊은 미국 최초의 여자대학 오아이오 웨슬리안대학에 주로 유학하였는데, 하란사, 김활란, 신형숙, 김메불 등이 유학하였다. 대부분 여학생은 미션스쿨, 선교단체, YWCA 등 기독교·여성·교육·문화 단체에서 일하면서 그런 인연으로 유학기회를 얻었고 귀국 후에도 그 계통의 직업을 갖는 구조였다. 그렇기에 이들의 전공은 개인의 선호보다는 이들을 파견한 여성·교육·기독교·선교·문화단체의 필요에 부합되는 것이었다. 26

「조선일보」 기자로 1925년 도미하여 미주리펄대학교에서 유학한 김양수는 1926년 「우라키」에서 미국 유학생들은 온건한 진보주의와 개인주의적인 성향을 가지고 있으며, 이들이 미국으로 유학 가게 된 동기는 '미국선교회가 경영하는 각종 사업에 필요한 문학이나 의학 등의 학과를 수득하기 위한 것'이라 하였다.

> 그 유학하는 동기와 또 전공하는 학과의 선택 여하를 상고하여보면, 과거의
> 우리의 선배들로 말하면 대개 조선에 와있는 미국선교회에서 파견한, 또는
> 그의 반연(絆緣)으로 온 이들이 제일 대다수를 점하였고, 따라서 그 전공하
> 는 학과도 얼추 동귀일철적(同歸一轍的)으로 신학 아니면 미국선교회의

---

25 김활란, 『그 빛 속의 작은 생명: 又月 김활란 자서전』 (서울: 이화여자대학교 출판부, 1975), 104.
26 정병준, 앞의 글, 44-45.

경영하는 각종 사업에 필요할만한 혹종의 문학 또는 의학 등의 학과를 수득함에 불과하였던 것이다.[27]

미국에서 귀국한 여성유학생들은 주로 교육기관, 기독교계 문화, 여성단체에서 활동하였다. 김양수가 "그 활동하는 범위와 지반을 가지고 말하면 교회와 및 미국선교회의 경영하에 있는 학교와 병원과 기독청년회와 같은 광의의 문화적 사업에 종사한다."[28]라 하였듯이, 유학을 하고 돌아온 여성들은 자연스럽게 선교부가 경영하고 있던 이화전문, 협성신학, 근화학교, 원산 마르다윌슨신학원 등에서 여성을 위한 후학을 양성하거나 특히 간호, 의학, 가정가사, 교육학, 사회과를 공부하고 돌아온 여성들은 각종 사회복지사업에 종사하였다. 교사, 의사, 유치원 보모, 산파, 간호부 등은 기독교 사회복지사업인 유아복지사업과 공중위생보건사업에 가장 필요한 직종이었다. 또한 〈표 8〉에서 볼 수 있듯이 가정·가사를 전공한 사람이 4명인데, 가정·가사는 여성과 어린이를 위한 새로운 학문 분야로 떠올라 새로운 여성 직업군으로 부각되었다. 이들은 대학에서 가정·가사과, 가정경제과를 개설하여 가르치는 주역이 되었다. 김합라(金合羅, 1925~1928)는 오레곤 주립대 가정경제과 졸업 후 석사과정을 마치고 시카고대학과 디트로이트 학교에서 실무경험을 쌓았으며, 1928년 귀국하던 길에 동경여학교 가정과를 시찰하기도 하였다. 김합라는 1928년 2학기부터 이화전문에 가정경제과를 개설하여 담임교수로 일했다. 이화전문 출신 김분옥(金芬玉(1930년 졸업), 최이순(崔以順, 1935~1937) 등은 귀국 후 이화여진 가사과 교수로 활동을 하였다.[29] 1929년 이화여전에 가사과가 개설되어 졸업생들이 배출되

27 金良洙, "米國留學生出身을 엇더케 보는가," 「우라키」 2호 (1926), 11.
28 김양수, 같은 글, 10.
29 「동아일보」 (1928년 7월 25일); 「중외일보」 (1928년 7월 22일); 김합라, "특히 모범할

면서 성진, 보신여학교(1932. 3.), 영변 숭덕여보교(1933. 3.) 목포 정명여교(1935. 3.), 성신여학교(1938. 3.) 등 각급 학교에 가사과 과목이 개설되었다.[30]

미국뿐 아니라 1920년대 일본과 중국으로 유학했던 여성들도 귀국하여 교육과 사회사업 분야에서 활발하게 활동했다. 일본유학을 마친 여성은 1927년 통계로 8명이었는데, 여자고등사범학교출신으로 손정규(경성여고보), 성의경(숙명), 조경희(숙명), 전지자(진명), 박성환(동덕), 김순영(동덕), 임숙재(대구여고보), 송금선(진주일신여고보) 등은 여자고등사범학교 교사로 활동하였고, 동경에서 여자상업학교를 마친 황귀경(黃貴卿)은 경성여자상업학교 교사가 되었다. 임순분(林順分)은 일본에서 체조학교를 나와 경성여고보에서 체조과를 담당하였고, 방신영(方信榮)은 일본 소재의 영양연구소에서 근무하다가 귀국하여 정신여학교의 교사가 되었으며, 장선희(張善姬)는 동경미술학교 자수과를 나와 경성여자미술학교에서 가르쳤다. 그리고 교사는 아니지만 앵정여숙(櫻井女塾)을 마치고 돌아온 박정식은 근화학교에서 서무 일을 보았다.

일본에서 의학을 공부하고 귀국해 의사가 된 사람 중 동경여자의학전문학교 출신은 허영숙(許英肅), 현덕신(玄德信), 이덕요(李德耀), 류영준(劉英俊)이었고, 길정희(吉貞姬)는 동경제국대 연구실에서 1년 정도 일하다가 귀국했다. 이중 현덕신과 길정희는 동대문병원에서, 류영준은 이화학당 교의(校醫)와 태화진찰소의 의사로 활동하였다. 또 최은희(崔恩喜), 황신덕(黃信德), 이현경(李賢卿)은 여자대학 사회과를, 김선(金善)은 고베 신학교(神戶神學校)를 졸업했고 그 밖에 방인근(方仁根), 전유덕(田有德), 김원주(金元周), 김명순(金明淳)도 일본 유학을 하고 돌아왔다.[31]

자녀교육," 「별건곤」 16 · 17호 (1928년 12월).

30 정병준, 앞의 글, 48.

31 "米國, 中國, 日本에 다녀온 女流人物評判記, 해외에서는 무엇을 배웟스며 도라와서

유학 여성들의 가장 대중적인 활동무대는 1922년 조직돼 최필례, 김성실을 미국에 유학 보내기도 한 YWCA였다. 1932년 조선여자기독교연합회의 간부 12명 가운데 8명(홍애시덕, 김합라, 황애시덕, 김보린, 김필례, 김활란, 김성실, 유각경, 신의경, 박현숙, 최활란, 김영숙)이 미국유학생인 점을 보면 기독교는 미국 유학 여성들의 교집합인 셈이었다.[32]

이들에 대한 사회의 시선이 곱지만은 않았다. "미국선교회의 도움(陰助)하에 회색적 문화주의 보호색을 가지고 겨우 일신(一身) 일가(一家)의 안빈한 생활이나 윤득하는 것"으로 생각하는 경우도 있었다. 이런 시각에 대해 김양수는 "유학을 하는 진정한 희망의 소재는 고등학문을 수학하고자 하는 것이며, 고국의 개선에 참여하기 위함"이라고 주장하였다.[33]

2) 국내 교육기관을 통한 인력 형성

1930년대 여성 인력 배출학교는 이화여자전문학교, 정신여학교, 이화보육학교, 경성여자예술학교, 중앙보육학교, 경성보육학교 등이었다.[34] 이들 학교 중 기독교 유아보육 교사를 주로 배출한 대표적인 학교는 5장 2절에서 살펴본 바와 같이, 이화보육학교와 중앙보육학교였다. 이 학교들은 1917년 이전에 설치된 유치원 사범과가 보육학교로 인가받으면서 본격적인 보육교육기관으로 자리를 잡아갔다. 1932년 2월 「삼천리」 제4권 제2호에 이화여전 인재배출에 대하여 기록하고 있는데, 이화여진은 1932년 당시 15회의 졸업생을 낳은 소선 여성의 최

는 무엇을 하는가?," 「별건곤」 제4호 (1927년 2월 1일).

32 정병준, 앞의 글, 67-68.

33 김양수, 앞의 글, 13.

34 "各女學校入學指南," 「동아일보」 (1929년 2월 14일).

고 학부이며, 김활란, 박인덕, 황애시덕 등 걸출한 여성과 많은 인재를 배출하여 사회와 가정에서 활발한 활동을 벌이고 있다는 것이다. 「삼천리」 기자는 졸업생들이 대개 "기독교 사회를 중심으로 특수하게 윤회" 하고 있다고 기록하였다. 이로 보아 이화여전의 출신 대부분이 기독교 사업에 투신하고 있었다는 것을 알 수 있다.[35]

1903년 에드먼즈의 수고로 시작되었던 간호원 양성의 결과, 감리교 선교 50주년이 되던 1935년에는 평양연합기독병원과 동대문 부인병원 부설 산파급 간호원 양성소, 각 지역 기독교 사회복지관과 선교부가 연합하여 운영하는 세브란스에서 모두 245명의 간호원이 배출되었다.[36] 1924년 세브란스 간호원 양성소를 졸업하고 공중위생보건사업에 뛰어들어 왕성한 활동을 벌였던 김정선은 자신이 훈련받은 세브란스 간호원 양성소에 대하여 "본 양성소는 나로서 잊지 못할 아름다운 교훈을 많이 주었다. 즉 기독의 정신 아래서 정신과 학술적으로 완만한 수양을 받아 나의 사상은 많은 변화를 받아 주저하지 않고 간호원이라고 할 수 있게 만들어 주었다."[37]라고 하며 기독교인으로서 간호원이라는 직업에 대한 자부심을 피력하였다. 이렇게 하여 양성된 간호원 대부분은 병원에서 근무했고 소수는 기독교기관에서 시작된 공중보건위생사업에 종사하였다.[38]

1927년 봄 공주유아복지센터에 공중위생간호학원이 설치되어 한국인 의사들과 외국인 간호원들이 교사를 맡았다.[39] 이 학원은 한국의 다른 병원에서 온 간호원들을 위한 졸업 후 과정이었다. 이곳에서 공부

---

35 「삼천리」 제4권 제2호 (1932년 2월 1일).

36 『은자의 나라 문에서』, 112.

37 「기독신보」 (1933년 7월 5일).

38 김정선(金正鮮), "조선보건사업의 근본 문제에 대하야," 「기독신보」 (1933년 6월 1일).

39 Maren Bording, "Kongju Infant welfare and Public Health work," *ARKWC* (1927).

하는 간호원들은 평균 1년에 4명 정도가 전국의 유망한 장소로 가서 활동하였는데 그중 공주에서 6개월 과정을 마치고 본국으로 돌아간 일본인도 있었다.[40]

함흥 제혜병원에서도 1928년 간호원 양성학교를 개설하고 아다 산델(Ada Sandel)이 교장으로 취임했다. 함흥 제혜병원은 플로렌스 J. 머레이에 의해 1923년 세워졌다. 머레이 의사는 간호학교에 원서를 낸 여러 명의 소녀 가운데 똑똑한 소녀 두 명을 선발했다. 이들의 보충교육을 위해 서양 간호학교에서 가르치지 않았던 과목까지 교습시켰다. 학생들은 정부에서 실시하는 시험에 합격하기 위해 일본어를 반드시 알아야 했고, 수학과 기초화학도 배워야 했다. 조선어로 된 의학용어가 없었기 때문에 이런 용어들을 영어로 배워야 했다. 한국인 선생 이 씨는 조선어와 일본어를 가르쳤고, 의사들은 인체구조와 의학을 강의했다. 머레이는 생리학과 영어를 담당했다. 아다는 이들에게 간호학을 가르치면서 진료실과 병동의 간호원들을 지휘 감독했다. 제혜간호학교는 3년 과정이었다. 과정을 이수했다고 해서 일제로부터 자동으로 공식 자격을 받은 것은 아니었다. 일제는 두 가지의 다른 자격을 요구했다. 하나는 1년제의 산과 교육과정이었고, 또 하나는 간호원 양성을 위한 2년제 교육과정이었다. 제혜병원 간호학교는 이 두 개의 과정을 모두 포함시켰다. 일본인 간호원들은 경험이 없어도 독학으로 시험에 합격하기만 하면 간호원 자격을 얻었으나 조선인 학생의 경우는 외국인으로서 일본어로 시험을 치러야 했으므로 3년 과정을 통하여 충분한 경험과 수련을 쌓고도 떨어지는 경우가 많았다.[41]

---

40 *KMF* (1935년 5월)에서 보딩이 보고한 "유아복지에 대한 전반적 보고"에서는 매일 보육학교와 공중위생간호학원이 1930년에 생겼다고 하였으나 1928년 6월 연회보고에서는 1927년에 생긴 것으로 보고하고 있다. 아마도 보딩이 1935년 보고했을 당시 연도의 착각이 있었던 것으로 생각된다.

한국 사회의 전문인으로서 성장한 간호원들은 1929년 7월 1일부터 13일까지 캐나다 몬트리올에서 개최된 국제간호부대회에도 참석하였다. 국제간호부대회의 목적은 간호부의 사업을 통일성을 기하고자하는 것이었다. 1929년 국제간호부대회에 대표로 남장로교 간호선교사 셰핑(Elise Shepping)[42]과 세브란스병원 이효경, 동대문부인병원의 이금전이 참석하였다. 이 대회에서 셰핑이 조선 간호계의 근황을 보고했으나 조선의 정식 가입문제는 이 대회의 헌법이 주권국을 단위로 했기 때문에 좌절되었다. 이 대회에서 논의된 내용은 간호학 과목 중에 심리 간호법 교수의 필요, 간호원 교육과 간호의 경제적 관념, 간호도덕, 공중위생 간호원과 사회사업, 시민으로서의 간호원, 모성 보호, 적십자사업, 간호 관계법률, 정부와 간호교육, 간호원 양성소와 휴양, 농촌 간호원의 직무 등이었다.[43] 논의되었던 내용들은 당시 한국 사회에서도 시급히 해결해야 할 문제들이었다.

3) 공중보건 분야의 한국인 전문여성

공중보건 전문가 이금전(李金田)

1929년은 공중보건위생사업에 있어서 여러모로 의미 있는 해였다. 제일 먼저 로젠버거를 도와 보건사업에 전념할 수 있는 한국인 전문 간

41 플로렌스 J. 머레이, 앞의 책, 196-201.

42 셰핑(Elise Shepping, 서서평, 1880~1934)은 1914년 남장로회 간호선교사로 내한하여 군산과 광주에서 간호원으로 활동하였다. 1922년 12월 광주에서 첫 번째 한국부인전도회를 조직하였다. 그는 독일에서 가톨릭 신자인 부모 밑에서 태어나 뉴욕에서 간호원 훈련을 받는 중 개신교로 개종했다. 22년 동안 활동하면서 한국간호원협회를 결성하여 동경과 몬트리올을 여행하면서 국제간호원협회에 가입하도록 하였다. George thompson Brown, 『한국선교이야기(Mission to Korea)』, 천사무엘 외 (역) (서울: 도서출판 동연, 2010), 170-171.

43 "국제회합과 조선인의 활동," 「동광」 제17호 (1931년 1월 1일), 63.

호원을 얻을 수 있었다. 로젠버거는 사업이 성공을 거두기 위해서는 자신과 같은 수준의 전문 간호원 자격을 갖춘 한국인 일꾼이 있어야 함을 절실하게 느끼고 있었다. 외국인에 대한 선입견이 아직도 남아 있어 외국인이 설명하는 내용이 일반인들에게 쉽게 납득되지 못하고 있었기 때문이었다. 1929년 드디어 로젠버거의 소망이 이루어졌다.

> 지난 2년 동안 외국에서 공중위생을 공부한 이로 이 사업을 충분히 알고 좋아할 뿐 아니라 기꺼이 참여할 한국인 간호원을 보내달라고 기도했습니다. 그런 여성이라면 자기 민족도 이해할 뿐 아니라 다른 나라의 경우도 공부했으니 자기 민족에게 꼭 필요한 공중위생 규정을 만들어 낼 수 있을 것이기 때문이었습니다. 주님께서는 우리 기도를 들어주셔서 프랜시스 리를 보내주셨습니다.[44]

로젠버거가 말한 "프랜시스 리" 이금전(李金田)은 1920년 이화여전 졸업 후 세브란스간호 양성학교를 거쳐 캐나다 토론토 대학에서 한국 여성으로는 처음으로 '공중위생학'(Public Health)으로 학위를 받았다.[45] 이금전은 귀국하자마자 태화여자관 진찰소에 부임하여 로젠버거를 도와 아동보건과 공중위생사업에 착수하였다. 그는 『영양과 건강』, 『자모회 공과』 등 자모들을 위한 위생관련 저서들을 집필했으며,[46] "여름철에 주의할 십이지장충, 아이들의 맨발을 금할 것"[47] 등 위생과 관련된 강연을 진행하기도 하였다.

앞서 살펴본 바와 같이 이금전은 세브란스병원의 이효경과 힘께

---

44 E. Rosenberger, "Public Health and Baby Welfare Work," *ARKWC* (1929), 59.

45 E. Rosenberger, 같은 글.

46 『태화기독교사회복지관의 역사』, 187.

47 「동아일보」(1931년 6월 18일). 이금전은 1959년 나이팅게일상을 받았다. 「동아일보」(1959년 5월 19일).

1929년 7월 1일부터 13일까지 캐나다 몬트리올에서 개최된 국제간호부대회에 한국대표로 참석한 바 있다.[48] 1932년 「삼천리」는 이금전을 다음과 같이 소개하고 있다.

金李田 씨! 나이는 30여 세이나 아직 처녀다. 씨도 역시 이화의 첫 출신이다. 씨는 문과에서 공부했건만 무엇보다도 청결한 것을 몹시 조화하는 까닭인지 위생에 대해서 연구하고 싶은 뜻을 품고 길을 살짝 돌아섰다. 씨가 세브란스의학전문학교 내의 간호부 양성소를 졸업하고 그래도 만족하다는 뜻으로 위대한 포부와 많은 희망을 가지고 英國(캐나다 토론토: 필자주)으로 발을 옮겼을 때는 벌써 4년 전 일이다. 그곳에 이르러서 공중위생과(公衆衛生科)를 졸업하고 재작년에 귀국하였다. 귀국한 후 지금까지 태화여자관의 공중위생부에서 공중위생에 관한 사업을 위해서 몹시 노력한다고 한다.[49]

이금전은 1936년 12월 10일 태화복지관에서 독립한 로젠버거와 함께 동대문부인병원에 경성탁아소를 설립하였다.[50]

김정선(金正鮮)의 공중위생보건론

김정선(金正鮮)은 1924년 세브란스 원 간호원 양성소 졸업 후 같은 학교에서 근무하면서 1933년에는 기숙사 사감으로도 근무한 바 있다. 그러면서 농민들에게 위생상식을 보급하고자 지방도시와 농촌을 순회하면서 보건과 위생강좌를 열었다.[51] 김정선(金正鮮)은 「기독신보」에 1933년 6월 1일 자부터 "조선보건사업의 근본 문제에 대하야"라는 글

---

48 「동광」 제17호 (1931년 1월 1일).
49 「삼천리」 제4권 제2호 (1932년 2월 1일).
50 「조선일보」 (1936년 12월 10일).
51 「기독신보」 (1933년 6월 28일).

을 연재하였는데, 그는 그 글에서 자신을 "나는 간호원이다"라고 당당히 밝히고 있다. 1930년대 사회가 간호원을 천시하는 분위기였기 때문에 자기가 간호원이면서 간호원 아닌 척하는 사람도 있었다. 사회가 간호 사업을 천시하지만 김정선이 당당히 간호원이라 하고 싶었던 까닭은 "미미한 자신이 존귀하신 하느님을 기쁘시게 할 기회가 다른 사업보다 더 많으며, 자신이 가진 것은 없으나 간호 기술과 지식으로 병자와 약자를 도와줄 수 있기 때문"이었다. 김정선은 민족의 건강을 생각하면서 다음과 같이 공중위생보건사업의 중요성을 언급하였다.

조선에 일반 민중은 현하 조선보건사업을 중요시하지 않으면 안되겠다. 왜 그러냐하면, 어떤 나라를 물론 하고 그 사회에 향상진보 여하는 그 민족의 건강 여하에 있다고 할 수 있다. 그리하야 그 민족이 건강하면 진보할 것이고 약하면 퇴보될 것이다. 건강한 몸에 건전한 정신이 있다고 혹자는 말하였다. 그러므로 우리의 몸이 건강하면 건전한 정신이 있겠고, 건전한 정신에는 인류사회를 위하야 봉사하기에 부족함이 없는 고귀한 사상이 있어 여기에서 능히 건설적 사업을 할 수 있을 것이다. 이 문제는 한 개인 한 단체에서만 생각할 것이 아니라 일반 민중이 깊이 생각할 문제인 줄 안다. 이에 대하야 앞으로 몇 가지 문제를 기재코저 한다.[52]

김정선은 특히 "공중위생사업은 일반사회에 없으면 아니 될 중대 사업"이라며 육체와 정신을 건강하게 하는 사업이라고 설명하였다. 김정선이 활동할 당시에도 공중위생사업은 이전에 해오던 사업을 계속 이어가고 있었다. 유아보건, 학교 아동을 위한 위생법 교육, 가정심방을 통한 임부와 산부 진료, 심방을 하면서 질병에 걸린 사람이 있으면 의사

---

52 "조선보건사업의 근본 문제에 대하야," 「기독신보」 (1933년 6월 1일).

에게 인도하는 일, 전염병 예방 등이었다. 공중위생사업을 처음으로 하는 곳에서는 공중위생 간호원이 먼저 영아부를 조직하였고, 가정마다 다니며 영아 양육법과 위생법을 가르쳤다. 영아가 있는 가정의 경우 영아부에 입회하기를 권면하였다. 영아부를 조직한 후에는 매월 한 차례씩 영아의 체중을 재며 의사와 함께 건강진찰을 하였다. 진찰 결과 병이 있는 아이가 나타나면 치료를 받게 하였다. 또 체중이 줄어든 아이가 있으면 엄마들에게 체중을 늘리기 위한 특별 요리법을 가르쳐 주었다. 자모회를 조직하여 한 달에 한 번씩 영아 양육하는 방법을 가르치기도 하였다. 가정심방은 매일 이루어졌다. 특별히 앓는 아이나 임부, 산부, 산아를 방문하여 간호해주었고 모유가 부족한 아이에게는 인공유를 만들어 공급하였다.[53]

1930년대 전국적으로 공중위생사업기관이 있었던 곳은 경성, 공주, 평양, 개성, 인천, 대구, 진주, 함흥, 회령 등지였다. 그중에 제일 먼저 시작된 곳은 경성과 공주였다.[54] 김정선은 전국의 각 교회마다 공중위생사업부가 설치되기를 희망하고 있었다. 교회마다 영아부라는 이름은 있었으나 사업을 하는 데 있어서 공중위생 간호원이 아니면 사업을 하기가 어려웠다. 김정선은 조선보건사업의 근본 문제를 해결하려면 간호원들을 많이 양성해야 한다고 주장하였다. 자격 있는 간호원을 교회마다 배치하여 영아부사업에 노력하여야 한다는 것인데, 그 문제의 책임은 조선 사회에 있다고 주장하였다.[55]

김정선은 조선 보건사업의 근본 문제에 대하여 다음과 같이 대책을 제시하면서 글을 마무리하였다.

---

53 「기독신보」 (1933년 6월 28일).
54 「기독신보」 (1933년 6월 28일).
55 「기독신보」 (1933년 7월 26일).

근본문제에 대하야 첫 문제에서부터 마지막 문제까지 간단히 말하면,

一, 간호사업과 간호원이 무엇임을 명백히 알아야

二, 사회의 건강이 얼마나 필요한 것을 알아야

三, 공중에 간호사업이 얼마나 필요한가를 각성해야

四, 간호원을 그리스도적 도덕적으로 교양하여야 하겠고

五, 간호교육이 항상 많이 산출하여야 하겠고

六, 그리스도의 완전무결한 정신 위에 사업을 견실히 세워야 할 것이다.

이상에 문제를 해결함으로 근본 문제를 해결할 수 있겠다.[56]

김정선은 1935년부터 태화복지관에서 아동보건과 공중위생보건 사업을 진행했다. 1940년 11월 16일, 빌링슬리(Margaret Billingsley) 관장과 데이커스(E. Dacus) 선교사가 본국으로 떠나게 되자, 태화복지관은 한국 여성 주도로 운영되기 시작하였다. 1941년 2월까지 진행되었다. 사업을 꾸준히 유지하였다. 이듬해(1942년) 5월 태화사회관이 다른 선교부 재산과 함께 '적산'으로 처리되어 종로경찰서로 넘어갔다. 급기야 7월에는 모든 사업에 대한 중단명령이 내려졌다. 김정선은 아동보건과 공중위생사업만이라도 계속하려고 가구와 집기들을 태화사회관 밖으로 옮겼다. 1947년 7월 서울을 방문한 빌링슬리의 증언이다.

서울에 있는 태화사회관은 전쟁기관 중 매각되었고 지금까지 경찰서로 사용되고 있습니다. 물론 그곳에서 하던 사업들은 모두 중단되었습니다. 그러나 우리 공중위생 및 아동보건사업 담당자인 김정선 씨는 나가면서 우유급식 및 아동보건사업에 필요한 기구들을 가지고 나갔습니다. 그는 그 어려운 가운데서도 조그만 방 하나를 빌려 해방되기까지 외부원조를 전혀 받지 않

---

56 「기독신보」 (1933년 8월 9일).

고 서울 시내 어머니와 아기들을 위해 그 사업을 지속했던 것입니다. 미군이
들어왔을 때, 그들은 김정선 자신과 집기들을 서울시청으로 옮기도록 배려
하였고 그것이 서울시 아동복지회가 되었습니다. 이 어려운 시기에 김정선
씨는 자기가 저축해 놓았던 것을 다 써 버렸고 자기 가족들까지도 이 사업을
유지하는데 동원했습니다.[57]

빌링슬리는 어떻게 무엇 때문에 힘겹게 그 사업을 유지시키고자 했
느냐고 김정선을 만나 물어보았다. 김정선은 "선교사들이 나를 믿고 맡
긴 일을 소멸시킬 수는 없었습니다"라고 대답하였다. 그보다도 민족 건
강을 먼저 생각한 열정의 힘이 그녀를 그렇게 만들었을 것이다.

한국 여성 최초의 공중위생학 박사 송복신(宋福信)

송복신은 1922년 동경여자의학전문학교를 졸업한 후, 1929년 미
국 미시간 주립대에서 "인종별 성장차이"로 한국 여성 최초로 공중위생
학 박사학위를 취득하였다. 당시 「동아일보」는 송복신에 대하여 "조선
최초의 여 위생학박사, 여자 박사는 조선서 처음이다. 금의환향한 송복
신 씨!"[58]라는 제목으로 특필하였다.

송복신의 박사학위 논문은 유학생 잡지 「우라키」 제4호에 "인종차이
와 성장"이라는 제목으로(1930년 6월 14일 자) 소개되었다. 이에 앞서
「우라키」 제3호에 "아동위생 부족과 그 원인"(1928년 4월 7일 자)이라는
글도 실렸는데, 「우라키」는 그를 미시간대학연구원으로 소개하고 있다.
먼저 「우라키」 3호에 실렸던 "아동위생 부족과 그 원인"에서 그는 우리

---

57 M. Billingsley, *Dear Friends*(1947년 7월 10일). 우여곡절 끝에 태화사회관은 1949년 1
   월 종로경찰서로부터 되돌려 받았다. 이렇게 이어간 태화사회관의 사업이 훗날 서울시
   의 아동복지회가 되었다. 「태화기독교사회복지관의 역사」, 316에서 재인용.
58 「동아일보」(1930년 2월 6일).

나라 아동의 영양부족 문제는 개인상의 문제뿐 아니라 사회적, 경제적, 건강교육학과 관계가 있다고 설명하고 있다. 첫 번째 한국을 사회적으로 경로사상이 강한 반면, 자녀들에 대한 관심과 아이 성장에 관한 상식이 부족하며, 자녀 양육하는 데 있어서 남녀의 차별이 있음을 지적하고 있다. 또 아이들이 성장하는 데 가장 중요한 것이 공중 위생임을 강조하였다. 아이들이 생활하는 학교는 자체적으로 건강요소에 관한 상식과 책임이 있어야 하며 교사는 교과 외에 건강교육에 유의하여 교실을 청결케 하며, 가능한 한 학부모와 밀접한 관계를 자지며 아동에 관한 상담과 권고가 있어야 한다고 주장하였다.

두 번째로 경제적 문제를 다루고 있는데, 아동의 건강은 가정의 경제상태와 밀접한 관계라는 것이다. 경제문제는 간단히 해결할 수 있는 문제가 아니므로, 산아제한이 하나의 방법일 수 있다고 하였다. 동양의 가정에서 아이를 많이 낳는 것은 조혼 때문인데, 조혼문제부터 해결한다는 것이다. 무직 무책임한 가장들은 가난한 가정과 사회에 쇠약한 자손을 두게 된다는 것이다.

세 번째, 건강교육학에 대한 내용을 다루고 있다. 이 부분은 비교적 많은 분량을 두고 서술하였다.

아국에서도 수십년이래로 교육의 필요와 급무를 깨닫고 노력하여 옴은 사회와 개인적으로 진보됨이라 하겠다. 그러나 이 건강학에 관하여는 자각이 근소한 듯하다. 몸은 한 기계와 같은 사용물이니 누구나 반드시 그를 이해하며 그의 요구되는 것과 이용법을 알아야 할 것이다. 건강교육학의 순서는 자양, 의, 주, 운동, 휴식, 유행병 예방, 신선한 공기, 그 외 등을 의미함이다.…하루라도 우리나라에서도 이 건강교육학에 유의하야 신체의 건강을 주요한 것으로 인정함을 따라 심신이 강한 민족이 되기를 바라는 바이다.[59]

송복신은 이 논문에서 인종에 따라 성장에 차이가 나는 원인이 식료품 섭취와 동양의 특수한 풍속에서 비롯된다고 주장하였다. 이 주장을 뒷받침하기 위하여 미국에서 태어난 일본 아동과 조선과 일본에서 태어난 일본 아동을 대상으로 일주일 동안의 식료품을 기록하여 평균을 가지고 각국 아동이 취한 성분 분량대로 여러 방면의 자료를 가지고 실험을 하였다. 그 결과, 일본 아동의 성장을 방해하는 것이 비타민B의 결핍이라는 사실을 얻게 되었다. 조선 음식은 일본 일상식료품보다 낫긴 하지만 미국에 비하여 성장요소가 결핍되어 있다는 것이다. 비타민과 그 밖의 성분이 풍부한 우유, 버터를 더한다면 미국식료품보다 더 좋아질 것이라는 결론을 얻었다. 또 당시 한국노인들이 채소를 육류보다 많이 섭취하는 것은 좋은 습관이라고 설명하였다. 또 송복신은 인종에 따른 성장 차이의 원인을 동서양의 특수한 풍속에서 찾고 있다. 특히 서양 사람은 의자를 사용하므로 조선, 일본 사람들에 비해 다리가 발달하여 키가 크다는 점을 지적하였다.[60]

송복신은 박사학위를 받은 후 잠시 국내로 들어왔다가 다시 미국 미시간 대학으로 가서 연구원 활동을 벌일 것으로 당시 「동아일보」는 보도하였다.[61] 아쉽게도 공중위생학 박사로서 「우라키」에 두개의 논문을 발표한 것 외에 국내에서의 활동은 없었다. 1931년 6월 1일 자 「삼천리」 제16호에 '신여성총관(2) 백화난만의 기미여인군(己未女人群)'이라는 제목의 기사에 그의 행적이 짧게 실렸다.

송복신 여사도 그 당시(3.1운동 당시) 화려한 기억을 주든 여성이었다. 지금은 미국에 가서 고등교육을 받고 영국인인 어떤 유력한 은행가와 결혼하

---

59 송복신, "인종차이와 성장에 대하여," 「우라키」 제4호 (1930년 6월 14일), 20-23.
60 송복신, 같은 글.
61 「동아일보」(1930년 2월 6일).

여 행복하게 지내는데, 외국에 내어놓아도 실로 그 용모나 학식으로 부끄럽지 않을 이는 송복신 양이라 하리만치 그때는 경모(敬慕)를 받았다.[62]

1933년 송복신은 미국에서 유학생 기관지 「우라키」의 간부로 활동하였다.[63] 일제 말기에는 대한인국민회 나성지방회에서 활동하였다.[64]

이렇듯 한국인 여성 인재들이 각기 전공 분야를 살려 기독교 사회복지사업에 동참하게 되면서 1940년에 일제의 추방으로 인한 선교사 공백이 메워질 수 있었다. 초기에는 선교사들이 주도하고 한국인들이 보조하는 형태였다면, 1935년 이후에는 한국인 사역자들이 전면에 나서게 되었고 선교사들이 뒷받침해주는 형태로 사업의 패턴이 바뀌었다. '한국인에 의한 한국인들을 위한 사회사업'(Social Work for the Korean People by the Korean People) 시대가 열리고 있었다.[65]

2. 사업의 이관

1930년대에 들어서면서 의료사업을 비롯한 각종 사회복지사업을 한국교회로 이관하는 문제가 본격적으로 논의되기 시작하였다. 1932년 앤더슨 의료선교사는 다음과 같은 말로 그 당위성을 논하였다.

의료사업은 훌륭한 전도기관으로 기독교 정신의 실천적인 구현인 것이다. 마지막으로 우리는 언젠가 한국교회가 이 사업을 전적으로 책임질 수 있어서 우리가 시작했던 것을 그들에게 기쁘게 넘겨줄 수 있는 날이 오기를 소망

---

62 「삼천리」 제16호 (1931년 6월 1일).
63 「삼천리」 제5권 제1호 (1933년 1월 1일).
64 「신한민보」 (1944년 9월 14일).
65 『태화기독교사회복지관의 역사』, 247-249.

한다. 그리고 그것이 그들에게 사회봉사를 위한 배출구가 되기를 소망한다. 그럴 때까지 우리는 현재의 시설을 유지하고 그날을 준비해야 한다. 한국인들의 의료수요가 증가하고 있다. 특히 극빈자들을 위한 무료진료를 하고 기독교 정신을 잘 증거하기 위해 의료선교사업은 지속되어야 하며 선교사들은 한국교회의 자립적인 의료사업을 할 때까지 맡은 역할을 다해야 한다는 것이다.[66]

병원사업의 경우 사업 이전을 위한 구체적인 방안으로 재단법인 구성과 한국인 의사에 대한 기술자문과 전문의 양성 등이 논의되었다. 기술자문과 전문의 양성은 무엇보다 선교사와 한국인 의사의 협력이 중요했는데, 의료선교사들의 앞선 의료기술과 경험으로 한국인 의사를 지도하자는 것이었다. 하지만 세브란스병원 외에 한국교회의 협력에는 별다른 진전이 없었다. 그 사유는 기독교병원 운영비와 치료비에 대한 선교부의 재정후원을 기대하고 있었고, 다른 이유는 한국교회가 이미 진행하고 있던 전도 및 교육사업에 대한 부담으로 의료사업에 대한 추가 지원을 할 수 없었기 때문이다.[67]

1930년대 한국인에 의한 전면적인 의료사업 인수는 성공적이지 못했지만 의료사업뿐 아니라 다른 사업에서 많은 역할을 하고 있었다. 기독교사회사업의 경우 1930년 12월 2일 기독교조선감리회가 조직되면서 주도적으로 감당해 나갔다. 1931년 총리원 내에 사회사업위원회를 설치하고 그 밑에 절제부, 농촌부, 도시사회사업기관 연맹부를 두어 사업을 이끌어갔다. 1934년에는 절제와 사회사업 심사위원을 두고 사회사업을 주관하였는데, 위원은 김창준, 박인덕, 현동완, 김병호, 윤귀련,

---

66 A. G. Anderson, "Medical Missions, Some General Aspects," *Korea Mission Year Book* (1932), 45.

67 이만열, 『한국기독교의료사』, 565-571.

이경선, 김봉준, 김광호, 최경자, 허영백 등이었다.[68] 절제부에서는 금주금연운동을 적극적으로 벌였고, 농촌부에서는 신학교에 향촌 교회과를 두어 향촌 사업을 전공할 교역자를 양성했다. 이를 위해 미국 감리교회 본부에 농업전문 선교사 두 명의 파송청원도 하였다. 또 각 지방 선교사들은 문맹퇴치사업에 자원하는 청년들을 모아 무산아동들을 위한 교육을 실시하였다. 도시사회사업기관 연맹부에서는 각 도시사회사업기관에 이사부를 설치하여 총리원 사회국과 연결하여 사업을 통일적으로 할 수 있도록 하였다.[69] 이러한 조치들은 그동안 미국 선교부에 의지하여 벌인 사회사업을 자체적으로 감당하려는 적극적 의지를 나타낸 것으로 볼 수 있다.

한편, 의료선교사 데모리(E. W. Demaree)는 1934년, 공중위생보건사업을 한국인이 주도해야 한다고 주장했다. 선교사가 주도하면 연간 1,500만 엔이 필요한데, 선교사 1명과 그를 돕는 사람들이 1년에 1,200가정을 감당할 수 있으므로 한국의 36만 가정을 책임지려면 3,000개의 공중보건사업기관이 필요하다는 것이다. 하나의 기관에서 필요한 사업비는 5,000엔으로 추산하면 1,500만 엔이다. 그러므로 대안으로 한국인 사역자를 훈련시켜 사업과 재정도 맡기는 것이 최선이라는 것이다. 훈련 방법은 첫째, 현장의 의료선교사와 간호선교사들이 협력하여 한국인 의료진에게 민족 건강에 대한 책임의식과 기독교적 정신을 고취시킬 것과 둘째, 의과대와 인턴, 레지던트 교육과정에 '시범순회사업'을 포함시켜 의학수업을 마친 후 공중보건사업에 참여하도록 동기부여를 하는 것이었다.[70]

태화복지관에서는 선교사 데모리의 이런 제안이 있기 전부터 이미

---

68 「조선감리회 총회록」(1934).

69 「조선감리회 연회록(동부·중부·서부)」(1931), 154.

70 E. W. Demaree, "Rural Public Health Education," *KMF* (1934), 250.

사업이 이관되어 한국인 주도로 공중위생보건사업이 이루어지고 있었다. 1934년 4월 미감리회 로젠버거와 이금전이 한국인 간호원들과 함께 '서울연합영아보건회'를 별개 기관으로 독립시켰다. 태화복지관의 아동보건사업과 공중위생보건사업의 한국인 직원 진영도 새롭게 짜여졌다. 초기에는 이숙정, 박정화, 최활란, 이효덕, 이금전 등이 태화여자관사업을 이끌었는데, 로젠버거와 이금전이 떠난 아동보건사업과 공중위생사업은 세브란스 간호원 양성소 출신인 김정선(金正鮮)과 개성 남성병원 간호원 양성소 출신인 천정현(千貞賢)이 계속 이끌고 나갔다. 이들은 1935년부터 일하기 시작하였는데, 천정현은 우유급식사업도 맡아 하였다. 같은 시기 태화사회관 직원으로 들어온 최정선은 사회사업 분야에서 일했는데, '거리의 아이들, 즉 무산아동을 위한 구락부를 조직하고 그들을 가르쳤다.[71] 이금전, 김정선, 김복음 등은 선교사들이 귀국한 후 교수진이 부족했던 세브란스 간호원 양성소의 교수진으로 합류하여 후진을 양성하였다.[72]

사회복지사업 외에 다양한 사업에도 한국 여성의 참여가 많아졌다. 이화여전 영문과 출신인 김영래(金英來)는 윌리스의 부탁으로 자모회에서 상영할 외국영화를 번역했다. 이것이 계기가 되어 1938년 3월부터 태화복지관에 들어가 영어구락부에서 청년들과 가정주부들에게 영어를 가르쳤다. 1939년에는 이화여전 음악과를 졸업한 김경현이 음악반을 지도하였다. 1940년 원산에서는 데이커스 선교사와 함께 일하던 서규숙, 최보경이 무산아동 구락부를 도왔다. 1939년 4월에는 엘리스 아펜젤러가 20년간 이대의 학장업무를 마치고 김활란에게 학장직을 물려주었으며, 같은 해 3월 3일부터 3개 감리교 연합회의 연합모임 한

71 『태화기독교사회복지관의 역사』, 248.
72 연세대학교 간호대학 편, 『연세대학교 간호대학 100년사』 (서울: 연세대학교 간호대학, 2008), 130.

국인이 신임감독인 김종우 목사에 의해 진행되었다.[73] 1939년 당시 미국북장로회 해외선교 본부 의료담당 간사 무드(E. M. Mood)는 의료사업의 성공적인 이전을 "의료선교사업에 있어서 주목할 만한 이정표"라고 평가하였다.[74]

이처럼 1930년대 말부터 각종 선교사업 기관의 한국인 이관이 자연스럽게 이루어짐으로 1940년부터 닥쳐온 선교사 귀국으로 인한 사업의 위기를 넘어갈 수 있었다.

3. 선교사들의 귀국과 일제의 '적산'(敵産) 처리

1) 선교사들의 귀국

일제는 1930년대 들어서면서 한민족과 한반도 전체를 파시즘 체제아래 묶어 놓고 한민족을 일본인으로 동화시켜 '충성스럽고 선량한 황국신민'으로 만들기 위한 황국신민화정책을 본격적으로 추진하였다. 신사참배를 계기로 선교사와 한국교회를 분열시키고 한국교회를 통제하여 예속화하는 정책을 썼다. 서구 선교사들의 영향 아래 있던 한국교회와 기독교인들을 선교사들로부터 분리시켜야만 황민화정책에 의한 민족말살정책이 가능했기 때문이다. 한편, 일제는 신사참배 문제와는 별도로 태평양전쟁 발발 직전, 한국에 체류하고 있던 선교사들에 대해 적대적인 정책을 취했다. 1937년 7월에 발발한 중일전쟁 이후, 영·미와의 관계가 악화되자 선교사들을 포함한 외국인에 대하여 노골적인 감시와 배척을 해갔다.[75] 선교사들이 운영하던 학교는 일본인 혹은 한

---

73 이만열, 『한국기독교의료사』, 571.

74 E. M. Mood, "Greetings," *KMF* (1939), 87.

75 김승태, 『한말·일제강점기 선교사연구』 (서울: 한국기독교역사연구소, 2006),

국인으로 바꾸었고, 중요산업과 물자에 대한 통제와 금제품을 한국 밖으로 반출하지 못하도록 하는 법령을 만들었고 달러 수표발행을 엄격히 규제하였다. 주요 도시와 지방에서 '외국인토지법시행령개정'을 반포하여 외국인이 부동산을 매입하는 것을 제한하였다.[76]

한편 미 국무부는 1939년 9월 독일이 폴란드를 침공하여 유럽에서 전쟁이을 일으키자, 일본과의 전쟁 가능성을 염두에 두고 1940년 5월 15일 "전쟁 지역에 있는 미국인들에게 위험을 알리고 그곳을 떠나도록 요청하는 것은 정부의 의무"라는 성명을 발표하였다. 또 주 일본대사 그루(Joseph Grew)도 1940년 10월 둘째 주, 일본제국 영토 내 거주하는 자국민들과 동아시아에서 외교공관에 근무하는 외교관을 제외한 미국인들을 철수시키도록 지시했다. 국무부의 지시문을 받아든 서울의 미 총영사 게이로드 마시는 지시문을 미국 선교사들에게 발송했다.[77]

한국에 있던 선교사들의 철수와 송환은 1940년 11월부터 1942년 6월 사이에 이루어졌다. 미 국무부의 귀국 요청으로 외교관들과 일부 선교사들을 제외한 대부분의 한국 주재의 미국 선교사들은 1940년 11월 16일 마리포사 호(S. S. Mariposa)를 타고 미국으로 돌아갔다. 잔류하고 있던 선교사들은 일제의 진주만 기습이 있던 1941년 12월 8일 이후 적성 국가의 국민으로 분류되어 구금되거나 억류되어 일제의 감시를 받다가 이듬해인 1942년 6월 1일 연합국의 일본 민간인 억류자들과 상호 교환을 위하여 전원 부산항을 통해서 일본으로 이송되었다. 이들은 연합국 측 송환선인 스웨덴 선박 그림쇼름(Gripsholm) 호를 타고 8월 25일 뉴욕항에 도착했다. 마리포사 호 귀국 전후의 잔류 선교사 수는

225-228.

76 "칙령 267호 외국인토지법시행령개정," 「조선총독부관보」 제 3970호 (1940년 4월). 17일.

77 "The Basis of Withdrawal," *KMF* (1941), 34

다음과 같다.[78]

<표 7> 마리포사 호 귀국 전후의 잔류 선교사 수

교파	북장로교	남장로교	감리교	캐나다	호주	기타	총계
귀국 전	114	64	116	35	26	약 50	402
귀국 후	61	7	7	20	23	1	119

　　감리교 선교사들은 별다른 잔류자 없이 대부분 마리포사 호를 타고 귀국했다. 여기에는 두 가지 중요한 사건이 영향을 미쳤다. 하나는 1940년 9월 중순 일본 감리교 아베 요시무네(阿部義宗) 감독이 서울에서 일본정책의 변화에 대해 강연하면서 선교사들의 귀국을 종용했기 때문이고, 다른 하나는 10월 2일 정춘수 감리교 총리사가 외국선교단체에게 재정지원 중단을 요청하면서 선교사들이 기독교단의 주요직책에서 물러날 것을 발표했기 때문이다. 감리교 해외선교부는 1941년 1월에 제임스 베이커(James C. Baker)감독과 디펜돌퍼(R. E. Diffendorfer) 총무를 일본과 한국으로 파견, 잔류 선교사들의 한국철수를 강력히 권하였다. 2월 20일 자로 거듭 한국 거주 미 감리교 선교사들의 철수를 명령했고 8월 말 마지막 감리교 선교사들이 미국으로 돌아갔다.[79] 결국 선교사들은 일제의 선교사와 교회에 대한 탄압과 전쟁 발발에 대한 우려 그리고 미국 정부의 철수 권고로 한국에서 철수하게 되었다.[80]

---

78 안종철, 『미국선교사와 한미관계』 (서울: 한국기독교역사연구소, 2010), 179쪽의 표.

79 C. A. Sauer, *Methodist in Korea, Part Two The Year of Bondage, 1938~1945* (1968), 44-45.

80 김승태, 앞의 책, 231.

2) 일제의 적산 처리

태평양전쟁 직후, 잔류하고 있던 외교관들과 일부 선교사들은 적성
국 국민이 되어 모든 권리를 박탈당했으며 이들의 재산은 1941년 12월
29일 '적산관리법시행규칙'[81]이 공포되면서 적산(敵産)으로 분류되어
총독부가 지정한 관리인의 관리 아래 들어갔다. 1926년 재단법인을 만
들어 총독부의 설립 인가를 받아 관리해 왔는데, 선교부 재산 역시 적산
처리되었다.

1940년 11월 16일 대다수 선교사가 귀국한 후, 감리교 선교부는
1941년 1월 14일, 서울에서 베이커(Baker) 감독과 디펜도퍼(Diffendorfer)
총무가 참석한 마지막 선교협의회를 열었다. 이 선교협의회에서는 선교
사 4명과 한국인 5명의 이사로 구성된 선교부 재단이사회를 만들었다.
재단이 사회로 하여금 미감리회 선교부, 남감리회 선교부, 미 감리회
해외여성선교회 선교부 재산을 총괄하여 관리하도록 하였다. 선출된
이사는 9명으로 선교사는 스나이더(이사장), 앤더슨, 무어, 사우어였고,
한국인은 양주삼, 김활란, 박현숙, 우상용, 이윤영 등이었다.[82] 선교부
재단 이사장 스나이더는 1941년 3월 한국을 떠나면서 양주삼을 후임
이사장으로 임명하고 선교부 재산에 관한 모든 문서를 넘겨주면서 관
리하도록 하였다.[83] 선교부 사무에 관한 것들은 총리원 재단 서기였던

---

81 「조선총독부관보」4479호, 朝鮮總督府告示 第 2086호, "敵産管理法施行令 第一條
ノ規定ニ依 敵産管理法及 敵産管理法施行令ノ 敵國ハ左ニ揭グルモノトス," (昭
和十六年 十二月 二十九日), 朝鮮總督 南 次郎, 米國(フィリッピン聯邦及領地全
體ヲ含ム) 英國(印度及海外領土ヲ含ム).

82 C. A. Sauer, 앞의 글, 44-5.

83 "監理敎宣敎維持財團理事會에서 금년 3月 20日까지 美國人宣敎師들이 모두 歸國
하게 됨에 따라 今後 財團所屬管理一切를 韓人側 理事에게 一任하기로 결정하고,
理事長에 梁柱三을 선출하다." 「매일신보」 (1941년 2월 27일).

유하영과 중앙협의회 회계였던 사우어의 서기인 안신영이 맡았다.

한편, 혁신교단 측의 정춘수는 선교부 재산의 소유권 이양을 요구하였다. 이러한 움직임은 태평양전쟁이 발발하면서 심해졌다. 다음은 사우어의 주장이다.

> 1942년 초, 감리교 혁신교단 총리원에서는 선교부 재산권을 확보하려는 노력을 기울였다. 3월 1일경 신흥우 박사는 양주삼 박사를 자기 집에 초대하여 차를 대접하면서 선교재산을 조선감리교단에 이양하라고 하였다. 양 박사는 얼버무리고 집을 나왔다. 그리고 얼마 지나지 않아 서대문경찰서와 종로경찰서에서 형사들이 나와 양 박사에게 대화의 결론이 어떻게 나왔느냐고 물었다. 열흘 뒤, 양 박사는 총리원에서 열렸던 특별기도회에 초청을 받았는데 그러한 재산 이양을 요구하는 지방 감리사들의 서명이 든 청원서를 보여주었다. 양 박사는 대답하기를 자신은 단지 이사장일 뿐 재산을 처분할 법적 권한이 없다고 하였다.[84]

혁신교단이 그대로 물러설 리가 없었다. 신흥우의 설득이 먹히지 않자, 일제경찰과 총독부를 배후에 업고 1942년 3월 9일, 각 지방 감리사(교구장) 9명을 동원하여 청원서를 넣었다.[85] 그렇지만 양주삼이 계속 거부의 뜻을 취하자, 이틀 후인 3월 12일, 정춘수는 혁신교단 통리자 자격으로 통고문을 보냈다.[86] 여전히 양주삼 목사의 응답이 없자, 3월 31일 다시 유감이라고 하면서 통고문을 보냈다.[87] 결국, 양주삼 목사는 2달 후, 재산 양도를 거부했다는 이유로 '대명'(待命) 처분을 받았고,[88]

---

84 C. A. Sauer, 앞의 글, 45.
85 「조선감리회보」(1942년 4월 1일).
86 「조선감리회보」(1942년 4월 1일).
87 「조선감리회보」(1942년 4월 1일).

조선총독부는 1942년 5월 22일, 한국 내에 있는 모든 선교부 재산을 '적산'(敵産)으로 처리하여 총독부 손에 넣었다. 총독부는 '外國人關係取引取締規則 第4條 第1項 第5號'(조선총독부고시 제774호)와 '敵産管理法施行令 第3條 第1項 第4號'(총독부고시 제775호)에 의하여 선교부 재단의 재산을 몰수했다. 양주삼은 적산 관리인이 되었다(총독부고시 제776호). 적산 처리된 해당 선교부 유지재단은 다음과 같다.

재단법인미감리교회조선선교부유지재단

재단법인미감리교회조선부인선교부유지재단

재단법인남감리교회조선선교부유지재단

경성외국학교유지재단

재단법인피어선기념성경학원유지재단

재단법인조선기독교청년회국제위원간사유지재단

재단법인야소교동양선교회유지재단

재일본プレスビテリアン선교사사단

재일본ユングゲ-シヨナル선교사사단

재단법인미국야소교남장로파조선선교회유지재단

재단법인조선회조선소교장로파조선선교회신학교유지재단

재단법인대영성서공회조선지부유지재단

재단법인조선기독교서회

재단법인호주(ヴヰクトリヤ)국장로파조선선교회유지재단

재단법인조선야소교가내타(加奈陀)연합교회유지재단 [89]

양주삼은 선교부 재산을 혁신교단에 넘기지는 않았으나 총독부가 선

---

88 「기독신보」(1942년 5월 20일).

89 「조선총독부관보」 4592호.

교부 재산을 적산으로 처리하기 직전인, 1942년 2월 11일 감리교회조선선교부유지재단 이사장 양주삼의 이름으로 '일본육군병원상병위문금'으로 1,333원, '일본육군학예기술장려금'으로 1,333원을 기부하였으며,[90] 2월 13일에는 '국민총력조선연맹'의 사업비로 써 달라고 1,333원을 기부한 바 있었다.[91]

철수 당시 한국인에게 인계되지 않았던 남장로교 측 학교들 역시 적산으로 분류되었다. 북장로교파 학교들은 정신여학교를 제외하고 대체로 한국인들에게 인계됨으로써 적산으로 편입된 학교는 없었다.[92]

90 「매일신보」 1942년 2월 11일.

91 "財團法人 監理教會朝鮮宣教部維持財團 이사장 梁原柱三이 日本陸軍病院傷兵慰問金으로 1,333圓과 日本陸軍學藝技術獎勵金으로 1,333圓을 기부하다." 「매일신보」, 1942년 2월 13일.

92 안종철, 앞의 책, 187.

7장
해방 이후의 사회복지사업

I. 해방 직후의 구호활동

1. 해방 후 요구호자의 급증과 미 군정의 구호사업

해방 이후 남한에는 귀환 해외 동포, 38선 이북에서 남하한 베트남 동포, 가동이 중단된 생산공장에서 밀려난 실업자들, 친족·가족 등을 잃고 거리를 방황하는 어린이·노인 등 구호가 필요한 사람들이 급격히 증가하였다. 당시 보건후생부, 외무처, 노동부가 조사한 1948년 3월 말 자료에 따르면, 베트남 동포 약 150만 명(매달 2, 3만 명씩 늘어나고 있었음), 해외 귀환 동포 212만 7,503명, 세궁민 약 1백만 명, 실업자 약 103만 명, 기타 고자(孤子)·불구자 등 약 21만 명이었다. 그중 구호가 필요한 사람들은 남한 총인구의 약 15%인 300만 명이나 되었다.[1]

해방 직후 구호가 필요한 사람들은 미 군정이 감당해야 할 몫이었지만 사정은 그렇지 않았다. 미 군정의 복지 행정은 1945년 9월 24일 미

---

1 「대한일보」(1948년 9월 11일).

군정법령 1호에 따라 경무국 산하 위생과를 독립시킨 위생국에서 담당하였다. 그러다가 1945년 10월 27일(법령 18호)에 보건후생국으로, 1946년 3월 29일(법령 64호)에는 보건후생부로 승격하여 담당하게 했다.[2] 당시 보건후생국은 수많은 이재민을 포함한 실업자 구호문제 해결을 위해 긴급대책을 수립하였다. 1946년 1월에 시행한 랜덤(軍政社會政策法令) 제3호의 중요 사회정책에 따라 3대 계획을 수립하였고 주거지 및 의료시설 마련, 급의(給衣)·급식(給食) 등을 실시했다.

보건후생국에서 벌인 공공구호사업으로 1948년 3월 말 총대상자 304,571명의 절반인 138,309명이 구제되었다. 재난 빈민·실직자 응급구호사업으로 878,674명(토착 빈민·실직자 711,480명 포함)이 구제되었는데, 이들에게는 의류, 식량, 가옥, 여비, 구급치료 등이 제공되었다.[3] 가장 긴급했던 주거문제 해결을 위해 1946년 당시 이재민용 주택 1만 9,707호가 건축되고 1947년에는 5,447호가 건축 중이었다. 집이 없는 사람들은 해방 이후 보호시설은 약 2.5배가 늘었고 수용인원도 4배가 되었지만 1946년 기준 전체 요구호자 아동 중 20%, 노인 중 1.5%, 행려불구자중 0.7%만 수용되었는데 이는 전체 요구호자 9만 5천 명 중 불과 5.5.%에 해당하는 것이었다.[4] 당시 신문에서는 당국의 무관심과 절대적으로 부족한 국고보조금이 빛 좋은 개살구 격으로 야박하게 지출되어 구호자 대상자의 1/15인 20만 명만 구호 혜택을 받는 미봉책이라고 보도하기도 했다.[5]

이처럼 공공복지행정이 감당하지 못하는 상황에서 그 공백은 시설

2 이혜원 외, "한국과 일본의 미군정기 사회복지정책 비교연구-빈곤정책을 중심으로-," 「한국사회복지학」(1998년 11월), 314.

3 같은 글, 318.

4 이혜원 외, 앞의 글, 318.

5 「대한일보」(1948년 9월 11일).

보호중심의 민간구호활동으로 메울 수밖에 없었다. 미 군정은 공공구호 비용 부족으로 혜택을 받지 못하는 지역에 대하여 사회의 자발적인 시설구호 자선활동을 권장했다. 그 결과 1948년과 1949년에는 2배 가까이 개선되었다. 그중 62.7%는 개인 경영자에 의한 성과였다.[6] 해방 전·후 시기에 설립된 사회복지시설은 전쟁을 거치면서 급증했다. 그중 아동복지시설이 80% 이상이었다. 외원기관의 경우 해방 전에 15% 정도가 들어왔으나 전쟁 직후인 1950년대와 60년대 사이에는 65%의 기관이 들어왔다. 이들은 주로 기독교적인 배경을 가지고 시설중심의 사회복지사업을 전개해갔다. 1955년부터는 '한미간민간구호활동에 관한 협정'에 따라 당시 보건사회부에 정식등록을 하고 활동했다.[7]

2. 해방 후 선교사업의 재건

1) 해방 후 선교사들의 내한

태평양전쟁(1941~1945) 발발 직후 미국 선교사들은 적성국 국민으로 규정되어 모든 권리를 박탈당하고 재산은 적산(敵産)으로 분류되어 총독부가 지정한 사람이 관리하였다. 미국으로 돌아간 선교사들은 모임을 지속하면서 전후 선교 재개를 준비하였는데, 북장로교 해외 선교부는 태평양전쟁의 승리를 확신하고 1945년 5월 한국에 파송할 선교사 명단을 작성했다. 선교 재개를 위해서는 미군정청 협조가 필수적이었는데 다행히 한국에 대한 정보가 부족했던 그들이 선교사들의 역할을 알게 되면서 다시 들어올 수 있었다. 1945년 말, 맥아더가 미 국무부

---

6 이혜원 외, 앞의 글, 318.

7 최원규, "외국 민간원조단체의 활동과 한국사회사업 발전에 미친 영향," (서울대 박사학위 논문, 1996), 94-95.

에 선교사 파견을 요청하였고, 미 군정 책임자 하지 역시 초기 어려운 상황을 겪으면서 11월 미국 정부에 정식으로 요청했다. 미국 각 교파 해외선교부에서는 1945년 10월 15일 연합회의에서 10명을 파견하기로 하여 1946년 초부터 선교사들이 입국했고 이들은 보건후생부에 배치되어 긴급 구호작업을 하였다. 1946년 제1진으로 북장로교 선교사 7명이 들어왔고 남장로교에서는 1946년 1월 의료선교사 윌슨(Robert M. Wilson)이 가장 먼저 파송되어 순천 애양원에서 나환자 진료를 시작하였으며, 1947년 봄에는 17명의 남장로교 선교사들이 내한하였다.[8] 감리교에서는 1946년에서 1948년까지 모두 45명의 선교사가 들어왔다. 공주에서 활동하던 프랭크 윌리엄즈(Frank E. C. Williams, 한국명 우리암)의 아들 조지 윌리엄즈(George Z. Williams), 개성과 원산에서 활약했던 윔즈(C. N. Weems)의 아들 클레어렌즈 윔즈(Clarence Weems) 등이 군정청 참모로 들어갔다. 일제 말 추방된 이후 인도에서 활동하던 윌리엄즈 부부는 아들을 통해 군정청 농업관계 고문으로 위촉받아 활동했다. 1946년 2월에는 2세 선교사 아펜젤러(H. D. Appenzeller)가 미국 경제사절단을 인솔하고 재입국하였고, 4월에는 기독교세계봉사회(Church World Service)대표 자격으로 빌링스(B. W. Billings)가 입국했다. 여름에는 미국 감리교 선교부 대표 자격으로 베커(A. C. Becker), 옌센(A. K. Jensen), 스나이더(L. H. Snyder) 등이 내한했다. 11월에는 앤더슨(L. P. Anderson), 브래넌(L. C. Brannon), 아멘트(C. C. Amendt), 사워(C. A. Sauer)가 내한했다.[9]

감리교 여선교사들의 경우 1946년 말 무렵부터 입국하기 시작했다. 감리교 신학교 부교장이었던 채핀(A. B. Chaffin)부인과 이화여자전

---

8 한국기독교역사학회 편, 『한국기독교의 역사 III』 (서울: 한국기독교 역사연구소, 2009), 23-27.
9 이덕주, 『한국감리교여선교회의 역사』, 490.

문학교 교장이었던 아펜젤러(A. R. Apperzeller), 회계였던 홀(A. B. Hall), 평양정의여고보 교장이었던 매키(A. McQuie), 개성유치원사업을 주관했던 하워드(C. Howard) 등이 선발대로 들어왔고, 1947년과 1948년에도 쿠퍼(K. Cooper), 올리버(B. Oliver), 이화여고보 교장이었던 처치(M. Church), 이화여자전문학교 교수 헐버트(J. Hullbert), 컨로우(M. L. Conrow), 공주에서 활동했던 올드파더(J. Oldafther), 상동교회의 우드(G. Wood), 원산의 잭슨(C. U. Jackson), 모어(S. M. Moore), 레어드(E. J. Laird), 개성 남성병원에 있던 로서(H. Rosser), 개성에서 활동하던 블랙(N. Black), 다이어(N. Dyer), 스미드(B. Smith), 평양에서 사역했던 보일스(H. Boyles) 등이 속속 내한했다. 그 결과, 6·25전쟁 발발 이전에 이미 40여 명의 감리교 선교사가 활동하고 있었다.[10]

1948년 7월 「조선감리회보」에 실린 여선교사 파송 현황은 다음과 같다.[11]

〈표 8〉 1948년 7월 여선교사 파송 현황

지역	선교사	근무
서울	아펜젤러(A. R. Apperzeller)	이화여자대학교(정동교회)
	처치(M. Church),	이화여자대학교(정동교회)
	컨로우(M. L. Conrow)	이화여자대학교(북아현교회)
	홀(A. B. Hall)	이화여자대학교(북아현교회)
	헐버트(J. Hullbert)	이화여자대학교(만리동교회)
	하워드(C. Howard)	이화여자대학교(창천교회)
	마틴(R. Martin)	이화여자중학교
	올드파더(J. Oldfather)	이화여자중학교
	에반스(E. M. Evans)	선교부 회계보
	채핀(A. B. Chaffin)	감리교신학교, 대전, 천안, 경남 지방선교
	쿠퍼(K. Cooper)	보혜관 및 신학교,

---

10 같은 책, 491.

11 「조선감리회보」(1948년 7월 25일), 1.

		이천, 수원, 서울북부선교
	올리버(B. Oliver)	태화여자관(중앙교회)
	텐트(A. Dent)	태화여자관
	이븐스(L. Eavens)	태화여자관
	존스(N. Jones)	태화여자관
	로버츠(E. Robert)	이화여자대학교(동대문교회)
인천	보일스(H. Boyles)	인천사회관
원주	레어드(E. J. Laird)	보건사업(원주제일교회)
개성	블랙(N. Black)	고려여자관(개성중앙교회)
	다이어(N. Dyer)	명덕여자중학교(개성북부교회)
	번디(M. Bundy)	명덕여자중학교
	스미드(B. Smith)	개성·옹진지방 선교
	로저스(F. Rogers)	송도기독교사회사업
	로서(H. Rosser)	보건사업

2) 선교사업의 재건

먼저 내한한 선교사들은 미 군정청에서 활동하면서 선교사들이 재입국할 수 있는 여건을 조성했다. 그 결과 각 교파 조선선교부가 재구성될 수 있었다. 북장로교 선교부는 전쟁으로 피폐해진 교회와 기독교 관련 기관들에게 재정지원을 개시했다.[12]

감리교는 이화여자대학교, 이화여자중학교 및 태화여자관 재건하였으며 중점을 두고 개성의 고려여자관과 명덕중학교도 재건했다. 원주와 인천에서도 새롭게 보건 및 사회관사업을 추진하였다. 일제강점기 여성사회운동의 본산이었던 태화여자관은 일제 말기 '적산(敵産)'처리되어 종로경찰서가 소유하고 있었다. 이것을 모어(A. J. Moore) 감독과 스나이더(L. H. Snyder)가 미 군정청과 교섭하여 1949년 1월에 선교부 재산으로 환원하였다. 태화여자관 재건 책임은 올리버가 맡았고 김일호, 김정애 등 과거 여선교회 동지들의 도움으로 한글반, 영어반, 아동건강부와 어머니회, 일반 보건사업부, 오락부, 가정공업지도와 구제

---

12 안종철, 앞의 책, 293.

사업, 유치원사업 등 과거 사업을 재개했다. 일제강점기에 원산 보혜여자관에서 선교 활동을 지휘했던 쿠퍼는 38선 통제 때문에 원산으로 복귀하지 못했지만 그곳에서 피난 온 옛동지와 교인들을 모아 서울 충정로 여자신학교 건물에 '보혜성경학원'을 개설하였다. 채핀 부인을 비롯한 최영희·한준석·고영춘·전태진·남경순·최신명·최애내·허희숙·최귀덕·허길래·이호운 등이 성경학원 교사로 참여하였다. 이 성경학원은 1949년 2월 충정로 건물이 신학교 소유로 확정되면서 공덕리에 있던 사회사업관으로 자리를 옮겨 6·25변 때까지 하였다.[13]

1949년 10월에는 초교파적으로 사회복지사업과 농촌을 위한 지도력 훈련이 필요하다는 인식을 같이하여 미국북장로교 선교부, 캐나다연합교회 선교부, 미국감리교 선교부, 구세군 등 4개 선교부 대표들이 대전 지역에 '기독교연합봉사회'를 설립하였다. 농촌사업으로 기독교농민학교, 농장시범학원을 진행하였으며, 구호사업으로는 수족절단자재활사업, 결핵환자 요양사업, 아동복지사업을 펼쳤다.[14] 선교사들의 귀국으로 말미암아 단절되었던 연합사업이 10년 만에 재개된 셈이다. 사업의 내용은 더욱 광범위했다. 1924년 사회복지위원회가 공중보건위생사업과 유아복지사업으로 대표되는 건강과 생명에 관련된 사업에 집중하였다면, 1949년 기독교연합봉사회는 그동안 진행되어왔던 사회복지사업을 포괄하면서도 기독교농민학교, 농장시범학원을 세워 피폐한 농촌을 살리는 사업에 집중하였다. 기독교연합봉사회를 대전 지역에 세우기로 한 것은 이 지역이 남한 지역에서 한국인들에게 선교사들의 일치된 모습과 연합사업을 가장 잘 보여 줄 수 있다는 이유였다.[15] 게다

---

13 이덕주, 앞의 책, 493-494.

14 김흥수, "기독교연합봉사회: 1950년대의 기독교연합사업 연구," 「한국기독교와 역사」 제33호 (2010), 81-108.

15 같은 글, 87.

가 대전 지역이 농촌 지역과의 접근이 쉬운 것도 이유가 되었을 것이다. 이는 1954년 농촌 교역자 양성을 위해 감리교대전신학원을 설립한 이유와도 일치한다. 이렇게 세워진 기독교연합봉사회는 6·25 전쟁 전부터 여러 가지 사업을 기획하여 확정하였다. 그러던 차에 6·25 전쟁이 일어나 잠시 사업을 중단했다가 1951년 5월 사업을 재개하였다.[16]

II. 한국 전쟁과 구호활동

1. 한국전쟁의 피해 상황과 기독교외원단체의 구호활동

6·25 전쟁은 제1, 2차 세계대전 다음으로 크다고 할 정도의 인적, 물적 피해를 가져왔다. 민간인 피해만 하더라도 사망 244,633명, 부상 229,629명, 실종 330,312명, 피학살자 123,936명, 북한군 강제징집자 40만 명, 경찰관 피해 16,816명으로 약 140만 명에 달했다.[17] 1951년 8월 정부 자료를 보면, 피난민이 약 380만 명(월남피난민 포함)이고, 가옥과 재산을 잃은 전재민은 대략 402만 명이었다. 1951년 남한 전체 인구가 약 2,100만 명이었으니 절반 이상의 인구가 구호대상이 된 것이었다. 기독교계도 인적, 물적 피해를 심각하게 입었다. 전쟁으로 파괴된 교회가 1천여 개에 달했으며 기독교계 학교, 병원, 기관들 대부분이 파괴되었다. 전쟁 중 희생되거나 행방불명된 목회자가 400여 명에 달했다. 감리교회의 경우는 김유순 감독을 비롯하여 양주삼·신석구·박만춘·김희운·전효배·서태원·박연서·심명섭·조상문·백학신 등 50여 명의 목회자가 희생되었다.[18]

---

16 같은 글, 87-89.
17 전쟁기념사업회, 『한국전쟁사』 제1권 (서울: 행림출판, 1990), 479.

한국전쟁기 피난 행렬

정부의 구호대책은 6·25 전쟁 발발 직후인 1950년 8월 24일 당시 내무부장관이었던 조병옥(趙炳玉)이 부산을 방문하면서 처음 논의되었다. 그의 부산 방문 목적은 첫째, 행정재건 대책을 마련하고 둘째, 피난민 구호대책을 수립하는 국무회의에 참여하기 위해서였다. 이 회의에서 전쟁수행과 더불어 피난민 구호를 위해 유휴 공무원 전부를 구호활동에 투입하기 결정하였고 피난민 구호 '5대 원칙'[19]을 세웠다. 또 안전지대에 사는 일반 동포들은 피난민들을 '과객걸인'(過客乞人)으로 대하지 말고 따뜻한 동족애를 발휘하여 민족고생의 고개를 넘는 동안 상호 애호하기를 바란다는 말을 덧붙였다.

---

18 이덕주, "한국감리교회 사회사업의 역사적 흐름," 『감리교인을 위한 사회복지사업 안내서』 (기독교대한감리회 평신도국, 1996), 116.

19 첫째, 피난민은 승리를 위한 일선 희생자이므로 정부와 민간은 협력하여 피난민 구호에 만전을 기하여야 한다. 둘째, 당분간의 정부행정은 작전수행을 제외한 피난민 구호에 중점을 둔다. 셋째, 각 부처의 유한(遊閑) 공무원은 구호사업에 전용한다. 넷째, 관계기관으로부터 오는 구호물자는 엄중 공평하게 분배함에 만전을 기한다. 다섯째, 대구, 영천, 포항 등 지점을 통하는 선 이남과 대구, 경산, 청도, 밀양 등을 통한 선 이동(以東)의 지점과 제주도 내에 피난민을 수용한다. 그리고 구호에 대하여 특별히 여러분에 호소한다. 「대구매일」 (1950년 8월 26일).

그러나 한국정부의 구호대책은 동포애를 구하는 정도의 수준일 수밖에 없었다. 따라서 외국 정부와 외국 민간단체의 대규모 원조가 시작되었다. 민간원조 단체는 대부분 유럽과 북미의 교회 및 기독교 구호단체들이었다. 19세기 후반 선교를 목적으로 시작된 사회복지사업은 해방 후 선교사들이 다시 내한하여 선교사업을 재건하면서 재개되었다. 해방 후 한국전쟁 발발 이전까지 내한했거나 이북에서 활동하다 남한으로 온 단체들로는 기독교아동복리회(Christian Children's Fund), 감리교세계선교회(Methodist World Mission), 미국북장로교선교회(Northern Presbyterian Mission), 미국남장로교선교회(Southern Presbyterian Mission), 구세군(Salvation Army), 동양선교회(Oriental Missionary Society), 캐나다연합교회 선교회(United Church of Canada Mission), 가톨릭구제위원회, 메리놀수녀회(Maryknoll Sisters) 등이 있었다.[20]

외원단체들이 대거 내한한 시기는 한국전쟁 시기였다. 유엔안전보장이사회는 1950년 7월 31일의 결의에서, 한국 구호에 대한 절차 수립을 통합사령부에 요구하였다. 아울러 회원국과 민간기구에 한국전쟁 전재민의 구호를 위한 도움을 호소하였다. 유엔군 총사령관은 8월에 총사령부의 보건복지처(Public Health and Welfare Section)를 한국 구호 활동을 수행할 책임기관으로 지정하였다. 아울러 유엔군 총사령관은 모든 민간원조 활동에 대한 책임 대행 기관으로 1950년 12월 주한국국제연합민간원조처(UnitedNations Civil Assistance Command, Korea: UNCACK)를 설치하였다. 민간원조처가 설치되면서 직접 전투 지역 내의 민간원조는 각 군단 및 사단의 민간원조처가 기타 지역에서의 민간원조는 국제연합민간원조처가 담당하게 되었다. 이 민간원조처는 미8군의 중요한 사령부가 되었다. 주한 미8군 사령관이 발표한 정책과 명령에 의하

---

20 김흥수, "한국전쟁 시기 기독교 외원단체의 구호활동," 「한국기독교와 역사」 제23호 (2005), 99.

여 한국 민간인 사이의 질병, 기아 및 불안을 방지하는 사업을 수행하였다. 적십자연맹, 세계보건기구, 국제난민기구, 국제노동기구 등에서 파견한 민간 전문가들도 군인들과 함께 민간원조처에서 일하였다.[21]

1952년 이후 50년대 후반까지 등록한 기독교 외원단체는 40여 개였다. 특히 기독교세계봉사회(Church World Service)[22]는 미국기독교교회협의회에 속한 35개 교파와 세계교회협의회의 구호활동을 대행했다.[23] 이 외원단체들은 직접 시설이나 기관을 설립하여 운영(병원, 학교, 고아원 등 복지시설)하거나, 학교에 장학금과 도서 및 교육용 기자재 기증, 병원에 의약품, 의료기기 등을 지원하거나 고아원에 있는 아동들에게 후원금을 전달하는 일을 했다. 이외에도 전재민을 위한 주택 건설, 정착민을 위한 각종 지원, 기생충 박멸과 같은 보건사업 등을 직접 수행 또는 지원하였다.[24]

한편, 미 국무부에서는 1950년 9월 26일, 한국구호 문제를 유엔의 계획안으로 추진하였다. 한국구호에 적어도 1억 1천5백만 달러가 필요하며 이 재정확보를 위해 유엔회원국들이 공동으로 노력해 줄 것을

---

21 같은 글, 100-101.

22 기독교세계봉사회는 제2차 세계대전 이후 어려움을 겪고 있던 중국과 유럽 국가를 돕기 위해 1946년 초교파적으로 조직된 외국 구호단체이다. 이 단체의 한국 지부는 1949년에 설치되었다. 한국 관리자는 아펜젤러(H. D. Appenzeller)였다. 세계봉사회 한국지부는 일제시대에 징용 나갔다가 해방 후 귀환하지 못하고 있던 해외동포의 귀환선을 마련해 주었다. 한국전쟁이 일어나자 사무실을 부산으로 옮긴 후 본격적인 구호활동에 나섰다. 주로 북에서 내려온 피난민들의 생활을 보조하는 일과 전재미망인의 자활을 돕기 위한 '미실회(美實會)'사업, 전쟁 중 불구가 된 군인이나 민간인들을 위한 의수족사업과 재활사업, 전쟁 후에는 결핵퇴치사업과 농촌 개발운동 등을 추진하였다.("기독교세계봉사회, 한국," 『기독교대백과사전』, 제2권 (서울: 기독교문사, 1981), 1153-1154.

23 김흥수, 앞의 글, 119.

24 카바 40년사 편찬위원회 편, 『외원사회사업기관 활동사』 (서울: 홍익재, 1995), 66-67.

제안하였다. 당시 대부분의 해외 구호활동은 미경제협조처를 중심으로 다른 정부의 협조를 받는 형태였으므로 한국구호문제를 유엔 계획안을 통해 조정하려고 했던 것이다.[25] 이 문제는 1952년 2월 2일 유엔총회에 상정되어 조정이 본격화되었는데 미·영·프 3국은 한국에 관한 '3국 공동결의안'을 유엔총회 정치 및 경제사회 양 위원회의 합동회의에 제출하였다. 이 결의안에는 한국에서 불의의 사태가 발생할 경우 특별 유엔총회를 긴급 소집할 것, 한국에 관한 정치문제는 휴전회담이 성립된 다음 토의할 것, 한국에 있어서의 유엔의 구호활동은 그대로 계속 진행할 것 등이 포함되었다. '3국 공동결의안'의 상정은 소련의 유엔 대표 말리크의 반대에 부딪쳤으나, 40:5표, 기권 12표로써 가결되었다.[26] 유엔총회는 이 사업을 수행하기 위하여 1952년 7월 21일, '유엔한국재건위원단'을 구성하였다. 수반으로 '국련(國聯) 피난민구호기구'의 전총재 도널드 킹슬리를 임명하고 한국의 시급한 문제, 특히 한국 700만 명의 피난민 구호사업에 최선을 다할 것을 명령하였다. '유엔한국재건위원단'의 구호활동으로 1951년 1월부터 4월까지 703만 2,097명이 의료 진료를 받거나 병원에서 간호를 받았다. 또 유엔총회는 55개 가맹 국가에 호소하여 구호물자 조달을 약 5억 불의 현금 및 구호물자를 각출 약속하였다. 기타 45개국도 사정이 허락되는 한도 내에서 현금 및 구호물자를 기증하였다.[27] 연도별 보사예산 대비 외원 도입액은 다음과 같다.[28]

25 *FRUS(Foreign Relations of United States)* (1950년 9월 26일), 776-779.
26 「경향신문」(1952년 2월 4일).
27 「서울신문」(1952년 7월 23일).
28 김학묵, "선명회와 외원수원사업," 『한국선명회 40년 발자취』(서울: 한국선명회, 1993), 209-235.

<표 9> 연도별 보사예산 대비 외원 도입액 비율 (단위: %)

연도	1957	1958	1959	1960	1961	1962	1963	1964	1965
비율	-	36.2	27.9	61.6	216.3	106.2	124.7	201.0	165.9
연도	1966	1967	1968	1969	1970	1971	1972	1973	1974
연도	119.6	76.5	43.9	65.8	105.7	72.2	99.9	109.9	145.6

한국 정부는 외국원조 단체들의 협조를 받아 중앙구호위원회와 지방구호위원회를 조직하여 아동, 노인, 임산부 및 유아를 거느린 부녀자 등을 우선 구호하도록 하였다. 당시 구호방법은 거택 구호와 시설수용 구호인데, 1951년에는 구호대상 780만 명 중 39%인 300만 명이 구호를 받았고 이들 중에 40만 명은 1,207개의 일시적 난민수용시설과 사회복지 수용시설에서 구호를 받았다.[29] 휴전협정 성립 후에는 이 같은 구호방침을 일부 변경하여 난민정착사업, 주택복구 및 건설사업, 조선구호령에 의한 생활보호사업, 천재지변에 대한 응급구호사업을 실시하였고, 수용보호시설이 증가됨에 따라,[30] 시설사업에 대한 정부의 지도, 감독이 시작되었다.[31]

이처럼 전쟁 시기 구호활동은 외원단체가 시설사업에 대한 감독은 정부가 지도했다. 여기에 한국교회가 참여함으로써 한국교인 인력이 대거 투입되어 구호활동과 사회봉사 현장에서 일할 기회를 갖게 되었

---

29 같은 글, 214.

30 수용보호시설은 8·15 해방 후 1948년 3월 말까지 47개에서 127개로 증가했으며, 1959년에는 691개로 급격하게 증가하였다. 1959년 691개 시설 중 영유아시설수는 467개로 전체 시설의 약 67.6%에 달하였다. 하상락 편, 앞의 책, 88-92.

31 정부의 지도, 감독, 통제는 다음과 같은 행정명령으로 이루어졌다. ① 후생시설설치기준(1950. 2. 27.): 시설의 기준마련 ② 사회사업을 목적으로 하는 법인 설립허가 신청에 관한 건(1952. 4. 21.): 시설설립을 등록제에서 허가제로 전환 ③ 후생시설운영요령(1952. 4. 21.): 시설의 종류를 분류하고 재단법인만이 시설을 운영하도록 함. 백종만, "해방 50년과 남한의 민간복지," 「상황과 복지」 창간호 (서울: 도서출판 인간과 복지, 1996), 43.

다. 외원단체들은 구호활동을 통해서 한국인들에게 사회봉사의 중요성을 알려주는 사회교육의 기능도 담당하였다. 한국기독교인들의 구호활동 참여는 향후 한국 사회복지사업을 이끌어갈 수 있는 중요한 경험을 제공하였다.[32]

2. 감리교회의 구호사업과 미국감리교 해외구제위원회

1) 감리교회의 구호사업

감리교의 복구 및 구호활동 원조는 주로 '기독교세계봉사회'(Church World Service)와 미국감리교 '해외구제위원회'(Methodist Committee for Overseas Relief, 이하 MCOR)를 통해서 이루어졌다. 감리교는 1955년 4월 22일 체결된 '한미간의 민간구호활동에 관한 협정'이 체결되기 전부터 구호활동을 해왔는데, 1950년 12월 20일부터 1951년 12월 30일까지 사용한 보조금액만 해도 약 13억 5천 382만 6,600원에 달했다. 이 기금은 감리교회의 복구비나 교역자를 위한 비용으로 주로 사용되었다. 한국감리교회는 1952년 2월 구호금을 합리적으로 배분하기 위해 '중앙협의회'를 조직하였다. '중앙협의회'는 미국 감리교회와 한국감리교회를 연결하는 조직으로 회장은 감독 역할이었고 구성원은 선교사와 한국교인 반반씩이었다.[33] 중앙협의회는 같은 해 4월 원활한 구제사업을 위해 산하에 구제위원회를 두었다. 위원장은 류형기 감독, 위원은 한국인 문창모, 이진구, 이문덕, 김정환, 김광우, 김재복, 조화철, 조경묵, 조신일, 이강훈, 김수철이었고, 선교사 위원은 쇼(Marion B. Shaw), 스톡스(Charles D. Stokes), 아펜젤러(Henry D. Appenzeller), 스피츠카이

---

32 김흥수, 앞의 글, 120.
33 「감리회보」(1952년 2월 1일).

트(James W. Spitzkeit)였다.[34]

1952년에는 미국 교회에서 구제비와 사업비 약 10억 원을 보내왔다. 한국 감리교는 이 구제기금으로 서울 세 지방과 인천 두 지방의 극빈자 평신도 천여 명에게 백미 소두 한 말씩을 나누어 주었고, 영양부족과 유행병으로 고생하는 교역자를 위해 부산에 가족관을 마련하는 일, 산원과 간단한 진료소 신설하여 산모를 돕는 일, 순회진료반 설치하는 일, 교역자 자녀를 위한 기숙사를 마련하는 일 등에 사용하였다.[35]

초기에는 거의 교회 교역자를 위해 사용했으나 전쟁이 장기화될수록 구호활동의 폭도 넓어졌다. 1952년 감리교 구호활동 사업대관에 명시된 사업비 명목은 복구사업비, 구제비, 평신도사업복구자금이었다.[36] 성경학원사업비와 유치원, 고아원, 여자사업관사업비 그리고 농민학교 농촌사업비는 재정 부족으로 본부에 요청할 수 없는 항목으로 명시되었다. 예외적으로 선교사가 직접 관장하던 태화여자사업관은 보조금이 지원되었다.[37] 꾸준히 구호자금이 들어와도 재정은 늘 부족했다. 이 문제를 해결하기 위해 류형기 감독이 나섰다. 그는 1952년 3월 17일부터 1953년 1월 27일까지 미국 인디애나주 3개 연회와 레인스 감독, 오하이오주 2개 연회와 워너 박사를 만나 모금활동을 벌였다. 그 결과 10만 불이 넘는 구호기금을 모금하였다.[38] 한편 한국감리교회는 교인이 힘을 합하여 고난을 극복해 보자는 의미에서 1953년 12월 둘째

---

34 「감리회보」(1952년 4월 1일). 이때 평신도 복구자금 대출을 위한 '자금위원회'도 조직되었다.

35 「감리회보」(1952년 2월 1일).

36 여전도인 생활비, 납치자 유가족 생활비, 교역자 물가 수당, 교역자 자녀교육비 보조, 교역자와 평신도의 치료비 보조, 간이 구호병원 설치비 보조금, 일반 개인구제비 등이었다.

37 「감리회보」(1952년 6월 1일).

38 「감리회보」(1953년 1월 1일).

주일을 '사회사업 주일'로 정했다. 각 지방과 구역에서 감리교인 남녀노소를 막론하고 1인 1물품씩 모아 고아원, 양로원, 상이군인의 정양원, 병원 불구원과 모자소 등을 이 사회사업 추진위원으로 박현숙, 김득붕, 양재석, 이병남, 장시화를 임명했다. 같은 해 사회사업기관의 친목과 연락, 지도육성을 하기 위해 총리원 사회국내에 '기독교 대한감리회 사회사업협회'를 조직하였다. 또한, 그동안 재정지원을 받지 못했던 농촌부가 총리원 사회국 내에 설치되었고 그 밖에 사회사업 강습회, 이상촌 설정, 안식관 확장 등 다양한 활동을 벌였다.[39]

2) 한국교회 재건연구위원회와 감리교회 해외구제위원회

미국 선교부는 MCOR를 통해 막대한 구호금품을 한국으로 보냈다. MCOR의 목적은 긴급한 사태 발생에 대응하여 신속하고도 효과적으로 도와주는 데 있었다. 1937년 중국에서 내란이 발생했을 때 식량, 의류, 약품 등을 보내어 전화를 입은 중국 인민들을 도와준 것이 계기가 되어, 1940년 미국 연합감리회 총회에서 중국과 유럽 난민들을 돕기 위해 MCOR을 조직하였다. 일제강점기에 한국 감리교회 감독을 지냈던 웰치(H. Welch)가 초대 위원장이 되었다. 위원은 19개 교구에서 19명의 위원을 선출했다. MCOR의 삼대 기본 사업은 구제와 복구 그리고 피난민 정착이었다.[40] 뉴욕에 본부를 가지고 있었으며, 감리교 선교부가 마련한 독립된 조직이었다.[41]

MCOR은 전후 한국교회 재건에 커다란 역할을 하였다. 한국 재건이 한창일 무렵인 1954년에는 뉴엘 감독이 위원장이었고, 채핀(Anna

---

39 「감리회보」(1953년 12월 1일).
40 「감리회보」(1963년 3월 1일).
41 「감리회보」(1955년 1, 2월호).

Bair Chaffin, 채부인), 래틀리프(Mark Ratliff) 부처와 쇼(서매런)가 주로 활동하였다.[42] 래틀리프 부처는 모자사업과 고아사업에 주력하였고, 채핀은 전체사업을 총괄하였다.[43] 감리교회의 구제사업은 전부 MCOR의 지원—1년에 10만 불이 넘는 돈—으로 운영되었는데, 교역자 생활보조금만 해도 연 4만 불이었다. 1951년 1·4 후퇴 이후 1953년 8월 수복까지 부산에 있던 감리교회 본부 총리원에서는 만 2년 반 동안 교회 구제사업에 치중하였다. 교역자와 그들 가족의 생활을 보장하였으며, 납치된 교역자의 유가족들에게도 치료비, 자녀교육비 등까지 동일한 혜택을 받도록 하였다. 일반 평신도에게도 특별구제금, 치료비, 융자금 등 폭넓은 구제사업을 하였다. 김광우는 이 기간을 '교회 구제사업시대'라고 하였다.[44]

휴전되면서 '구제중심'사업을 넘어 대대적인 재건사업과 사회복지사업을 전개해갔다. 사업기금이 교회, 감리교 학교와 병원 복구사업에 할당되기 시작했다. 한국감리교는 '감리교회 사회사업위원회'라는 명칭을 가지고 MCOR 기금을 사용하였다. MCOR 구제금을 사용하는 데 있어서도 "항구대책 사업비로 사용하는 태세" 즉, 재건사업에 입각한 사회사업비로 전환되었다.[45]

1954년 11월에는 미국 MCOR의 분회성격인 '구제위원회'를 '사회사업위원회'로 전환하고 '구제위원회' 산하 고아원위원회, 미망인사업위원회, 기숙사위원회, 농촌사업위원회, 융자위원회를 '사회사업위원회'에 편입시켰다. 한편, 미국 감리교 선교부는 전쟁의 아픔을 함께하겠다는 결의를 가지고 1954년 '한국교회 재건연구위원회'를 조직하였다.

---

42 「감리회보」(1955년 1, 2월호).
43 「감리회보」(1954년 1월 1일).
44 「감리회보」(1955년 1-2월호).
45 「감리회보」(1955년 1-2월호).

1954년 6월에는 사절단 및 MCOR 뉴욕지구 감독 뉴올 박사가 한국을 방문하여 재건 노력을 약속하였다.[46] 이윽고 재건위원단이 대거 내한하였다. 1954년 6월 23일부터 30일까지 한국교회대표와 미국 감리교회 대표 50여 명이 대천에서 회의(이하 '대천회의')를 열었다.[47] 이 회의에서 한국교회의(절실한 문제인 전부 파괴된 교회 214개와 반 정도 파괴 또는 훼손된 교회 300여 개) 실정을 파악하는 한편, 교회재건사업위원회, 사회사업위원회, 교육사업 위원회, 선교부 관계위원회, 구제위원회의를 설치했다. 또 전재미망인들의 생활안정 도모와 고아원과 양로원사업을 자립자존의 경영체제로 확립하는 방안을 논의하였다.[48]

이후 1958년 총리원 사회국에서 관장하던 MCOR의 후원금은 이사회로 이관되어 '한국 구제위원회'(KMOCR)에서 관리하게 되었다. 위원회 구성은 선교사와 한국인이 반반이었다. 다시 명칭을 '사회사업위원회'로 고치고 고아사업위원회, 모자사업위원회, 농촌사업위원회, 기숙사사업위원회, 모자사업위원회 등 분과를 두었다. 행정 책임은 사회국 총무와 채핀이 맡았다. 사회사업위원회는 MCOR 본부와의 긴밀한 연락 및 기타 사무를 맡았는데, 책임자는 쇼, 서기는 서성자, 협동위원은 젠센(Maud. K. Jensen) 부인, 위임스 부인, 변호덕, 도익서였다. 다음은 직원들이다.[49]

---

46 「감리회보」 (1954년 6월 1일).
47 「감리회보」 (1954년 8월 1일). 이때 내한한 위원은 감리교 해외 구제위원장 뉴엘 감독, 선교부 재정위원장 아담스 박사 동부인, 여선교부 와그너 부인, 여선교부 동양총무 빌링슬리, 선교부 동양총무 브럼보 박사 등이었다.
48 「감리회보」 (1954년 8월 1일).
49 「중부·남부·동부 연회록」 (1958년 3월 12~16일), 313-320.

<표 10> 1957년 사회국 KMCOR 사무분담 위원

위원회	위원
사회사업위원 (KMCOR)	류형기 조신일 박창현 조영제 이문혁 이응식 위임스 부인 미스 모체프리 신도열 쇼 부인 미스코프 추디
농촌사업연구위원	동부연회—송홍국 이봉구 고형신 중부연회—한영선 홍병선 김성제 남부연회—박백용 오경린 신도열
농촌사업위원	조신일 명관조 유증서 위임스 부인 체프리 신도열 미스 쇼
고아원 및 양로원	조영제 이응식 유증서 미스 쇼 미스 모
아동양호 회원	민응식 문창모 이응식 유증서 미스 쇼 전덕규 김남수 홍석영 양계석 감사: 이재덕 박운한
모자원 위원	홍에스더 박원경 이응식 유증서 쇼 부인 릭스 부인 미스 쇼
치료 위원	조신일 이호빈 문창모 유증서 사월 와이스 부인 미스 쇼
지방교역자 자녀 장학금위원	조신일 송정률 장기수 유증서 미스 쇼

류형기 감독은 한국교회 재건을 위하여 또다시 1954년 9월 7일부
터 1955년 1월 27일까지 미국 인디애나주와 오하이오주를 돌며 모금
활동을 벌였다. 그 결과 150여만 불의 사업기금이 속속 들어왔다. 이러
한 기금 중 30%는 구제사업에 70%는 예배당, 학교, 병원, 신교사, 주
택 등의 복구사업에 쓰기로 하였다. 본격적인 재건사업으로 전환하면
서 MCOR 기금의 경우 긴급한 곳을 중심으로 사용하였다. 특정 기관에
중점적으로 사업자금을 지원하여 자립경영을 도모하자는 것이었다.[50]
후원은 크게 후생기관과 농촌사업으로 나누어져 이루어졌다.[51]

MCOR 기금으로 운용했던 1956년 감리교반 사회사업은 다음과
같다.

50 「감리회보」(1955년 1~2월).
51 「감리회보」(1957년 5월).

<표 11> MCOR기금 운용 사회사업

사업명	내용
특수 원조사업	1. 농촌교역자 생활비보조
	2. 납치자 유가족 생활비 보조
	3. 군목 생활비 보조
	4. 미국유학생 생활비 보조
특정 구제사업	1. 치료비보조(일반치료비-감리사를 통하여 실시) 입치(齒)비(60세 이상된 교역자에게)
	2. 일반구제사업(선교사를 통하여)
	3. 고아원사업
	4. 기숙사사업
	5. 모자원사업
	6. 농촌사업
	7. 융자사업
	8. 양로원사업
	9. 병원사업
	10. 수복지구사업
* 1년 동안 사업결과: 특수원조사업은 부산 피난시절부터 매월 8천 불의 구제금으로 피난 교역자 전체와 납치교역자의 가족 생활비를 전적으로 보조, 일반 평신도까지[52]	

감리교는 전쟁이 발발한 직후부터 1953년 휴전까지 '교회 구제사업 시대'로 주로 교역자를 중심으로 하는 구제에 치중하였다. 이 시기에는 고아원, 양로원, 농촌, 여자관사업 등을 지원할 여력이 부족했다. 그 후 1953년부터는 재건사업 및 사회사업에 관심을 둘 수 있게 되었다.

3. 전쟁 후 감리교회의 사회복지사업과 시설운영의 목적

김광우는 한국감리교의 전후 사회사업에 대해 1954년 12월 6일 자 「감리회보」에 '이상적 사회사업가의 대망'이라는 글에서 교회사회사업의 중요성을 논한 바 있다. "전쟁 후 여러 가지 사회문제에 대하여 국가

---

52 「제2회 남부연회 회의록 사회국보고서」 (1956년 3월 7~11일), 190-204.

가 책임질 수 없다면 민간이 사업에 나서야 하며, 특히 교회는 사회를 도덕적 타락과 경제적 빈곤과 정신적 고통에서 건져내려는 사명을 가지고 난국에 처한 나라의 전쟁과부와 고아와 상이군경과 맹아와 나병환자와 결핵환자, 사생아문제와 농촌문제를 일면에서라도 해결하고자 노력해야 한다"라는 것이다.[53] 이러한 취지에 따라 감리교는 고아원, 모자원, 부랑아, 결핵, 탁아소 시설을 설치 운영하면서 구체적으로 교회 사회사업을 실천해 나갔다.

1) 고아원

전후에는 특히 고아사업, 과부사업, 상이군경사업, 농촌사업, 피난민 구제사업 등 다양한 사회사업이 많이 발생했다. 전쟁 피해로 가장 심각하게 드러난 것은 전재고아와 미망인 문제였다. 1953년 7월 통계를 보면, 전재고아 및 부랑아 10만 명, 전재미망인 50만 명으로 집계되었다.[54] 1952년 8월 자료를 보면, 전국 280개의 고아원에는 전쟁 중에 부모와 헤어지거나 생활고로 버림받은 아동 30,473명이 수용되었다.[55] 전쟁 후반기에는 한국인 여성과 외국군인 사이에 태어난 혼혈아들도 버림받아 고아원에 수용되었다.[56] 감리교는 1953년 말부터 구제사업 때문에 재정여력이 없어 미루어왔던 전쟁고아사업에 대해 논의를 시작했다.[57]

---

53 「감리회보」(1954년 12월 6일).

54 「서울신문」(1953년 7월 30일).

55 국제연합 민사 원조 사령부(UNCAC) (1952).

56 김순실, "부랑아의 사회적 동태와 그 대책," (이화여대자학교 대학원 사회사업과 석사논문, 1959), 8.

57 감리교의 전통적 고아원사업은 다른 사회사업에 비해 비교적 늦게 시작되었다. 선교부나 감리교회 조직을 통해 이루어지기보다는 개인 독지가가 주도하는 사업형태로 이루어졌다. 그런 형태로 1935년에 평양 신양리에 애린원(愛隣院)이 설립되었다. 당시 평양 신양리교회를 담임하고 있던 정지강(鄭志强) 목사가 설립한 고아원이다.

한국전쟁기 고아원과 구호품

전후 고아원사업 같은 사회복지사업은 그나마 사업기금 조성 능력과
전문성, 조직성을 갖춘 종교단체가 감당할 수밖에 없었다.[58] 총리원 사
회국위원장이었던 문창모는 다음과 같이 그 필요성을 밝혔다.

> 전쟁으로 말미암아 수많은 고아와 노인이 길거리에서 헤매는 현실은 아직
> 도 눈에 선합니다. 뜻있는 독지가에 의하여 고아원과 양노원이 설립되어 무
> 의무탁한 고아와 노약자를 수양케 되어 그들이 무사하게 지내게 됨을 생각
> 할 때 이 일을 위하여 수고하는 여러분께 치하를 드립니다. 총리원 사회국에
> 서 각 고아원에 매 인당 400환의 시탄비를 지출한 일이 있지만 금년 성탄에
> 각 교회의 구제위원들은 고아와 노약자들을 위하여 위문할 뿐 아니라 그 기

애린원은 단순한 고아원이 아니라 빈민계층의 자활을 목적으로 한 종합적 사회사업
기관으로 공작소, 인쇄소, 탁아소 등이 있었다. 정지강 목사는 1938년부터 기관지
「愛隣」을 발간하여 사업을 홍보하였고 후원회원을 모집하여 운영하였다. 1941년 선
교사들이 강제귀환 당한 후에는 평양맹아학교를 인수하여 운영하기도 하였다. "평
양 애린원," 「감리회보」 (1935년 10월 10일), 19.

58 최원규, "한국전쟁기 가톨릭 외원기관의 원조 활동과 그 영향," 「교회사연구」 제26집
(2006), 159-194.

관들이 잘 발전 육성하도록 여러 교우들은 기도하시기를 바랍니다.[59]

고아원사업의 중요성을 절감하면서 각처에서 고아원을 열었지만 대부분 기본재산이 없어 경영난에 빠지는 경우가 많았다. 고아원 보조를 위해 감리교 총리원은 미국 감리교회에 기금을 요청하였는데 1953년 2만 불의 보조금이 따로 들어왔다. 중앙협의회 구제위원회에서는 5천 불(약 120만 환)을 우선하여 각 고아원 원아비례로 분배하였고, 위원장 문창모는 나머지 분배를 위하여 1953년 10월 첫 주부터 12월 말까지 부산 에덴원을 비롯하여 경남·경기·충남·서울·충북 등지의 20여 곳의 고아원을 시찰하였다. 시찰 후 27개소 고아원에 원아 1명당 약 4백 환 정도의 기준으로 1만 환에서 156,000환의 현금을 보조하였다. 또 구제위원회는 성탄절에 원아 한 명마다 100환 정도를 보조하여 떡과 고깃국을 먹일 수 있도록 하였다.[60]

고아원 운영은 재정만 아니라 전문적인 지식도 필요했다. 이를 위해 1954년 1월 6일부터 3일 동안 대전 유성온천에서 '사회사업자 수양회'를 열었다. 감독 이하 채핀, 이향신, 송정률, 김광우, 레어드 등이 동지로서 서로 위로도 하고 고아원 운영에 대한 전문지식과 경험을 나누었다. 수양회에서 고아원 예산을 비롯한 중앙협의회의 방대한 예산이 통과되었는데, 여기에는 그동안 고아원 기금처럼 구제기금에 포함되지 않았던 농촌사업비도 포함되어 있다. 1954년도 예산안은 다음과 같다.[61]

특히 1954년 6월 '대천회의'에서는 구체적으로 전재미망인들의 생활 안정과 고아원·양로원사업을 '자립자존의 경영체제'로 확립할 것을

---

59 「감리회보」(1953년 12월 1일).
60 「감리회보」(1954년 2월 1일).
61 「감리회보」(1954년 2월 1일).

<표 12> 1954년도 중앙협의회 예산안

항목	금액(달러)	항목	금액(달러)
교회경상비보조	51,500	선교사 특별비	39,000
선교학교보조(남 54명)	2,500	전도부인 보조비	12,000
선교학교 보조(여 64명)	12,000	구제비	96,000
감리회 신학교	23,000	고아원 보조	48,000
교육국	21,500	부랑아 구호비	44,000
농촌사업비(대전)	12,500	평신도 신용조합	50,000
농촌사업비(원주)	12,000	기독병원 설비비	4,000
농민학교 보조(4곳)	12,000	자녀기숙사(여자)	20,000
대전연합사업비	10,000	복구비(임시비)	300,000
총계			770,000

논의하였다.[62] 고아원사업에 대한 운영 기금을 일시보조와 항구대책보조로 나누어 임시보조는 비상조치로 약간 돕고, 항구대책보조는 실정에 따라서 일정 금액을 보조하여 자립자영을 도모할 수 있도록 하였다. 감리교회 산하 고아원 중에서 십여 곳을 추려 항구대책 대상으로 삼고 재정이 허락되면 점진적으로 그 대상을 확대하기로 하였다. 1954년 11월 당시, 감리교에서 운영하던 고아원은 전국적으로 30여 곳이었는데, 선교부로부터 매월 2천 불씩 받아서 실정에 따라서 각 고아원에 나누어 주었다.[63] 전후 우후죽순으로 설립되는 고아원을 모두 도울 수는 없었기 때문에 경영자의 실력이라든가 시설 규모, 보조받은 정도 등을 감안하여 그 기관들을 중점적으로 도와 자립을 유도하려는 것이었다.[64]

1954년 6월 '대천회의'에서 미국 선교부에 사업을 이끌고 갈 사회사업가와 각부문전문가 파송을 요청한 바 있다.[65] 이에 따라 1954년

---

62 「감리회보」 (1954년 8월 1일).
63 「감리회보」 (1954년 11월 1일).
64 「감리회보」 (1955년 1-2월).
65 「감리회보」 (1954년 8월 1일).

12월 사회사업관련 전문지식과 능력을 갖춘 선교사 쇼(Marion B. Shaw, MCOR 고아원사업), 스톡스(신학교), 스토퍼(Esther Stoffer, 부산사회관), 테리(Marilyn Terry, 교육사업, 대전), 엠마 메이랜드(배화여고), 휠택커(Faith Whitaker, 세브란스), 도래디 헐버트(이화대학), 매리 킹슬레(의료사업, 강릉), 빼티 뿔룸(Betty M. Blom, 이화여고), 래를리프 부부(Ratliff, Mr. & Mrs. mark, MCOR 미망인사업) 등이 입국하였다. 이 중 재입국한 선교사는 쇼-부부(대전), 젠슨 박사부부(서울), 페인 부부(방송사업)였다.[66] 1956년 고아원사업의 현황은 다음과 같다.[67]

〈표 13〉 1956년 감리교 고아원사업 현황

고아원사업비(1957년)	22,984,660환
사회국에 등록된 고아원 수	31곳
직원 총수	남: 151명 여: 233명
원아 총수	남: 2,231명 여: 1,362명 계: 3,593
학생 수	국민학생 1,730명 중학생 495명, 고등학생 183명, 대학생 28명, 직업보도생 수 153명, 계: 2,436명
주일학생 수	원입인: 2,141명 학습인: 385명 세례인: 200명 계: 2,726명
아동복리회(CCF)에 가입된 고아원 수	12명
선명회(WV)에 가입된 고아원 수	17명
선명회에 가입신청중의 고아원 수	1명
재단법인이 된 고아원 수	22명
재단법인 수속중의 고아원 수	9명

1956년 감리교 산하 고아원은 40곳이고 그중 35곳은 사회국에 등

---

66 「감리회보」(1954년 12월 6일).
67 「중부, 남부 동부 연회록」(1958년 3월 12일~16일), 315-316.

록되어 있었다.[68]

<표 14> 1956년 감리교산하 사회국에 등록된 고아원

고아원 명칭	위치	법인체	원아수	가맹단체
충현영아원	서울		159	CCF
계명원	인천		142	CCF
삼일애육원	수원		191	CCF
애광원	이천	수속중	250	CCF
여광원	여주	법인체	90	WV
평택여맹원	평택	"	108	WV
자혜원	천안		107	CCF
남후생원	도고온천	법인체	117	WV 신청중
성육원	서정리			
대성원	대조	수속중	89	WV
대천고아원	대천		65	WV
대전영아원	대전	여선교부 직영	33	
대구보육원	대구	법인체	189	CCF
달성고아원	"			
영신보육원	후포	법인체	60	
강릉보육원	강릉			
아가페고아원	포항	수속중	91	WV 신청중
마산신생원	마산	"	115	CCF
함안신생원	함안		100	CCF
평화원	창원		89	CCF
홍아원	경남사천	법인체	133	WV수속중
보생원	삼천포		85	CCF
이리기독사회관	이리			
신곽보육원	군산			WV
동인학원	경남		162	WV신청중
미애원	부산		70	WV
에덴원			60	

---

68 「제2회 남부연회 회의록」(1956년 3월 7~11일), 192.

고아원 명칭	위치	법인체	원아수	가맹단체
진우도	진우도	법인체	110	사회국직영
공주육아원	공주		21	여선교부 직영
평해보육원	제주		102	CCF
화생보육원	제주		79	
송죽보육원	제주	수속중	90	
학림원	원주		82	
삼애원	청주		62	WV
향애원	음성		106	

    감리교 고아원 40곳 중에는 아동복리회(CCF) 가맹 12곳, 선명회 (WV) 가입 8곳도 있었다.[69] 1957년에는 다음과 같이 조금 변동되었다.

고아원사업비	24,111,110환
사회국에 등록된 고아원수	31
원아 총수	3,202명
아동복리회(CCF)에 등록된 고아원수	12
선명회(WV)	14
재단법인이 된 곳	10
재단법인 수속 중	4[70]

2) 모자원

    전후 전재미망인들과 그들의 자녀, 의지할 곳 없는 노인을 위해 정부에서는 1954년 1월 '모자원직제'를 의결했다. 이에 서울과 부산에 각각 국립모자원을 설치하여 수용보호와 직업보도 기능을 하도록 하였다. 그 대상은 ① 배우자가 사망하였거나 행방불명되었거나 생활능력을 상실한 불구자, 불치, 질병에 걸린 배우자로부터 유리된 사람, ② 배우자의 부양의무자가 없거나 부양의무자로부터 생활부조를 할 수 없게

---

69 CCF(아동복리회), WV(선명회).
70 「동부·남부·중부 연합연회록」(1957년 3월 27일~4월 1일).

된 사람, ③ 만 2세 미만의 자녀를 가지고 있는 사람이었다.[71] 하지만 3월 말까지 예산 부족으로 간판만 걸린 채 실제 운영하지 못하다가[72] 1년 뒤인 1955년 3월이 돼서야 한미재단원조로 운영하기 시작하였다. 이 모자원은 청파동에 있던 중앙모자원을 확충한 것이었다. 재봉, 미용, 편물, 축산가공시설을 두어 약 200세대 600여 명을 수용하였다.[73]

지방은 각 도별로 도립모자원을 설립하여 수용하였다. 강원도 도립모자원의 경우, 1955년 11월 60채의 가옥을 지어 군경유가족 241명을 수용하였다. 하지만 식량 배급이 제대로 이루어지지 않는 등 구호실정이 열악하였다.[74] 더 시급한 문제는 수용시설의 절대적인 부족이었다. 1956년 6월 당시 전국에 있는 사립모자원 44개소를 포함하여 공·사립 모자원이 수용하고 있던 총인원은 1,328명이었다. 이 수효는 당국에서 파악한 전재미망인 586,000명의 1%에도 못 미치는 것이었다. 규정은 1년 동안 기거하면서 자립을 도모하는 것이었는데 교체가 잘 이루어지지 않았다. 보건사회부 부녀국에는 살길 없는 전재미망인들이 매일 평균 3, 4명, 많을 때는 10여 명이 찾아와 직업을 알선해 달라고 하거나 모자원에 들어가게 하여 달라고 호소했다. 당국자들은 아무 대책 없이 타일러서 보내고 있는 실정이었다.[75]

부족한 국립, 도립 모자원 수용시설을 그나마 보충할 수 있었던 시설이 사립모자원이었다. 1955년 당시 사립모자원은 전국에 44개소가 있었다. 감리교에서도 1954년 6월 '대천회의'에서 결의했듯이 전재미망인사업으로 집단농촌생활, 융자금의 협동적 활동, 주택의 일시대여,

---

71 「동아일보」 (1954년 1월 16일).
72 「동아일보」 (1954년 3월 29일).
73 「동아일보」 (1955년 3월 3일).
74 「동아일보」 (1955년 11월 14일).
75 「동아일보」 (1956년 6월 17일).

가축사육과 수공업들을 중심으로 생활 안정을 도모하기로 하였다.[76]

> 이번 전쟁의 비극적 산물중의 하나는 납치와 순교의 유가족입니다. 그들에게 거처를 주어서 안주하게 하고 직업을 주어서 생활할 수 있는 길을 열어주는 일은 절대 필요한 일로 느껴집니다. 우리 총리원 사회국에서는 이상적 모자료(母子療)를 구상한지 벌써 오래입니다. 지난번 대천회의에서도 이에 대한 적극적 방책을 수립하여 그 실현을 조속히 가져오도록 노력하기로 하였습니다.[77]

1955년 1월 총리원 사회국과 MCOR이 협력하여 MCOR의 원조 승인을 얻었다. 감리교는 순발력 있게 마포구 신수동에 3천 평의 기지를 매입하고 30동의 주택과 이동 작업장을 건축하기로 하였다.

1957년에는 전국에 5개소의 모자원을 두고 미망인 237명을 수용하게 되었다. 이들 모자원은 공통적으로 자급자족 문제를 안고 있었고, MCOR을 통해 들어오는 미국 보조금에 의존할 밖에 없었다.[78]

3) 부랑아동 시설

1955년 전국의 부랑아는 4만 명에 달하였다. 이들은 '왕초'(王草)를 중심으로 구두닦이, 소매치기 등 조직을 가지고 주로 다리 밑, 판자집, 남대문 지하 통로 등지에서 살았다. 이들은 손짓, 칼질을 하며 연명하고 있었기 때문에[79] 사회적으로 커다란 위협이 되었다. 개신교 측에서

---

76 「감리회보」 (1954년 8월 1일).
77 「감리회보」 (1954년 11월 1일).
78 「감리회보」 (1957년 1월).
79 「동아일보」 (1955년 5월 2일).

서울시를 비롯 대전, 대구, 부산, 여수에 각 한군데씩 보호시설을 운영하며 교화하는 일을 하였다. 대전 수용소의 경우 가장 많은 192명이 수용되어 있었다. 서울은 우이동에 작은 천막을 치고 공공생활을 하면서 기독교의 가르침으로 갱생의 길을 밟고 있었다. 기독교인들은 사재를 털어 수용시설을 운영하였는데 서울의 경우 장 공장을 하는 김모 목사의 지원으로 운영되었다.[80]

감리교회에서도 이 사업에 적극적으로 나섰다. 부산에서 뱃길 두 시간 정도 떨어진 섬 진우도(眞友島)에 약 50평의 건물을 신축하여 1953년 12월 25일 크리스마스 날 완공하였다. 이듬해인 1954년 1월 1차로 서울에서 약 200여 명의 부랑아동을 기차로 호송하여 수용하였다. 교화사업은 동의 섬에서 20여 년 고아원(향린원) 운영 경험을 가진 방수원(方洙源) 원장이 담당하였다. 다음은 1954년 12월 6일자 「감리회보」에 실린 기사이다.

남해의 가덕도 맞은편의 조고마한 무명도를 과거의 서울 향린원이 점령하고 새 이름을 진우도(眞友島)라고 붙였다. 그 섬에 고아원을 옮겨놓고 거리의 부랑아를 모으고 그들을 양육하는 중이다. 그 고아원을 아동민주시라고 부른다. 방수원 원장의 특별한 활동으로 이번에 거대한 AFAK 물자를 얻게 되었다. 수만 불의 물자로써 600여 평의 건물(10여 동)을 건설할 예정인데, 이것이 완성되는 날 그 규모에 있어서 한국에서 제일가는 고아원이 될 것으로 생각된다. 그 섬은 30여만 평의 면적을 가지고 있는데, 그곳에 이상적 소년(고아)의 자유 낙원을 건설해 볼 계획이다. 그 장래는 매우 촉망된다.[81]

방수원 원장은 이 진우도의 부랑아 시설을 '아동민주시'라고 하면서

80 「동아일보」 (1955년 5월 2일).
81 「감리회보」 (1954년 12월 6일),

1,000여 명의 부랑자 수용 계획을 수립하였다.

4) 대전 결핵요양원

전쟁 시기 열악한 주거 환경과 영양결핍으로 인구 10만 명당 400명, 즉 남한 인구 2천만 명 중에 8만 명이 매년 결핵으로 죽어갔다. 전후 결핵퇴치사업에는 보건부를 위시하여 한미재단, 국제연합재건단, 기독교세계봉사회 등이 참여하였다. 기독교세계봉사회는 전국에 13개의 병원을 지원하여 무료로 환자들을 치료할 수 있도록 하였다.[82]

대전 결핵요양원은 1954년 12월 17일 레어드(Esther A. Laird, 라애시덕)에 의해 열렸다. 레어드는 1926년 한국 선교사로 내한하여 원주에서 원주기독교여자사회관, 영아원, 결핵요양원였다. 1947년 다시 내한하여 원주에서 사업을 계속하던 중 1950년 6·25로 귀국했다가 1952년 내한, 대전에 기독교사회관을 설립한 후 탁아소, 육아원, 나병환자 자모클럽, 전재미망인의 직업보도(재봉, 수예, 편물 등)등의 사업을 벌였다. 레어드가 무엇보다도 주력했던 것이 결핵사업이었다. 레어드가 결핵퇴치 운동에 나선 것은 1947년 원주 남산에 결핵 예방원을 세우면서부터였다. 군용천막으로 4채의 야영캠프 모양의 요양소를 마련하였다. 천막 한 채에 2~3명씩 모두 10여 명의 환자를 간호원 2명과 식모를 두고 살폈다.[83]

대전 결핵사업 부지는 기독교연합봉사회 부지의 일부를 감리교 몫으로 받을 수 있었다. 1954년 1월 4일에 열린 기독교연합봉사회 이사

---

82 김흥수, "기독교연합봉사회: 1950년대의 기독교 연합사업 연구,"「한국기독교와 역사」제33호 (2010), 99.

83 심순덕 · 황우선, 『예수를 닮은 여인 미스 레어드』(대전기독교종합사회복지관, 2000), 77-92.

회에서 레어드가 요청한 "폐결핵환자 정양원 시설" 부지를 마련해 주기로 했던 것이다.[84] 이로써 기독교연합봉사회 부지인 대전시 대덕구 중리동(당시 주소 충남 대덕군 회덕면 중리)에 결핵요양원이 들어서게 되었다. 결핵원은 미국감리교여선교부와 MCOR의 지원으로 운영했다. 요양원 병동을 짓기 위한 건축자재는 AKF(American Korean Fundatoin, 한미재단)과 KCAC(Korea Civilian Assistant Command, 한국민사원조 사령부)의 도움을 받았다.[85] 레어드는 매주 화요일과 금요일에 정기적으로 촉탁의사, 간호원, 기독교사회관 직원과 함께 요양원을 둘러보았다. 치료 방법은 휴식과 영양보충이었다. 시약치료제로 스트렙트하이드, 스트렙토마이신, 이소니아지드, PAS, INH, 비타민, 철분 등을 투여했다. 1955년 경우 12명이 요양을 하고 있었는데, 그중 7명이 건강이 좋아져 귀가했다. 1956년에는 25명이 요양하여 22명이 나아졌고, 1957년에는 23명 중 17명의 환자가 건강해졌다. 1958년에는 22명의 환자가 치료를 받고 퇴원했다. 1961년에는 24~25명의 환자가 입원해 효과가 나타났다.[86]

레어드는 1966년 은퇴 후 미국으로 돌아갔다. 이후의 결핵사업은 심순덕 대전기독교사회관장이 맡게 되었다. 이 무렵 환자는 30여 명에 달했다. 대전 결핵요양원은 1975년 2월 기독교연합봉사회의 중리동 농장을 이전하면서 부지를 잃어 문을 닫게 되었다.[87]

---

84 김흥수, 앞의 글.
85 심순덕 · 황우선, 앞의 책, 81.
86 같은 책, 88.
87 같은 책, 91.

5) 시설운영의 목적

한국전쟁 후 한국감리교의 시설운영 목적은 '복음과 사업의 병진주의'였다. 이 목적은 1955년 「감리회보」 1-2월호에 쓴 김광우의 "고아원 교육문제 일고(一考)"에 잘 나타나 있다. 그는 물질뿐 아니라 복음으로 사람의 영을 살리는 사업을 하는 것이 완전한 구제사업이라고 하면서 '복음과 사업의 병진주의'를 표방함이 타당하다고 주장하였다. 그의 주장대로 고아원 운영의 근본 취지는 '복음과 사업의 병진주의'였고 이를 근거로 고아원의 첫째 목적은 '사람을 살리는 기관'이었다.

> 고아원의 첫째 목적은 의지 없는 고아들을 먹이고 입혀서 그들의 생명을 살려주는데 있다. 죽을 수밖에 없다거나 일생을 유리걸식하다가 어디서 그 운명이 어떻게 될지 알 후 없는 고아들을 데려다가 그들의 부모처럼 그들을 돌보아 주고 그 생을 잘 살려 장성하게 한다는 것은 여간 의미 있고 값이 있는 귀한 일이 아니다.[88]

또 감리교 고아원이 추구하는 두 번째 목적은 '사람을 만드는 기관'이었다. 고아원은 가정인 동시에 교육기관이었다. 의식주 해결, 신앙지도, 일반교육, 직업보도 등에 중점을 두었다. 교육은 크게 원내와 원외로 나누었는데, 원내교육을 하려면 시설문제와 인적요소가 잘 갖추어져야 했지만 사정이 여의치 않아 대부분 원외교육에 주력하였다. 즉 원아들이 학교생활을 하면서 일반가정 아이과 사귀고 함께 경쟁할 수 있는 기회를 갖게 하려는 것이었다. 원외교육인 학교생활은 사회생활과 지능생활의 발전에 필요한 교육이었다. 고아원 안에서 이루어지는 원

---

88 「감리회보」 (1955년 1~2월).

내교육은 일반 가정의 가정교육처럼 규칙적 생활과 예절, 청소와 협조, 우애생활 등을 훈련시켜서 좋은 습성을 길러주는 내용으로 진행되었다. 원내교육에서 중요한 것은 '복음과 사업의 병진주의'라는 뜻에 따라 기독교 교육이 중요한 과정이었다. 감리교에서는 의식주를 해결해 주는 것보다 소망과 용기를 주고 불우한 환경을 극복하는 의지를 길러주는 기독교신앙 교육을 중요하게 여겼다. 이를 위해 고아원 안에 예배실 (채플)을 마련하고 실내를 예배분위기로 꾸몄다.[89] 또 고아원에서 직업교육은 중요한 과정이었다. 아이들은 17세 이상이 되면 고아원을 나가야 하기에 자립할 수 있는 길을 열어 주어야 했다. 고아원 안에 직업교육을 위한 시설을 갖추어 아이들이 실습하도록 하였고 장래 조그만 자립 밑천으로 쓸 수 있도록 수입을 적립해 주었다. 자가 시설이 없거나 부족할 때는 다른 곳에서 훈련을 받도록 하였다. 이처럼 철저한 직업의식과 독립생활정신을 길러주는 일은 무엇보다도 중요했다. 이러한 고아원 교육은 선교운동 사례로 「감리회보」에 보도되기도 하였다.[90]

여기서는 고아원 운영 사례를 통해서만 시설운영 목적을 살펴보았지만, 한국 감리교의 전후 모든 사회복지사업의 근본목적은 '복음과 사업의 병진주의'였다.

4. 사회복지사업의 자립 노력

감리교는 1957년 초부터 각종 사업에 대한 자급자족 노력을 시작하였다.[91] 가장 먼저 했던 자구노력이 '아동양호위원회'의 조직이었다.

---

89 「감리회보」 (1955년 1~2월).
90 "학림고아원 고아들의 선교운동 고열," 「감리회보」 (1956년 6월).
91 "현재 각 기관의 자급자족을 위한 시설을 위하여 보조 신청이 있을 때 분과위원회에서는 가능한 한도 내에서 통과하고 한국 MCOR을 통하여 미국에 신청하여 돕고 있

아동양호위원회 조직의 목적은 "대한감리회 산하 후생시설에 수용되어 있는 아동의 양육 및 자립 생계를 도모함"이었다. 총리원 사회국의 유중서는 「감리회보」 1957년 8~9월호 "누가 선한 사마리아인이 될 것인 가"라는 글에서 자립에 대하여 노력을 기울일 것을 제안하였다. 자립 이유에 대하여 첫째, 한국인의 입장에서 볼 때, 할 일을 스스로 하지 않고 언제까지나 외국인의 손만 의지하고 있을 수는 없는 일이며, 경제적으로도 해외구제가 영원할 수는 없고 언젠가 끊어질 날이 올 것이기 때문이라는 것이다. 둘째, 기독교적인 관점으로 볼 때 선한 사마리아인을 본받아 행하라는 교훈을 본받아 교회 안에서도 당연히 이러한 후생사업에 협력할 의무가 있기 때문이라는 것이다. 유중서의 주장은 그동안 외원단체에 의존해 왔던 고아원사업을 우리 스스로 '선한 사마리아인'이 되어 해결하자는 것이었다. 이러한 취지에 따라 감리교는 1957년 3월 서울에서 열린 삼부연합연회 사회사업위원회에서 '아동양호위원회'를 조직할 것을 결의하여 연회에서 통과시켰다.

> 우리 감리교회에서는 다음과 같은 운동이 시작되었습니다. 감리회 산하에 있는 고아들을 돕기 위하여 기독교 아동보호회(가칭)를 조직하고 회원을 모집하되 회비는 매월 200환 정도로 하고 모든 추진은 사회국에 위임함.[92]

'아동양호위원회' 회칙은 6월 4일 총리원 이사회의 인준을 받았다. 회칙에 따라 위원으로 총리원 사회국 측에서 민응식, 문창모, 이응식, 서매련, 유중서, 감리회사회사업협회 측에서 전덕규, 홍석영, 양계석, 김남수 등 9명이 선정되었다. 7월 16일 '아동양호위원회'의 첫 모임이

습니다. 그러나 무제한으로 남의 주머니만 염치없이 바라고 있을 수는 없고 아무래도 우리 힘으로 개척해 보아야 할 때가 올 줄로 압니다." 「감리회보」 (1957년 1월), 4.
92 「감리회보」 (1957년 8~9월호), 6-7.

있었다. 여기서 위원장에 민응식 목사, 감사에 이재덕 장로, 박운한 원장을 선출하였고 위원회의 회칙과 세칙을 마련하였다.

'아동양호위원회'는 사회국위원회와 총리원 이사회의 통과를 거쳐 9월 22일부터 29일까지를 '아동양호주간'으로 정하였다. 이 주간 중 주일에 아동사업위원회가 제시하는 예배순서, 설교제목, 본문, 취지 및 고아원 현황들을 통해 교우들에게 고아 구호에 대한 인식과 사명을 각성시키고자 하였다. 이 주간에 각 교회 담임목사, 교회 임원, 특히 여선교회 사회사업부와 일반 교우들의 적극적인 협력으로 고아를 돌보는 아동양호회원을 모집하였고, 모금되는 아동양호회원의 회비는 각 교회의 여선교회 사회사업부장이 매월 수집하여 총리원으로 송금하도록 하였다. 여선교회의 협력은 1957년 7월 13일 서울 정동교회에서 열렸던 전국 여선교회대회에서 결의된 사안이었다.[93]

사업 진행에 있어서 매월 후원금 200환씩 보내주는 양호회원들의 역할이 가장 중요했다. 전후 어려운 살림에 매월 200환씩 보내기란 쉬운 일이 아니었다. 특히 현금이 귀한 농촌의 경우는 더욱 그랬다. 양호위원회에서는 도시에 사는 교우들의 협력을 구했다. 당시 서울에서는 200환이면 점심 한 그릇 정도 되는 금액이었다. 유증서는 "미국의 아동복리회나 선명회 회원들은 한국고아를 위해 매월 10불(5,000환)씩 내는데, 우리나라 고아들을 위해 200환도 못한다면 너무나 무성의하고 인색한 것"이라며 후원을 호소하였다.[94]

감리교 '아동양호위원회'를 통한 고아원사업의 자립경영은 이렇게 하여 시작되었다. 1957년 10월 18일, 그 첫 번째 회원으로 천안, 마산, 사천에서 14명이 가입하여 회비 4,600환을 모금하였다. 이들의 보호를 받는 아동은 23명이었다.[95] 이듬해인 1958년에는 '아동양호회비'로

---

93 같은 글.
94 같은 글.

72,300,000환이 모금되었으며 양회회원을 모집한 결과 188명이 참여하였다.[96] 아동양호위원회 조직의 목적이 "대한감리회 산하 후생시설에 수용되어 있는 아동의 양육 및 자립 생계를 도모함"이듯이 아이들의 직업보도가 무엇보다도 중요했다. 이를 위하여 농업, 축산, 이발, 미용 등의 기술 교도에 주력하게 되었다.[97]

이처럼 자립자급 노력의 일환으로 1957년 아동양호위원회가 조직됨으로 말미암아 전쟁 후 MCOR 기금에 의한 구제사업은 재건사업으로, 재건사업에서 자립경영의 부흥사업(사회복지사업)시대로의 발전을 꾀하게 되었다.

감리교 사회복지사업의 자립경영 노력이 계속되고 있는 동안, 1960년부터 MCOR 기금이 축소되기 시작하였다. MCOR에서 오는 납치 유가족비는 1960년 11월에 완전히 끊어졌고, 기독교세계봉사회(CWS)사업도 축소되어 1959년보다 15%가 감소되었다. 1961년도 사업비의 경우 1960년도 분의 28% 삭감안이 나왔다. 실상 구제 대상자의 숫자가 줄지 않는 가운데, 기독교 세계봉사회의 지원이 대폭 삭감되면 무엇보다도 모자원, 양로원, 고아원의 경영에 영향이 클 것이기 때문에 실행위원들은 3년 정도 더 연기해 줄 것을 특별 신청하기도 하였다.[98]

1959년 9월 17일 태풍 '사라호'가 남부지방을 휩쓸었을 때 MCOR에 긴급 구호금 9백 9십 환을 요청였으나 한국보다 더 긴급한 나라를 돕느라 구호금이 도착하지 않았다. 한국 감리교 사회국은 스스로 피해지를 위문하는 한편, 전국 교회에 호소하여 위문금품으로 수집한 의류 10,582점을 즉시 피해지의 교회에 보내고 현금 613,960환은 전도국

---

95 「감리회보」 (1957년 10월), 12.
96 「중부·남부·동부 연회록」 (1958년 3월 12일~16일), 315-316.
97 「조선감리회연회록」 (1960), 230.
98 「조선감리회연회록」 (1960), 229.

에서 교회복구비로 사용하였다.[99] 당시 MCOR 기금이 완전히 중단된 것은 아니었다. 1960년대 중반 천사원의 운영 기록을 보면, 정부 보조금은 10%이고 60% 이상은 MCOR이 지원하였다. 1963년 3월 당시 MCOR의 지원으로 이루어지고 있던 국내의 사업은 보육원 17개, 부랑아 수용소 2개, 모자원은 성광모자원과 대전의 호의 집 두 군데를 직영하고 있었고, 여주와 마산 두 곳의 양로원사업에도 지원을 하였다. 그리고 고아 직업보도 연장사업을 위해 경기도 여주에 직업보도 기술학원을 운영하는 데 보조금을 지원하였다. 대전의 결핵요양원도 MCOR의 기금으로 운영되었다. 그 밖에 비시설 보조로는 사회국 보조비, 교역자를 위한 치료비, 은퇴 목사 보조비, 신용조합 기금 보조가 있었다. 지역사회 개발사업에도 지원하였다. 철원 지방의 동송 농장운영을 지원하였는데, 당시 수복지구 3개 부락으로 38선 이북에 위치한 지역이었다.[100] MCOR의 지원은 1973년 국내 활동을 완전히 중단할 때까지 계속되었다.

1960년대 접어들면서 각종 외원단체와 감리교 MCOR의 구제 기금이 줄어드는 추세에도 불구하고 감리교 사회복지사업은 다양하게 지속되고 있었다. 무엇보다도 중요한 것은 재정의 자립이었는데, 앞에서 '아동양호위원회'의 조직 등의 자립자급 노력을 볼 수 있듯이 한국교인들의 '소외된 자'를 돌보는 신앙은 곧바로 각종 후원금으로 이어졌다.

한국은 국가적 차원의 사회복지가 절실히 필요하게 되었다. 대학에 사회복지학과가 설치되기 시작하였다. 이화여자대학교(1947), 서울대학교(1954), 그리스도신학교(1958), 성심여자대학교(1964) 등에 사회복지사업과 관련된 학과가 설치되었다.[101]

---

99 「조선감리회연회록」(1960), 230.
100 「감리회보」(1963년 3월 1일).
101 김흥수, 같은 글, 120.

서울을 중심으로 이루어지고 있던 보육교육의 경우 허길래(Clara Howard)가 대전에 보육대학을 설립함으로써 보육교육의 지방 확산을 도모했다.[102] 1954년 6월 '대천회의'에서 선교사들은 서울에서 교육받은 유치원 교사들이 공부를 마친 후 시골 고향으로 돌아가 일하지 않는다는 사실에 주목하였다. 이러한 이유때문에 지방 도시에 새로운 유치원교사 양성교육기관이 생겨야 한다는 의견이 대두되었다. 대전이 후보지로 결정되었다. 대전은 교통의 요지일 뿐 아니라 농촌 지역의 중심 지역이 될 수 있는 곳이었기 때문이다. 대전 보육학원은 1955년 4월 18명의 학생을 데리고 임시 강의실인 대전제일교회 마룻바닥에서 수업을 시작하였다.[103]

---

102 「감리교 연회록」 (1961), 218.
103 『허길래』, 109-10. 1961년 충서지방 감리사 이강산은 허길래의 업적에 대하여 "다른 지방에 별로 없는 사업으로 유치원 발전의 큰 도움을 주었다"고 치하하였다.「조선감리회연회록」(1961), 218.

결론
선교, 한 알의 밀알이 되어

　기독교가 한국에 전파되기 전, 구한말 한국 여성은 남성 중심 사회에서 '이름이 없는 존재'였다. 하지만 조선시대 봉건적 억압 구조에서 살던 그들은 천주교, 동학, 개화사상으로 이어지는 사회변화의 흐름에 따라 존재의식을 갖기 시작했다. 특히, 1885년부터 교육과 의료 활동으로 시작한 기독교 복음전파를 통해 한국 여성들은 모든 인간이 '하나님 앞에 평등'함을 깨닫기 시작했다.

　미국감리교 여성선교회의 선교 목적은 "이방 지역 여인들에게 복음을 전하는 사업을 하기 위한" 것이었으며, 특히 빈민층과 소외계층에 대한 선교적 관심을 가지고 사업을 진행했다. 한국 선교에 있어서도 이러한 선교 목적에 입각한 선교사업의 방향은 시종일관 변함이 없었다. 선교사들은 한국에 들어와 영혼 구원만을 강조한 것이 아니라, 여성만이 가질 수 있는 섬세함으로 사회적으로 소외된 약자의 육신, 정신, 영혼의 구원을 위한 사회복지사업을 전개하였다. 이들이 벌인 사업은 민중들과 접촉할 수 있는 통로가 되어 복음은 자연스럽게 전해지게 되었고 선교사업은 시기가 갈수록 두드러진 성과를 내었다. 선교초기부터 진행된 내한 미국감리교회 여선교사들의 의료사업, 맹아사업, 공중보건위생사업, 유아복지사업 등 사회복지선교사업은 한국인의 건강 및 위생 상태와 질병 대응방법 개선시켰고, 유아사망률을 현저하게 낮추었으며, 장애인에 대한 보호 등에 기여하였다.

요컨대, 내한 선교사들이 벌인 사회복지 선교사업은 성경에 적힌 "소외된 자"(마 25:31-46)들을 돌보는 일이었을 뿐 아니라, 당시 봉건적 남녀차별 사회에서 조선의 여성들이 '이름 없던 존재'에서 '이름 찾는 존재'로 거듭나게 하는 여성해방의 의미를 담고 있다. 더 나아가 국가 차원의 구휼 정책이 부재했던 시기인 1885년부터 한국전쟁 이후까지 사회복지의 인적, 물적 기반을 구축하여 그 공백을 채웠고, 그로 인해 현 국가적, 민간적 차원의 사회복지사업의 토대가 되었다.

참고문헌

1. 단행본

국사편찬위원회. 『고종시대사 (4)』. 국사편찬위원회, 1970.

강만길. 『조선후기 상업자본의 발달』. 서울: 고려대학교 출판부, 1973.

_____. 『조선시대 상공업사 연구』. 서울: 한길사, 1984.

_____. 『한국근대사』. 서울: 창작과 비평사, 1984.

_____. 『한국현대사』. 서울: 창작과 비평사, 1984.

_____. 『분단시대의 역사인식』. 서울: 창작과 비평사, 1990.

공주제일교회 편. 『공주제일교회 팔십년사』. 기독교대한감리회 공주제일교회, 1985.

구자헌. 『한국사회복지사』. 서울: 홍익제, 1970.

권오균 외. 『사회복지개론』. 고양: 공동체, 2009.

김명선·반복기. 『과학과 종교』. 서울: 조선야소교서회, 1926.

기독교대백과사전편찬위원회. 『기독교대백과사전』. 서울: 기독교문사, 1980.

기독교대한감리회 사회평신도국 편. 『감리교인을 위한 사회복지사업안내서』. 서울: 기
　　　독교대한감리회, 1996.

김광수. 『한국민족기독교 백년사』. 서울: 기독교문사, 1978.

김권정. 『1920~30년대 한국기독교인의 민족운동 연구』. 서울: 숭실대학교 대학원,
　　　2000.

김기원. 『기독교사회복지론』. 서울: 대학출판사, 1998.

김민영. 『한국 초대교회사』. 서울: 쿰란출판사, 1998.

김수진. 『광주 초대교회사 연구』. 광주: 호남기독교사연구회, 1994.

김승태. 『한말·일제강점기 선교사연구』. 서울: 한국기독교역사연구소, 2006.

김양선. 『한국기독교 해방십년사』. 서울: 대한예수교장로회총회 종교교육부, 1956.

김진형. 『사진으로 보는 한국초기선교 90장면』. 서울: 도서출판 진흥, 2006.

김혜경. 『식민지하 근대가족의 형성과 젠더』. 서울: 창작과 비평사, 2006.

김활란. 『그 빛 속의 작은 생명: 又月 김활란 자서전』. 서울: 이화여자대학교 출판부,
　　　1975.

김흥수 편. 『해방 후 북한교회사; 연구·증언·자료』. 서울: 다산글방, 1992.

_____. 『일제하 한국기독교와 사회주의』. 서울: 한국기독교역사연구소, 1992.

김흥수·류대영. 『북한종교의 새로운 이해』. 서울: 다산글방, 2002.

김흥수 편. 『WCC 도서관 소장 한국교회사 자료집-한국전쟁 편』. 서울: 한국기독교역사
　　　연구소, 2003.

_____. 『한국전쟁과 기복신앙 확산연구』. 서울: 한국기독교역사연구소, 2006.

남세진 · 조홍식. 『한국사회복지론』. 서울: 나남출판, 1995.

노길명. 『한국사회와 종교운동』. 서울: 빅벨출판사, 1988.

노블 편. 『승리의 생활』. 서울: 기독교서회, 1927.

노종해. 『한국감리교회의 성격과 민족』. 서울: 성광문화사, 1983.

류승렬. 『뿌리 깊은 한국사 샘이 깊은 이야기 7권』. 서울: 솔, 2005.

목원대학교 신학대학 역사편찬위원회 편. 『목원신학 반세기의 발자취』. 목원대학교 신
　　학대학 총동문회, 1999.

민경배. 『한국기독교사회운동사』. 서울: 대한기독교출판사, 1987.

_____.『한국민족교회 형성사론』. 서울: 연세대학교 출판부, 1992.

_____.『한국기독교회사』. 서울: 연세대학교 출판부, 2000.

_____.『한국교회의 사회사』. 서울: 연세대학교 출판부, 2008.

민경배박사고희기념논문집 출판 편집 · 후원위원회. 『솔래 민경배박사고희기념논문집』
　　서울: 한들출판사, 2004.

박경일 외. 『사회복지학 강의』. 서울: 양서원, 2008.

박영호. 『기독교 사회복지』. 서울: 기독교문서선교회, 2001.

박형우. 『제중원 ― 조선최초의 근대식 병원』. 서울: 21세기 북스, 2010.

반복긔(James D. Van Buskirk). 『영아양육론』. 경성: 야소교서회, 1912.

백낙준. 『한국개신교사』. 서울: 연세대학교 출판부, 1993.

변종호. 『한국 기독교사(개요)』. 서울: 심우원, 1959.

변태섭. 『한국사 통론』. 서울: 삼영사, 2004.

상동교회. 『상동교회 일백년사』. 기독교대한감리회 상동교회, 1988.

서울대학교병원 병원역사문화센터 편. 『사진과 함께 보는 한국 근현대 의료문화사,
　　1879~1960』. 서울: 웅진지식하우스 2009.

서정민. 『하룻밤에 읽는 한국교회사 이야기(상 · 하)』. 서울: 말씀과 만남, 2002.

_____.『제중원과 초기 한국기독교』. 서울: 연세대학교출판부, 2003.

_____.『한국과 언더우드』. 서울: 한국기독교역사연구소, 2004.

손정목. 『조선시대 도시사회연구』. 서울: 일지사, 1977

송현강. 『대전 · 충남지역 교회사 연구』. 서울: 한국기독교역사연구소, 2004.

신광철. 『천주교와 개신교』. 서울: 한국기독교역사연구소, 1998.

신섭중. 『한국사회복지정책론』. 서울: 대학출판사, 1993.

심순덕 · 황우선. 『예수를 닮은 여인 미스 레어드』. 대전기독교종합사회복지관, 2000.

안병태. 『한국근대경제와 일본제국주의』. 서울: 백산서당, 1982.

안상훈 외. 『한국근대의 사회복지』. 서울대학교 출판부, 2005.

안종철. 『미국선교사와 한미관계』. 서울: 한국기독교역사연구소, 2010.

연세대학교 간호대학 편. 『연세대학교 간호대학 100년사』. 서울: 도서출판 혜안, 2008.

연세대학교 의과대학 편.『의학백년』. 서울: 연세대학교 출판부, 1986.

옥성득.『한국간호역사자료집 I』. 서울: 대한간호협회, 2011.

우리나라 의학의 선구자편찬위원회 편.『우리나라 의학의 선구자』. 서울: 한국의학원 2009.

원석조.『사회복지개론』. 서울: 양서원, 2005.

유동식 외.『기독교와 한국역사』. 서울: 연세대학교 출판부, 1997.

_____.『한국감리교회의 역사』. 서울: kmc, 2007.

윤춘병.『동대문교회백년사』. 서울: 동대문교회, 1990.

_____.『한국감리교회 외국인선교사』. 서울: 신앙과 지성사, 2001.

이기백.『민족과 역사』. 서울: 일조각, 1994.

_____.『한국사 신론』. 서울: 일조각, 1988.

이꽃메.『한국근대간호사』. 서울: 한울출판사, 2002.

이덕주.『한국 그리스도인들의 개종이야기』. 서울: 전망사, 1990.

_____.『한국감리교 여선교회의 역사』. 서울: 기독교대한감리회 여선교회, 1991.

_____.『태화기독교사회복지관의 역사』. 서울: 태화기독교사회복지관, 1993.

_____.『초기한국 기독교사 연구』. 서울: 한국기독교역사연구소, 1995.

이덕주 · 조이제.『강화기독교 100년사』. 강화기독교100주년기념사업역사편찬위원회, 1994.

_____.『한국 토착교회 형성사 연구』. 서울: 한국기독교역사연구소, 2000.

_____.『아현교회 110년사』. 서울: 아현교회, 2001.

_____.『한국 교회 처음 여성들』. 서울: 홍성사, 2007.

이덕주 · 이경숙 · 엘렌 스완슨.『한국을 사랑한 메리 스크랜튼』. 서울: 이화여자대학교 출판부, 2010.

이만열.『한말 기독교와 민족운동』. 서울: 평민사, 1980.

_____.『아펜젤러』. 서울: 연세대학교 출판부, 1985.

_____.『한국기독교사 특강』. 서울: 성경읽기사, 1987.

_____.『한국기독교와 민족의식』. 서울: 지식산업사, 1991,

_____.『한국기독교의료사』. 서울: 아카넷, 2003.

이민수 외 21인 역.『한국의 근대사상』. 서울: 삼성출판사, 1984.

이성삼.『한국감리교회사』. 서울: 기독교대한감리회, 1975.

이성전/서정민 · 가미야마 미나코 옮김.『미국선교사와 한국근대교육 — 미션스쿨의 설립과 일제하의 갈등』. 서울: 한국기독교역사연구소, 2007.

이순형 외.『아동복지』. 서울: 학지사, 2007.

이원규.『한국교회의 사회학적 이해』. 서울: 성서연구사, 1992.

_____.『한국교회의 현실과 전망』. 서울: 기독교문사, 1994.

이원숙. 『선진국 사회복지발달사』. 서울: 홍익제, 1996.

이윤진. 『일제하 유아보육사 연구』. 서울: 도서출판 혜안, 2006.

이충렬. 『그림으로 읽는 한국 근대의 풍경』. 서울: 김영사, 2011.

이태진. 『한국 사회사 연구 — 농업기술 발달과 사회변동』. 서울: 지식산업사, 1986.

이호운. 『한국 기독교 초기사』. 서울: 대한기독교서회, 1970.

이화여자대학교. 『이화 100년사』. 서울: 이화여자대학교 출판부, 1994.

이화여자대학교. 『이화 80년사』. 서울: 이화여자대학교 출판부, 1967.

장병욱. 『한국감리교의 선구자들』. 서울: 성광문화사, 1978.

_____. 『한국감리교여성사』. 서울: 성광문화사, 1979.

전석담·최윤유 외 지음. 『조선 근대 사회경제사 — 19세기말~일제통치 말기의 조선 사
    회 경제사』. 서울: 도서출판 이성과 현실, 1989.

전쟁기념사업회 편. 『한국전쟁사(1)』. 1990.

전택부. 『한국기독교청년회운동사』. 서울: 정음사, 1978.

_____. 『토박이 신앙산맥』. 서울: 대한기독교출판사, 1982.

정요섭. 『한국여성운동사』. 서울: 일조각, 1971.

정창권. 『역사 속 장애인은 어떻게 살았을까』. 서울: 글항아리, 2011.

조동걸. 『한국민족주의의 형성과 독립운동사 연구』. 서울: 지식산업사, 1989.

조병옥. 『나의 회고록』. 서울: 선진, 2003.

주명준. 『전북의 기독교 전래』. 전주대학교 출판부, 1998.

지수걸. 『일제하 농민조합운동연구』. 서울: 역사비평사, 1993.

최무열. 『한국교회와 사회복지』. 서울: 나눔의 집, 1999.

최석우. 안응렬 역. 『한국천주교회사 3권』. 대구: 분도출판사, 1979.

최완기. 『조선후기 선운업사연구』. 서울: 일조각, 1989.

기독교한국침례회총회 역사편찬위원회. 『한국 침례교회사』. 대전: 침례회 출판사,
    1990.

추계 최은희 문화사업회 편. 『한국 근대여성사, 상·중·하』. 최은희여기자상 관리위원
    회, 2003.

카바 40년사 편찬위원회 편. 『외원사회사업기관 활동사』. 1995.

태화기독교사회관. 『태화기독교사회관 50년사』. 서울: 태화기독교사회관, 1971.

편집부 편. 『60년 전, 6·25는 이랬다 — 35명 명사의 생생한 체험담』. 서울: 조선뉴스프
    레스, 2010.

하상락. 『한국사회복지사론』. 서울: 박영사, 1997.

한국감리교회사학회 편. 『한국 감리교를 만든 사람들』. 서울: 한국감리교회사학회,
    1987.

한국역사연구회 편. 『한국사 강의』. 서울: 한울아카데미, 1989.

한국사연구회 현대사분과 편.『역사학의 시선으로 읽는 한국전쟁』. 서울: 휴머니스트, 2010.

한국기독교역사연구회.『한국기독교의 역사 I』. 서울: 기독교문사, 1989.

_____.『한국기독교의 역사 II』. 서울: 기독교문사, 1990.

_____.『한국기독교의 역사 III』. 서울: 기독교문사, 1990.

_____.『한국기독교의 역사(개정판) I』. 서울: 한국기독교역사연구소, 2009.

_____.『한국기독교의 역사(개정판) II』. 서울: 한국기독교역사연구소, 2009.

_____.『한국기독교의 역사(개정판) III』. 서울: 한국기독교역사연구소, 2009.

한국선명회.『한국선명회 40년 발자취』. 서울: 한국선명회, 1993.

한영제 편.『한국기독교 인물 100년』. 서울: 기독교문사, 1987.

한우근.『동학난 기인에 관한 연구』. 서울대학교 출판부, 1971.

허긴.『한국침례교회사』. 대전: 침례신학대학교 출판부, 2000.

허길래 선생님을 사랑하는 사람들의 모임 편.『한국유아교육의 선구자 허길래』. 서울: 양서원, 1996.

허도화.『한국교회 예배사』. 대구: 한국강해설교학교 출판부, 2003.

허명섭.『해방이후 한국교회의 재형성』. 서울: 서울신학대학교 출판부, 2009.

현외성.『21세기를 향한 감리교회의 사회봉사와 사회복지』. 서울: 기독교대한감리회 사회평신도국, 1997.

홍석창 편.『천안·공주지방 교회사 자료집』. 서울: 도서출판 에이맨, 1993.

_____.『제물포지방 교회사자료집(1885-1930)』. 서울: 도서출판 에이맨, 1995.

황미숙.『동대문교회 여선교회사』. 서울: 동대문교회 여선교회, 2011.

Avison, Oliver. R .『구한말 비록(상)』. 대구: 대구대학교 출판부, 1984.

Barclay, Wade Crawford. *History of Methodist Missions* III, New York: The Board of Missions of The Methodist Church, 1957.

Brown, George Thompson/천사무엘 외 역. *Mission to Korea*『한국선교이야기』. 서울: 도서출판 동연, 2010.

Dallet, Claude Charles.『한국천주교회사』. 대구: 분도출판사, 1982. 복간본.

FRUS(Foreign Relations of United States), 한국사데이터베이스.

Griffis, W. F. Corea, *The hermit Nation*. London: Harper & Brothers, 1905.

Guthapfel, Minerva L/이형식 옮김.『조선소녀 옥분이』. 서울: 살림, 2008.

Hall, Sherwood/김동열 옮김.『닥터홀의 조선 회상』. 서울: 좋은 씨앗, 2003.

Ireland, Alleyne/김윤정 옮김.『일본의 한국통치에 관한 세밀한 보고서』. 파주: 살림, 2008.

Moose, Jacob Robert/문무홍 옮김.『1900, 조선에 살다』. 서울: 푸른역사, 2008.

Murrey, Florence J/김동열 옮김.『내가 사랑한 조선』. 서울: 두란노, 2009.

Noble, Mattie Wilcox/손현선 옮김). 『매티 노블의 조선회상』. 서울: 좋은 씨앗, 2010.

Rauschenbusch, Walter/고영환 옮김. 『耶蘇의 社會訓』. 경성: 조선야소교서회, 1930.

Rauschenbusch, Walter. *A Theology for The Social Gospel,* New York: The Macmillan company, 1917.

Rhodes, Harry A. & Campbell, Archibald 엮음/최재건 옮김.『미국북장로교 한국선교 회사』. 서울: 연세대학교출판부, 2009.

Sauer, C. A./자료연구실 옮김). 『은자의 나라 문에서』. 서울: 한국기독교역사연구소, 2006.

Stokes, Charles D/장지철 · 김홍수 옮김. 『미국감리교회의 한국선교 역사 1885~1930』. 서울: 한국기독교역사연구소, 2010.

Turre, Reinhard/이삼열 옮김『사회봉사의 신학과 실천』. 서울: 한울, 1992.

WFMS, *Fifty Years of Light,* Seoul, Korera: Missionaries of The Woman's Foreign Missionary Society of Methodist Episcopal Church. 1938.

Williams, F. F. C. & Bonwick, Gerald. *The Korea Missions Year Book,* Seoul, Korea: The Christian Literature Society of Korea, 1928.

2. 정기간행물

「가정잡지」(家庭雜誌)

「감리교 고아원사업 보고자료 철」

「감리교 생활」

「감리회보」

「개벽」

「경향신문」

「기독교조선감리회연회록」

「기독교조선감리회총회록」

「기독신보」

「대구매일」

「대한매일신보」

「대한일보」

「대한크리스도인회보」

「독립신문」

「동광」

「동아일보」

「별건곤」

「삼천리」

「서울신문」

「신한민보」

「우라키」

「제국신문」

「조선농회보」

「조선중앙일보」

「총독부관보」

3. 논문

강인철. "대한민국 초대 정부의 기독교적 성격."「한국기독교와 역사」제30호(2009):

91-129.

강정숙. "일제 말 937~1945 조선여성정책 ― 탁아정책을 중심으로." 「아시아문화」 9권 (1993): 1-22.

공보길. "미국 초기 선교사들의 한국 선교 활동에 대한 연구 ― 알렌과 언더우드를 중심으로." 「명지 사론」 11 (2000): 658-677

구종회. "한국 감리교회의 사회복지 현황과 전망." 『감리교인을 위한 사회복지사업안내서』 서울: 기독교대한감리회 사회평신도국, 1996.

김병하. "로제타 셔우드 홀(Rosetta Sherwood Hall) 여사에 의한 한국 특수교육의 성립 사고." 「특수교육학회지」 제7집 (1986): 5-28.

김상태. "일제하 신흥우의 '사회복음주의'와 민족운동론." 「역사문제연구」 창간호 (1996): 163-205.

김성은. "구한말 일제시기 미북감리회의 여성의료기관." 「이화사학연구」 제35집 (2007), 107-147.

_____. "로제타 홀의 조선여의사 양성." 「한국기독교와 역사」 제27호 (2007년 9월): 5-43.

_____. "박인덕의 사회의식과 사회활동: 1920년대 말~1930년대를 중심으로." 「역사와 경계」 76 (부산경남사학회, 2010년 9월): 185-232.

김영재·박명수. "세계선교 동향과 한국에 대한 선교정책." 「한국기독교와 역사」 제6호 (1997). 5-29.

김일주. "한국의 민중적 기독교 세력과 국가권력." 「한국과 국제정치」 7권 2호 (1991): 205-235.

김정란. "植民地期における釜山の「癩病」に對する政策." 「朝鮮史研究會論文集」 48, 2010.

김홍권. "한국초기 기독교와 장애인 선교: 맹농아 교육의 선구자. 닥터 로제타 홀." 세계 밀알연합회 장애인선교세미나 발표논문, 2007.

김홍수. "한국전쟁시기 기독교 외원단체의 구호활동," 「한국기독교와 역사」 제23호 (2005): 97-124.

_____. "기독교연합봉사회: 1950년대의 기독교 연합사업 연구." 「한국기독교와 역사」 제33호 (2010): 81-106.

류대영. "한말 미국에 대한 정책과 선교사업." 「한국기독교와 역사」 제9호 (1998): 189-219.

민경배. "초 선교정책 결정과정에서의 선교본부 영향력 문제 ― 연희전문학교의 설립을 중심으로." 「동방학지」 46·47·48 합집 (1985): 555-584.

_____. "한국 교회와 서구화 문제." 「기독교사상」 15 (1971): 44-50.

박영신. "초기 개신교 선교사의 선교운동 전략." 「동방학지」 46·47·48 합집 (1985): 529-553

박종삼. "사회사업의 시간에서 본 교회의 봉사활동." 『사회봉사의 신학과 실천』 서울: 한울, 1992.

박형우. "조선 개항 이후의 서양의학 도입 — 의학교육을 중심으로." 「동방학지」 제104집 (1999): 249-289.

박혜진. "서울지역 미북장로회 선교부의 교육사업 철수와 학교 인계연구:경신학교와 정신여학교를 중심으로." 「한국기독교와 역사」 제32호 (2010): 159-193.

백용기. "월터 라우선부시와 그의 사회복음신학." 「신학사상」 152집 (2011): 183-215.

백종만. "해방 50년과 남한의 민간복지." 「상황과 복지」 창간호 (1996): 39-62.

서정민. "평안도 지역 기독교사의 개관." 「한국 기독교와 역사」 제3호 (1994): 8-28.

성백걸. "류형기의 한국전쟁 인식과 교회복구·구호활동." 「한국기독교와 역사」 제15호 (2001): 43-78.

송인동. "빈민과 병자들과 약한 사람들을 살린 근대 의료와 봉사." 「문화금당」 11 (2011): 87-129.

송현강. "미국 남장로교의 전북지역 의료선교(1896~1940)." 「한국기독교와 역사」 제35호 (2011년 9월): 47-77.

_____. "초기 한국기독교 수용주도층 문제 — 19세기사 연구성과 반영." 「한국기독교 역사연구소소식」, 제74호, 2006. 3. 4.

신동원. "조선말의 콜레라 유행. 1821~1910." 「한국과학사학회지」 제11권 (1989): 53-86.

_____. "공립의원 제중원, 1885~1894." 「韓國文化」 16 (1995): 181-260.

안유림. "조선총독부의 기독교단체 법인화 정책 — 1920년대 선교회·교회 재단법인 설립을 중심으로." 「한국기독교와 역사」 제31호 (2009년 9월): 123-161.

안종철. "미군정 참여 미국선교사·관련 인사들의 활동과 대한민국 정부수립." 「한국기독교와 역사」 제30호 (2009): 5-27.

오성주. "사회복음주의 기독교 교육론, 김창준 연구." 「신학과 세계」 제61호 (2008): 186-214.

오정수. "해방 50년과 북한의 사회복지." 「상황과 복지」 창간호 (1996): 63-78.

윤석우. "조선시대 관현맹인에 대한 고찰." 「실학사상연구」. 제19-20집 (2001): 239-273.

윤정란. "19세기말 조선의 안방을 찾은 미국 여성의 욕망 — 여선교사 릴리어스 호튼 언더우드를 중심으로." 「사림」 제34호 (2009): 105-134.

이광린. "평양과 기독교." 「한국 기독교와 역사」 제10호 (1999): 7-35.

이덕주. "초기 내한 선교사들의 신앙과 신학." 「한국기독교와 역사」, 제6호 (1997): 30-64.

_____. "이승만의 기독교 신앙과 국가건설론: 기독교 개종 후 종교 활동을 중심으로

(1899~1913)." 「한국기독교와 역사」 제30호 (2009): 35-90.

_____. "선교사 언더우드의 초기 활동에 관한 연구." 「한국기독교와 역사」 제14호 (2001): 9-46.

_____. "한말 구미 제국(諸國)의 대한(對韓) 선교정책에 관한 연구 ― 선교사들의 한국정치 상황에 대한 자세와 관련하여." 「동방학지」 84집 (1994): 1-59.

_____. "스코필드의 의료(교육)・사회선교와 3.1독립운동." 「한국근현대사연구」 57 (2011): 60-92.

_____. "아펜젤러 초기 선교 활동과 '한국감리교회'의 성립." 「한국기독교와 역사」 제8호 (1998): 35-78.

_____. "한말 미국계 의료선교를 통한 서양의학의 수용." 「국사관논총」 제3집 (1989): 171-205.

이명섭. "개항 이후의 의료사." 「항도부산」 제6호 (1967): 261-305.

이상규. "부산지방에서의 기독교 전래와 교육・의료활동(1880~1910)." 「항도부산」 제 11호 (1994): 169-220.

이선호・박형우. "올리버 알 에비슨(Oliver R. Avison)의 의료선교사 지원과 내한 과정." 「역사와 경계」 84 (2012): 147-170.

이숙진. "대부흥운동기 여성공간의 창출과 여성주체의 탄생." 「한국기독교와 역사」 제 31호 (2009): 43-68.

이용민. "미국 북장로회 서울 선교지부와 평양 선교지부의 관계." 「한국기독교와 역사」 제32호 (2010): 195-225.

이정은. "대구 제중원(현 동산병원)이 근대의료체계 형성에 미친 영향." 「계명사학」 제 17집 (2006): 191-215.

이현주. "해방 직후 인천의 귀환 전재동포 구호활동 ―「대중일보」기사를 중심으로." 「한국근현대사연구」 제29집 (2009): 35-62.

이혜원・이영환・정원오. "한국과 일본의 미군정기 사회복지정책 비교연구 ― 빈곤정책을 중심으로." 「한국사회복지학」 제36권 (1998): 309-338.

임회국. "지역교회사 연구 ― 경상북도 안동지역을 중심으로." 기독교역사연구소소식 제81호 (2007. 12. 1).

장정란. "한국전쟁과 외국 가톨릭교회의 전재복구 활동." 『한국천주교회사의 성찰과 전망』 2 (한국천주교중앙협의회, 2001).

전석원. "1884~1910년의 급성전염병에 대한 개신교 의료선교사업 ― 개항기 조선인의 질병관, 의료체계에 대한 의료선교의 계몽주의적 접근." 「한국기독교와 역사」 제36호 (2012): 227-268.

정민재. "일제강점기 順化院의 설립과 운용." 「한국근현대사연구」 제57집 (2011): 33-59.

정병준. "일제하 한국여성의 미국유학과 근대 경험."「이대사학연구」 39권 (2009): 29-99.

조흥식. "해방 50년과 남한의 공공복지."「상황과 복지」 창간호 (1996): 13-38.

주진오. "서양의학의 수용과 제중원 — 세브란스."「역사비평」 38호 (1997): 289-320.

차종순. "전남 선교의 선구자 배유지(Eugene Bell, 裵裕祉) 목사." 한국기독교역사연구 소소식, 1996. 2. 3.

최병택. "남장로회선교부 한센병 환자 수용정책의 성격(1909~1950):여수 애양원을 중심으로."「한국기독교와 역사」 제32호 (2010): 227-262.

_____. "손양원과 구라(救癩)선교: 애양원교회에서의 활동을 중심으로."「한국기독교와 역사」 제34호 (2011): 191-213.

최원규. "한국전쟁기 가톨릭 외원기관의 원조활동과 그 영향."「교회사연구」 제26집, 2006.

최한수. "일제에 의한 민족적 저항기의 유치원 교육."「한국교육사학」 16집, (1994): 37-62.

한규무. "1950년대 기독교연합봉사회의 농민학원 설립과 운영."「한국기독교와 역사」 제33호 (2010): 109-132.

한규원. "일제에 대한 민족적 저항기의 특수교육."「한국교육사학」 제16집 (1994): 159-194.

황상익. "한말 서양의학 도입과 민중의 반응."「역사비평」 통권 44호 (1998): 271-285.

황미숙. "선교사 마렌 보딩(Maren Bording)의 공주·대전 지역 유아복지와 우유급식소 사업."「한국기독교와역사」 제34호 (2011): 165-190.

_____. "초기 선교사들의 전도활동과 장시(場市)."「한국교회사학회지」 제45집 (2016): 217-253.

_____. "언더우드의 고아원사업에 대하여, 1886~1897."「한국기독교와역사」 제44호 (2016): 169-207.

_____. "엘리스 샤프(Alice H. Sharp)의 충청지역 여성 전도사업과 교육사업."「한국기독교와역사」 제47호 (2017): 209-238.

_____. "1920년대 내한(來韓) 여선교사들의 공중보건위생과 유아복지사업."「한국기독교신학논총」 103집 (2017): 117-144.

_____. "이효덕(李孝德)의 항일민족운동과 절제운동."「한국기독교신학논총」 114집 (2019): 233-261.

Annual Report of the Missionary Society of the Methodist Episcopal Church.

Annual Session of the Korea Woman's Conference of the Methodist Episcopal Church.

History of the Korea Mission.

Korea Mission Field.

The Korea Methodist.

The Korea Repository Jun, 1896.

4. 학위 논문

강선미. "조선파견 여선교사와 기독여성의 여성주의." 이화여자대학교 대학원 박사학위
　　　논문, 2003.

김갑영. "조선시대 불교복지사업에 관한 연구." 동국대학교 행정대학원 석사논문,
　　　1993.

김권정. "1920~30년대 한국기독교인의 민족운동 연구." 숭실대학교박사학위논문, 2000.

김순실. "부랑아의 사회적 동태와 그 대책." 이화여대자학교 대학원 사회사업과 석사학
　　　위 청구논문, 1959.

김정화. "조선시대 복지정책에 관한 연구." 전주대학교 교육대학원 석사논문, 2010.

김종찬. "조선조 구빈제도의 사회복지적 성향에 관한 연구: 현대 공적부조제도와 관련
　　　하여." 단국대학교 대학원 박사학위논문, 1994.

박근수. "조선전기 사회복지정책 고찰." 강원대학교 교육대학원 석사논문, 1983.

손홍숙. "조선시대 규범류를 통해서 본 가정복지 의식과 실천에 대한 현대적 재조명."
　　　성신여자대학교 대학원 박사학위논문, 1998.

신영숙. "일제하 한국여성사회사 연구." 이화여자대학교 사학과 박사학위논문, 1989.

안병집. "한국특수교육 발달과정에 관한 일 연구." 한국사회사업대학대학원 석사학위논
　　　문, 1974.

윤석우. "조선시대 맹인의 활동 연구: 사회활동과 관직진출을 중심으로." 청주대학교 대
　　　학원 사학과 석사논문, 1999.

이민수. "조선 세종조의 복지정책연구." 단국대학교 대학원 박사학위논문, 1988.

이용민. "미국 북장로회 서울 선교지부 연구, 1884~1919." 연세대학교 대학원 신학과
　　　박사학위 논문, 2010.

임윤택. "호남지방의 사회복지 발전에 관한 연구: 기독교 사회복지를 중심으로." 전주대
　　　학교 대학원 박사학위 논문, 2005.

최원규. "외국 민간원조단체의 활동과 한국사회사업 발전에 미친 영향." 서울대 박사학
　　　위 논문, 1996.

황미숙. "초기 선교사들의 전도활동과 장시." 연세대학교 연합신학대학원 석사학위 논
　　　문, 2008.

표 목록